MÜNCHENER GEOGRAPHISCHE ABHANDLUNGEN

in

MÜNCHENER UNIVERSITÄTSSCHRIFTEN

FACHBEREICH GEOWISSENSCHAFTEN

Münchener Universitätsschriften

Fachbereich Geowissenschaften

MÜNCHENER GEOGRAPHISCHE ABHANDLUNGEN

Institut für Geographie der Universität München

Herausgegeben

von

Professor Dr. H. G. Gierloff-Emden Professor Dr. F. Wilhelm

Schriftleitung: Dr. St. v. Gnielinski

Band 21

ULRICH PIETRUSKY

Raumdifferenzierende bevölkerungs- und sozialgeographische Strukturen und Prozesse im ländlichen Raum Ostniederbayerns seit dem frühen 19. Jahrhundert

Mit 32 Tabellen, 25 Abbildungen, 9 Karten und 12 Planbeilagen

1977

Institut für Geographie der Universität München

Kommissionsverlag: Geographische Buchhandlung, München

Gedruckt mit Unterstützung aus den Mitteln der Münchener Universitäts-Schriften

Graphische Anstalt Ernst Wartelsteiner 8046 Garching

Anfragen bezüglich Drucklegung von wissenschaftlichen Arbeiten, Tauschverkehr sind zu richten an die Herausgeber im Institut für Geographie der Universität München, 8 München 2, Luisenstraße 37.

Kommissionsverlag: Geographische Buchhandlung, München

ISBN 3 920 397 404

VORWORT

Seit Beginn meines Studiums gilt mein vertieftes Interesse der Kulturgeographie des heimatlichen Niederbayern. Deshalb bin ich Herrn Prof. Dr.H.-G. Zimpel zu großem Dank verpflichtet, daß er dieses Interesse förderte und mir die Anfertigung einer Staatsexamensarbeit und Diplomarbeit wie auch der vorliegenden Dissertation über diesen Raum ermöglichte. Dabei stand er mir stets mit tatkräftiger Hilfe wie mit anregender Kritik zur Verfügung.

Dem Autor blieb es überlassen, die gesamte Kartographie einschließlich der Herstellung von 126 Farbplatten für die Planbeilagen selbst auszuführen.

Danken möchte ich den Herausgebern der Münchener Geographischen Abhandlungen, Herrn Prof.Dr.H.G. Gierloff-Emden und Herrn Prof. Dr.F.Wilhelm, daß sie diese Arbeit in ihre Reihe aufgenommen haben. Der Universität München, dem Landkreis Passau, dem Regionalen Planungsverband Donau-Wald, dem Markt Windorf und der Gemeinde Aldersbach danke ich für die großzügige finanzielle Unterstützung. Herrn Dr.St. von Gnielinski danke ich für seine Arbeit als Schriftleiter.

INHALTSÜBERSICHT

Verzeichnis der Tabellen

Tab.:

Verzeichnis der Abbildungen

Abb.:

Verzeichnis der Planbeilagen und Karten im Text

Beilage:

0. EINLEITUNG

0.1. Zum wissenschaftstheoretischen Standort der Untersuchung

Die vorliegende Arbeit bemüht sich, den regionalen Erfahrungsbereich des ländlichen Raumes in Ostniederbayern zu erweitern und gleichzeitig neue Aspekte sozial- und bevölkerungsgeographischer Raumanalysen aufzuzeigen. Letzteres entspringt aber nicht einem theoretischen Ansatz, sondern sucht nur die empirisch gefundenen Ergebnisse über die bisherigen Forschungsansätze einzuordnen. Entsprechend dem vorgegebenen Ziel fehlt eine Bestandsaufnahme sozial- und bevölkerungsgeographischer Forschung für den ländlichen Raum ebenso wie eine Diskussion von Disziplingeschichte, Gegenstand und Abgrenzung von Bevölkerungs- und Sozialgeographie in inhaltlicher und methodischer Sicht.

Einordnung und Stellung von Anthropogeographie, Sozialgeographie und Bevölkerungsgeographie können auch deswegen nicht in Kürze diskutiert werden, sind die Standpunkte doch zu verschieden und letztlich noch nicht befriedigend geklärt.

Während ZIMPEL (1975, S. 22) "die Bevölkerungsgeographie an der Basis des anthropogeographischen Gesamtbereichs" sieht, erheben RUPPERT/SCHAFFER (1969, S. 213) die sozialgeographische Konzeption zum übergreifenden, "integrierenden Prinzip". Ohne eine berechtigte Theoriediskussion grundsätzlich abzulehnen, ist für die praktische Arbeit die Frage nach Einordnung und Abgrenzung weitgehend unerheblich, "gibt es begreiflicherweise Überschneidungsbereiche zwischen der Bevölkerungs- und Sozialgeographie" (ZIMPEL 1975, S. 23), die derart komplex sind, daß weder eine befriedigende begriffliche noch inhaltliche Trennung möglich ist.

Die Definition von Bevölkerungsgeographie, verstanden "als Lehre von der räumlichen wie auch qualitativen Differenzierung der Bevölkerung als Maß der ökologischen und sozialen Beanspruchung und Prägung der Erdoberfläche" (ZIMPEL 1975, S. 17) kann wegen ihrer guten Operationalisierbarkeit für die vorliegende Untersuchung übernommen werden, während die auf die sog. "Münchner Schule" zurückzuführende Definition von Sozialgeographie an dem nicht operationalisierbaren Sozialgruppenkonzept scheitert, da

- die Existenz von (über wenige Merkmale fixierte) Sozialgruppen fraglich ist,
- der Anspruch, daß allein Gruppen Träger von Funktionen, Schöpfer von Strukturen und Auslöser von Prozessen sind, sich in der empirischen Arbeit nicht aufrechterhalten läßt.

Die sozialgeographische Betrachtungsweise in der vorliegenden Arbeit zielt zusammen mit der bevölkerungsgeographischen darauf ab, räumliche Prozesse, die von Individuen, Gruppen oder/und Organisationen ausgehen, von ihnen getragen werden, zu erfassen und darzustellen, um für räumliche Strukturmuster historischer, aktueller oder zukünftiger Art bessere Erklärungsmodelle anbieten zu können. Gleichzeitig schließen wir uns aber der Auffassung an, daß das

Räumliche innerhalb der Sozial- und Bevölkerungsgeographie unter strukturalem wie prozeßhaftem Aspekt zu sehen ist.

Weil die vorliegende Analyse von Strukturen und Prozeßabläufen seit dem frühen 19. Jahrhundert auch eine historische Komponente besitzt, sei kurz auf die Stellung zur Historischen Geographie eingegangen. Da entsprechend dem Abriß von JÄGER (1969) die Historische Geographie weder vom theoretischen Ansatz noch von der Methodik her Kenntnis von der modernen Sozial- und Bevölkerungsgeographie genommen hat, kann sich die vorliegende Arbeit nicht als "historisch-geographische" im herkömmlichen Sinne verstehen. Bestärkt durch die empirischen Ergebnisse aus dem UG sind wir dennoch übereinstimmend mit WAGNER (1972, S. 43) der Auffassung, daß die "exakte Kenntnis der Dynamik und des historisch-genetischen Bewegungsablaufs ökonomisch-sozialer Gesetzmäßigkeiten... eine unabdingbare Voraussetzung für die adäquate Einordnung der aktuellen raumrelevanten Verhaltensweisen menschlicher Gruppen und Strukturen eines Raumes" ist.

0.2. Zur Operationalisierbarkeit bevölkerungs- und sozialgeographischer Strukturen und Prozesse

Der Versuch, neben den mittelbaren Auswirkungen sozial- und bevölkerungsgeographischer Strukturen und Prozesse vor allem die unmittelbaren Einflüsse auf die Kulturlandschaft (ZIMPEL 1963) zu erfassen, darzustellen und zu werten, macht einige methodische Vorüberlegungen notwendig. Die internen Einflüsse, die hier vorrangig betrachtet werden, können nur über Merkmale und Merkmalskombinationen sichtbar gemacht werden. Der bevölkerungs- und sozialgeographische Betrachtungsrahmen wird aber dadurch erheblich eingeschränkt, daß

> für zahlreiche geographisch relevante Phänomene Ursachen und oft auch Folgen, außerhalb dieses Rahmens liegen,
>
> gerade interne Strukturmerkmale häufig nicht faßbar sind
>
> und eine der Wirklichkeit sehr nahe kommende komplexe Verknüpfung der Merkmale am Mangel von Darstellbarkeit und insbesondere Interpretierbarkeit scheitert.

Als zusätzliche, auf die folgenden Ausführungen bezogene Einengung muß noch hinzugefügt werden, daß

> weder die Erarbeitung einer Monographie des Untersuchungsgebietes
>
> noch die breite Wiedergabe von bereits aufbereitetem statistischem Material in ursprünglicher oder verkleideter Form

vorgesehen war.

Die Abb. 1 gibt die für die vorliegende Untersuchung verwendeten Merkmale, Merkmalskombinationen und den ihnen zugrunde liegenden Raumkategorien wieder. Es handelt sich hierbei um eine Übersicht der Hilfsmittel zur Veranschaulichung von Strukturen und Prozessabläufen, keineswegs aber um ein kulturräumliches Wirkungs-

ABB.: 1

ERFASSUNG UND DARSTELLUNG DES LÄNDLICHEN RAUMES UM VILSHOFEN NACH MERKMALEN, MERKMALSKOMBINATIONEN UND RAUMKATEGORIEN

UM 1840

Grundbesitz
Zahl
Gruppe
Fläche
Wirtschaft
Besitzgröße
Grünlandanteil
Gewerbe
Ausmärker
Zahl
Gruppe
Fläche
Bevölkerung
Verteilung *
Entwickl.
Gruppe
Wanderg.

ERFASSTE RAUMKATEG.:
Flurstück
Fläche eines Grundbes.
Gemeinde
sozialgeogr. Raumeinheit
Gemeinde
Untersuchungsgebiet UG
Region

ZUNEHMENDES ABSTRAKTIONS-NIVEAU

MERKMALS-KOMBINATION

* Daten lagen vor

MERKMAL FÜR UG
vollständig erfaßt
fallweise erfaßt

1955–1975

Grundbesitz
8 Gruppen
Zahl
Fläche
Wirtschaft
Erwerbstätige *
Haushalte *
Gemeinde-größen *
Besitzgrößen
Pachtflächen *
Inmärker
Herkunft
Fläche
Zahl
Gruppen 8
Bevölkerung
Mobile Bev.
Flüchtlinge
Herkunft-Ziel
Gebürtigkeit
Alter
8 Gruppen
Mobilität
Wohnbev.
Gebürtigkeit
nat. Bev. bew.
räuml. Bev. Bew.

ERFASSTE RAUMKATEGORIE:
Gemeinde

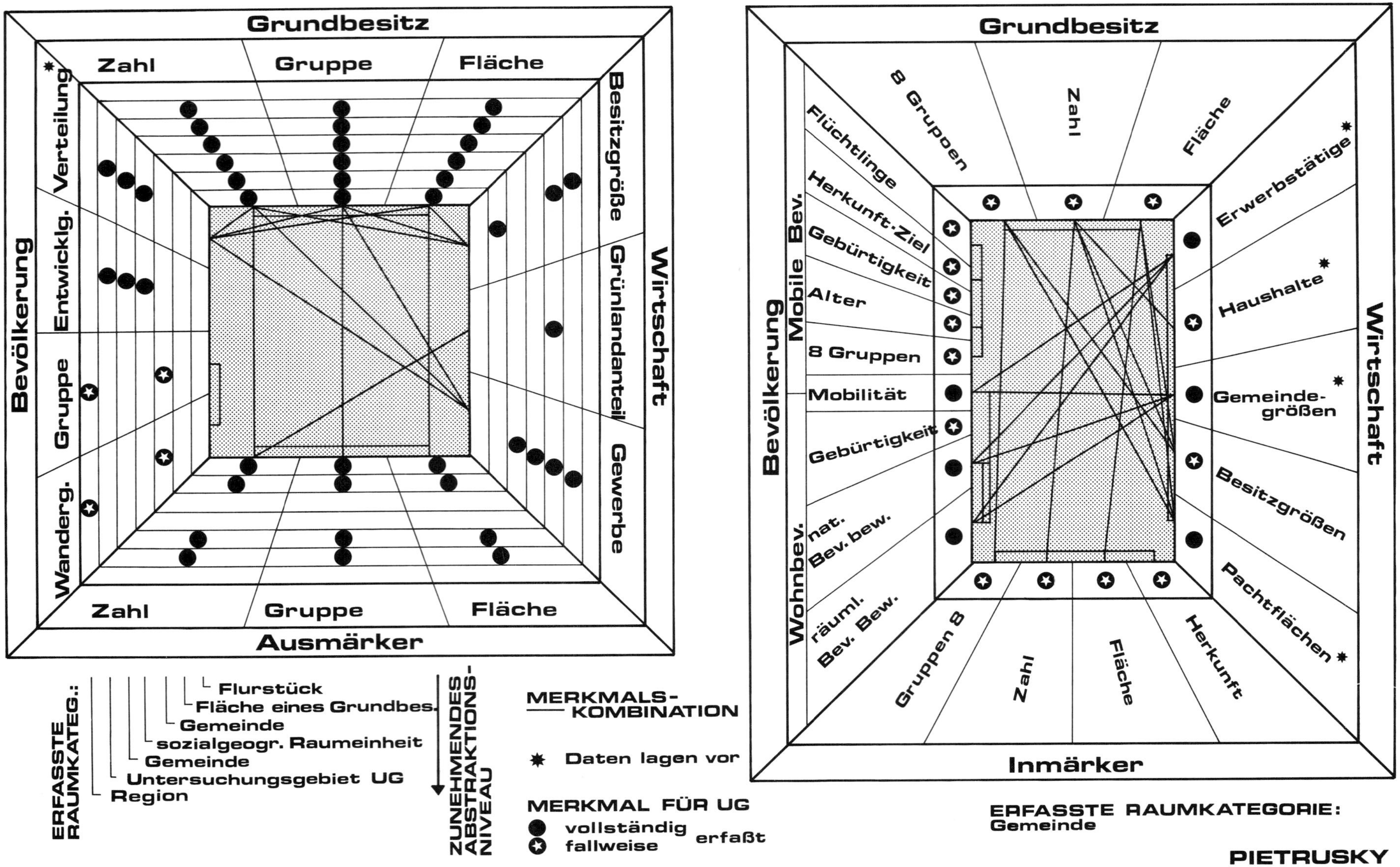

PIETRUSKY

gefüge.

Wenn trotz einer großen Zahl von Merkmalen bzw. Prozeßelementen keine umfassende Verknüpfung in der Form einer Faktorenanalyse durchgeführt wurde, hat dies im wesentlichen zwei Gründe: einmal sind nur jeweils wenige Kombinationen sinnvoll und logisch, zum anderen bereitet gerade die Interpretation der abstrakten Zahlenreihen so große Schwierigkeiten, daß die Zuhilfenahme konventioneller Analysemethoden ohnehin notwendig wird (SCHAFFER 1971, S. 51).

Wesentlicher Gegenstand unserer Untersuchung sind neben der Struktur die Prozesse, die sich insbesondere für die historische Phase als raumdifferenzierend erwiesen haben. Ihre Betrachtung unter dem Aspekt der Grunddaseinsfunktionen würde sich aber als nicht praktikabel erweisen. Vielmehr werden die Prozesse im Wechselspiel von agierenden und reagierenden, der mit jeweils unterschiedlicher Intensität beteiligten menschlichen Individuen, Gruppen und Organisationen erfaßt und dargestellt. Für den historischen Teil trifft dies besonders auf jenen komplexen Vorgang zu, der häufig global und sehr mißverständlich als "Bauernbefreiung" bezeichnet wird, während für die aktuelle Phase die Abwandlung bestehender und Entstehung neuer Raummuster vorwiegend unter dem Gesichtspunkt der Wanderungsprozesse im ländlichen Raum analysiert werden soll.

Neben der Darstellung von Prozessen, die zu einer kulturlandschaftlichen Differenzierung des Raumes beitragen, liegt ein weiteres Gewicht in der Sichtbarmachung ihrer Ergebnisse, in der Strukturanalyse. Ausgehend von der untersten geographisch sinnvoll erscheinenden "topologischen Dimensionsstufe" (DÜRR 1972, S. 71 f) wurde die Ermittlung der Grundbesitzstruktur auf der Basis des einzelnen Grundbesitzers durchgeführt. Diese Einheit muß nicht zwangsläufig ein Einzelhaushalt (DÜRR 1972, S. 72) und im Sinne einer komplexen Geographie des ländlichen Raumes nicht lediglich die Produktions- und Arbeitseinheit des (landwirtschaftlichen) Einzelbetriebs sein (RUPPERT 1958, S. 18). Da jedoch die Grundbesitzer als Individuen einzeln nicht darstellbar sind, wurden sie zu Gruppen zusammengefaßt und in dieser Form kartographisch wie statistisch dargestellt. Auf den Aussagewert der Sozialkartierung braucht hier nicht näher eingegangen zu werden.

Die Analyse der Grundbesitzstruktur über verschiedene Aggregationsniveaus kann aber nicht als alleiniges Kriterium zu einer annäherungsweisen Wiedergabe der sozialräumlichen Wirklichkeit verstanden werden. Sie bedarf der Ergänzung durch den aktionsräumlichen Aspekt der Ausmärkerverflechtungen und für den aktuellen Ansatz insbesondere des natürlichen und räumlichen Verhaltens der Bevölkerung.

Um letztlich eine Einordnung der Grundeinheiten in das Raumgefüge vornehmen zu können, ist es notwendig, das UG über verschiedene Raumkategorien zu betrachten. Dies kann in relativ einfacher Art durch Aggregation der Grundeinheiten geschehen und wurde für die historische Analyse vollständig und flächendeckend durchgeführt. Dies hat den Vorteil, daß bei genügend großer Masse "über einige Abstraktionsformen zu raumrelevanten, Grundgesetzlichkeiten sozioökonomischer Provinienz" (WAGNER 1972, S. 36) gelangt werden kann.

Als Ergebnis wird der Versuch einer objektiven, systematischen und quantitativ abgesicherten Raumbeschreibung über sozialgeographische Siedlungstypen vorgelegt und somit der Aufforderung WIRTHs entsprochen, innerhalb der Sozialgeographie "vom Einzelfall zu abstrahieren und nach allgemeinen Gesetzmäßigkeiten räumlicher Ordnung zu suchen" (1969, S. 172). Eine derartige Vorgehensweise kann für die aktuelle Analyse anhand verschiedener Merkmalskombinationen nur getestet, nicht jedoch flächendeckend durchgeführt werden.

Die Tatsache, daß das UG heute über wenig aussagekräftige Merkmale erfaßt werden kann, schränkt den raumzeitlichen Vergleich ein. "Raumrelevante Grundgesetzlichkeiten" im Längsschnitt aufzuzeigen und zu verfolgen sind zwar theoretisch von großem Reiz, praktisch-methodisch jedoch in aller Regel nicht durchführbar. Ein solcher Ansatz könnte nur gelingen, wenn

Parameter, die eine Grundgesetzlichkeit aufzeigen, unmittelbar im Zeitablauf verfolgbar und, weit wichtiger, unverändert, d.h. vergleichbar sind;

historische wie aktuelle Aggregationsstufen und Betrachtungsdimensionen auf der gleichen Ebene liegen;

Begriffe formal und inhaltlich die Zeit unverändert überdauern.

Diese Forderungen lassen sich im UG jedoch nicht realisieren.

Da die Darstellung komplexer Raummuster über das Individuum wie die Gesamtgesellschaft nicht möglich ist, die Gruppe sich als methodisches Ordnungselement anbietet, ist eine kurze Erläuterung des Gruppenbegriffs notwendig.

Vorausgeschickt sei, daß innerhalb der Soziologen die Existenz einer homogenen Sozialgruppe keineswegs geklärt ist. RUPPERT (1955, S. 54) geht davon aus, "daß die Physiognomie sowohl als auch die Funktion und Genese der Agrarlandschaft für die soziale Struktur der Menschen, genauer der gesellschaftlichen Gruppen, die das Land bewirtschaften, von entscheidender Bedeutung ist". HARTKE (1959, S. 426) postuliert nicht nur Existenz, sondern auch den gewissermaßen naturgesetzlichen Zwang des "Hineingeborenwerdens... auch in eine bestimmte Sozialgruppe. Damit gehört dazu auch das aus Gruppenzwang bestimmte Handeln aus bestimmten Erwägungen heraus." Ausgehend von dem Faktum, daß eine Gruppe i.S. einer homogenen Gemeinschaft von Individuen existiert, formulieren RUPPERT/SCHAFFER (1969, S. 211) Fragen nach Art und geographische Einsatzmöglichkeiten, um schließlich einzugestehen, daß es eine "wissenschaftlich zufriedenstellende Antwort auf diese Frage z.Zt. noch nicht gibt." LIENAU (1972, II. 2, S. 45) betrachtet die Existenz der "sozialen Schichtung" als gegeben und will diese als wichtiges Kriterium für eine innere Differenzierung der (ländlichen) Siedlungen verstanden wissen.

Wie RUPPERT/SCHAFFER selbst andeuten, ist die "Sozialgruppierung der Bevölkerung ja nur e i n e mögliche Gliederung" (OTREMBA 1969, S. 119). Die entscheidende Frage ist wohl die, welchem Stellenwert ihr beizubemessen ist. Obwohl nun die Existenz von sozialen Gruppen, Schichten u.ä. in unserer Gesellschaft durchaus zweifelhaft ist, wird in den meisten sozialgeographischen Arbeiten der Begriff der Sozialgruppe, meist im Zusammenhang mit den Grunddaseinsfunktionen, als gesichert angesehen. Wohl daran nehmen die Kritiker besonderen Anstoß. LENG z.B. (1973, S. 127) mißfällt beim "Gruppenkonzept" die mangelnde Transparenz innerer Zusammenhänge und der Triebkräfte für deren Veränderung. Er spricht dem Gruppenbegriff eine "ausreichende theoretische Fundierung und Eindeutigkeit" und letztlich damit Wissenschaftlichkeit ab. DÜRR (1972, S. 20, 1972, S. 72) sieht in der auf BOBEK zurückzuführenden Definition der Gruppe als einer Menge von Individuen gleichen Raumverhaltens keine Möglichkeit der Operationalisierung. Hier scheint der Kern des Problems zu liegen: nicht die an sich sehr eleganten Definitionen sind problematisch, sondern deren Umsetzung in die Praxis. Es werden nicht Individuen gleichen Raumverhaltens zusammengefaßt, sondern die über meist ein einziges Merkmal (Beruf) gebildeten Gruppen als von vornherein homogen betrachtet. Nun ist es bereits gedanklich einsichtig, daß gleiche Berufe nicht zwangsläufig gleiches Raumverhalten u.ä. bedingen. Die empirische Analyse zeigt zudem, daß (Zähl-) Gruppen wie Arbeiter, Gewerbetreibende oder Flüchtlinge weder in sich gleiche oder gegeneinander nach außen immer deutlich verschiedene interne oder externe Strukturmerkmale besitzen, die gleiches Verhalten der Gruppe nach sich zögen.

Um aber für die vorliegende Analyse mit verschiedenen Ansätzen in unterschiedlichen Zeitperioden den Begriff der Gruppe operationalisierbar zu machen, kann kein kausaler Zusammenhang zwischen Gruppenzugehörigkeit, Verhalten und Beruf, Einkommen, Schulbildung u.ä. von vornherein postuliert werden. Die Gruppe wird lediglich als formales Ordnungselement verstanden, um innerhalb der sozialgeographischen Betrachtung komplexe Raumeinheiten strukturieren zu können. Die Gruppe ist zunächst einmal weniger Gegenstand als Hilfsmittel der Betrachtung, die allerdings je nach verwendeter Merkmalskombination, und differenziert nach der räumlich-zeitlichen Situation eine wechselnd starke Annäherung an die soziale Wirklichkeit, nie aber ihre genaue Reproduktion liefern kann. Da also kein systemimmanenter kausaler Zusammenhang vorausgesetzt ist, besteht in einem multivarianten Ansatz die Möglichkeit, die verwendeten Gruppen entsprechend Zielsetzung und Methode gegebenenfalls neu zu gliedern und zu formulieren.

0.3. Das Untersuchungsgebiet (UG) als ländlicher Raum um Osterhofen-Vilshofen in Ostniederbayern

Unter dem Titel "ländlicher Raum" existiert eine Fülle von Einzelarbeiten, die inhaltlich nicht jedesmal dasselbe meinen. So werden häufig Begriffe wie "Schwächeraum", "Strukturschwaches Gebiet" bis hin zu "Passivraum" und "Notstandsgebiet" synonym gebraucht. In den meisten Arbeiten über den ländlichen Raum wird dieser nicht erklärt und als bekannt vorausgesetzt. Dabei reicht "ländlich" von der Gebietskategorie bis zur Verhaltensweise, wobei KÖTTER (1966, S. 129) mit Recht darauf hinweist, daß von der Stadt verschiedene soziale Strukturen und Verhaltensweisen, daß die Hypothese vom "Wesen des Ländlichen" durch "empirisch nachweisbare Tatsachen wohl endgültig beerdigt sind". BORN (1970) versteht wiederum den Begriff "ländlich" im Zusammenhang mit den Siedlungen vornehmlich historisch, während nach LIENAU (1972, II. 2, S. 10) der ländliche Raum "das außerhalb der größeren Städte und Stadtregionen gelegene Kulturland einschließlich seiner Siedlungen" umfaßt. Damit schließt er sich der Auffassung der modernen Raumplanung an, die den ländlichen Raum als Restgröße der Form

Gesamtes Staatsgebiet ./. Verdichtungsraum = ländlicher Raum

bezeichnet und sich so einer besseren Definition entledigt (Vergl. Bayerische Staatsregierung: 2. Raumordnungsbericht 1973, S. 33). Mit diesem "wertfreien" Begriff besteht die Möglichkeit, ein "komplexes und dynamisches allgemein geographisches Bild der ländlichen Landschaft" zu erschließen, das sich unter Einbeziehung auch der physisch-geographischen Bestandteile des Raumes weder "nur auf die ökonomischen noch die sozialen Elemente im engeren Sinne, noch auf die siedlungs- und flurgeographischen Probleme beschränkt" (Ilešic 1968, S. 74). Innerhalb des so verstandenen ländlichen Raumes von Ostniederbayern bildet der "Altlandkreis" Vilshofen in seiner Existenz von 1970 das engere Untersuchungsgebiet (UG). Da aber während des Betrachtungszeitraums, also von ca. 1800 ab Bezeichnung, Umfang und somit Größe des Raumes gewechselt haben und schließlich am 1.7.72 die zwangsweise Aufteilung auf die Kreise Passau und Deggendorf erfolgte, wird der von verwaltungs- wie naturgeographischen Grenzen abstrahierende und umschreibende Ausdruck "Raum Osterhofen-Vilshofen" verwendet, der auf die beiden einzigen Städte zurückführt. Wenn die aktuelle Betrachtung häufig mit der Situation von 1970 schließt, geschieht dies ausschließlich unter dem Zwang des Mangels an Vergleichbarkeit in einem von der Gemeindegebietsreform nach 1970 verwaltungsmäßig stark veränderten Raum.

0.4. Physisch- und historischgeographische Grundlagen der Kulturlandschaftsentwicklung des Raumes Osterhofen-Vilshofen

Die LANDSCHAFT im Bereich von Osterhofen-Vilshofen wird gekennzeichnet durch das Zusammentreffen zweier gegensätzlicher naturräumlicher Großregionen: dem Alpenvorland und dem Bayerischen Wald (CZAJKA 1964). Bis zum Markt Pleinting markiert der Donaurandbruch den Verlauf der Grenze beider Großeinheiten.

Der südliche Bayerische Wald wurde im wesentlichen postpliozän durch die Donau und ihre Zuflüsse in ein Hügelland zerteilt. Seine südwestlichen und südlichen Randhöhen im Deggendorfer und Passauer Vorwald prägen Tertiärbuchten ebenso wie Riedel, die die Täler der Ohe, Gaißa und Ilz voneinander trennen. Alte Verebnungsflächen in 420 und 550 m (höchste Erhebung Ebersberg, 560 m Gmde. Otterskirchen) steigen allmählich, z.T. auch treppenartig gegen den hinteren Bayerischen Wald an und erreichen dort mittlere Höhen von 750-830 m (SCHULZ 1926). Infolge der nahen Erosionsbasis der Donau und damit einhergehend einer lebhaften Zertalung durch die Zuflüsse Kleine Ohe, Perlbach und Stöttinger Bach tritt eine starke Reliefenergie auf, die im Gegensatz zu den etwa niveaugleichen Bereichen des Isar-Inn-Hügellandes stehen. Aus den verschiedenartigen, tiefgründig verwitterten Graniten und Gneisen haben sich lehmige Sandböden, oft auch Lehmböden entwickelt, deren Ertragsfähigkeit in der Regel noch als mittel zu bezeichnen sind.

Die Alkofener Höhen zwischen der Donau im NE und der Vils im S und SE gelegen, bilden auf dem Areal der Gemeinde Alkofen ein randlich zertaltes Hochplateau mit rd. 400-443 m Höhe. Das heute weitgehend waldfreie Plateau besteht im Untergrund aus Gneis und Granit, die jedoch nur an den Hängen zur Donau und Vils anstehen und im allgemeinen von Schottern der oberen Süßwassermolasse überdeckt werden. Diese Schotter sind im Osten gegen die Stadt Vilshofen zu Blöcken aus Quarzitkonglomerat verbacken. Die Böden zeigen infolge der Verschiedenheit der Lößablagerungen eine uneinheitliche Struktur. Während die Böden der lehmigen, sandigen und z.T. kiesigen Partien auf der Hochfläche meist mittlere, aber auch geringe Ertragsfähigkeit aufweisen, nimmt diese gegen den Nordwestrand zu, wo mächtige Lößlehme auflagern und tiefgründige Braunerden und Parabraunerden bilden, die unmittelbar zu den Böden des Dungaus überleiten.

Das Donautal mit seinen durchschnittlich über 100 m tief eingesenkten Flanken reicht vom Eintritt in das kristalline Grundgebirge bis kurz vor Passau. Die Niederterrasse begleitet die Donau in schmalen Streifen in einer Höhe von 300 m bei Vilshofen. Sie geht allmählich über in die nur mehr reliktartig vorhandene Hochterrasse, die ca. 14-18 m über der Donau liegt und auf der sich die südlichen Teile der Vilshofener Altstadt ausdehnen. Größere Bedeutung kommen im Donautal allerdings den Schwemmkegeln zu, die von den Seitenbächen in den Talraum vorgeschoben wurden und bevorzugte Standorte für kleine Siedlungen darstellen.

Das Isar-Inn-Hügelland mit den südlichen Vilstal-Randhöhen und den Ortenburger Hügeln bilden den S und SE Teil des UG. Kennzeichnend für das Hügelland sind neben dem raschen Wechsel von Höhen und Tallagen die ungleiche Ausformung der Hänge. Das Auftreten des Quarzrestschotters ist durch auffällige Steilhänge gekennzeichnet, deren Waldbedeckung oft in einer typischen Vergesellschaftung anspruchsloser Heidepflanzen besteht. Die Böden sind teils leichter, teils schwerer Ausbildung. Lehmige, oft stark glimmerführende Sande wechseln mit stark sandigen Lehmen. Es entwickelten sich aus den Ablagerungen der Molasse Braunerden und Parabraunerden von meist großer Entwicklungstiefe mit durchschnittlicher, auf Talflanken guter Ertragsfähigkeit.

Im 1,5 bis 3 km breiten Vilstal als Sohlental mit der ursprünglichen Anlage von Mäandern und Altwässern traten vor der Korrektion vielfach durch starke Vernässung hervorgerufene anmoorige Böden mit Resten von Auewäldern auf. Dieser Bereich und vor allem auch die ausgedehnten Flächen mit 1/2 bis 1 1/2 m mächtiger Auelehmdecke sind bevorzugte Grünlandstandorte. Auf der Hochterrasse, vornehmlich des linken Vilsufers, ziehen die löß- und lößlehmbedeckten sanften Hänge mit guter Ertragsfähigkeit bis zum Fuße des Forstharter Rückens hinauf. Diese linke Talflanke weist nicht nur bodenkundlich, sondern auch siedlungsgeschichtlich viele Gemeinsamkeiten mit dem Dungau auf.

Dazwischen liegt jedoch der Forstharter Rücken als ein langgestreckter Höhenzug aus Quarzrestschottern mit einer mittleren Höhe von 390 bis 430 m und einer Breite von ca. 3,5 km. Da die Zertalung der Flanken gering ist, begleitet der Forstharter Rücken als sehr einheitliches morphologisches Gebilde die Vils im Norden über viele Kilometer und mündet im Osten unmerklich in den Alkofener Höhen aus. Der eigentliche Rücken ist lößfrei und trägt über den durchlässigen Schottern das größte zusammenhängende Waldgebiet Niederbayerns südlich der Donau. Ebenso wie weiter östlich Alkofen liegt auch der Ort Forsthart auf bzw. unmittelbar neben der Wasserscheide.

Die nordexponierte Flanke des Forstharter Rückens leitet unmerklich in die naturräumliche Haupteinheit des Dungaus über. Der Dungau, im UG als Osterhofener Bucht ausgebildet und im Osten gegen Alkofener Höhen und Deggendorfer Vorwald deutlich abgesetzt, hebt sich schon im Kartenbild durch seine geringe Reliefenergie als Beckenlandschaft hervor. Trotzdem läßt er sich noch in die feuchte Stromniederung der Donau und der Isar mit Altwässern, Auewäldern und ausgedehntem Dauergrünland und in eine Hochterrasse gliedern, die besonders am rechten Ufer der Isar bis 1 1/2 km östlich von Moos als Steilabfall deutlich erkennbar entlangzieht. Die Niederterrasse, ca. 7 m über dem Wasserspiegel der Donau, trägt nur auf kleinen Vollformen, die inselartig eingestreut sind, Ackerland. Die hochwertigen Ackerstandorte, mit einer bis zu 12 m mächtigen Lößschicht und z.T. maximalen Ertragswerten liegen auf der Hochterrasse, die annähernd genau durch die 320 m - Isohypse von Moos-Langenisarhofen-Altenmarkt-Pleinting markiert wird.

So wie es die naturgeographische Situation vorzeichnet, stellt der Bereich Osterhofen-Vilshofen auch bezüglich der GENESE DER KULTURLANDSCHAFT ein Gebiet der Gegensätzlichkeit und des Übergangs dar. Betrachtet man Karten der Verbreitung vor- und frühgeschichtlicher Funde, so fällt der Dungau mit seiner hohen, nach W zunehmenden Dichte auf, die nach S gegen das Isar-Inn-Hügelland rasch abnimmt und im Bereich des Bayerischen Waldes fast gänzlich aussetzt. Die Grenze der Besiedlung folgte bis zum frühen Mittelalter wohl dem Donaurandbruch. Mit dem Abzug der Römer um die Mitte des 3.Jh.n.Chr. fehlen für einige Jahrhunderte Funde und schriftliche Überlieferungen. Eine räumliche Verteilung der Siedlungen nach ihrer ersten urkundlichen Erwähnung ergibt in Übereinstimmung mit den vorgeschichtlichen Funden das bekannte Bild: die früh genannten Orte (8. Jh.) konzentrieren sich auf den Dungau und das Vilstal, während im Bereich des Vorwaldes kein Ort vor 900 erwähnt wird.

Wichtig erscheint für das Gebiet um Osterhofen die Tatsache, daß anläßlich von Schenkungen an das Kloster Niederaltaich bereits um 750 n.Chr. eine Reihe von großen, geschlossenen Siedlungen existierte, die sich über Jahrhunderte hinweg nicht oder nur geringfügig veränderten. Im 8. und beginnenden 9. Jahrhundert setzt verstärkt das Eindringen in den Bayerischen Wald ein. Eine Landnahme-, Ausbau- und Rodungsphase mit dazugehörigem Ortsnamensgut lassen sich weder zeitlich noch räumlich nachweisen.

In diese Phase der verstärkten Inwertsetzung der Landschaft fällt die Konsolidierung der politisch-administrativen und kirchlichen Kräfte. Genannt sei die Königspfalz in Osterhofen (heute Altenmarkt) mit einem Kranz von Königs- und Herzogsgütern, wobei über deren frühe "zentralörtliche Funktion" wenig bekannt ist. Auf die Bedeutung der Klöster Metten, Niederaltaich und Aldersbach insbesondere als Grundherrn kann ebenso wenig eingegangen werden wie auf die frühe, überdies gräfliche Stadterhebung von Vilshofen im Jahre 1206.

Der in vielen Teilen Mitteleuropas bekannte spätmittelalterliche Wüstungsprozeß fand im UG nicht statt. Wohl sind einige kleinere Ortswüstungen anzunehmen, auch öde Fluren in geringem Umfang bekannt, aber von einem landschaftsbestimmenden oder -veränderndem Vorgang zu sprechen scheint nicht angebracht. Der Söldenbildung im 13. und 14. Jahrhundert als verstärkter innerer Ausbauphase kommt, wenn überhaupt, wohl nur außerhalb des Dungaus Bedeutung zu. Der Prozeß der Bildung der "späten Sölden", wie dies GREES (1963, S. 116) nennt und auf den auch BORN (1973, S. 204ff) mit seinen Folgen verweist, erreicht im betrachteten Raum nicht den Umfang wie in anderen Teilen Mitteleuropas. Gewisse soziale Umschichtungen gab es um die Mitte des 17. Jahrhunderts, als im Gefolge der Pest die Bevölkerung um ca. 20-30 v.H. vermindert wurde. Eine Reihe von kurzfristig verwaisten Bauernstellen wurde mit Mitgliedern anderer Gruppen besetzt.

Insgesamt gesehen kann also für das UG festgestellt werden, daß nach Lage der Quellen die weitgehend statische Struktur des Raumes bis zum 18. Jahrhundert keine wesentliche Differenzierung erfahren hat. Vorhandene geringfügige Änderungen waren Anpassungsreaktionen auf externe Einflüsse (z.B. Pest) innerhalb eines engen, feudalistisch-grundherrschaftlich determinierten Rahmens.

1. DIE GESELLSCHAFTLICHE DYNAMIK IN DER ERSTEN HÄLFTE DES 19. JAHRHUNDERTS ALS RAUMWIRKSAMER PROZESS

1.1. Die agrarsoziale Ausgangssituation des 18. Jahrhunderts

Um den Umfang und die Dynamik der zu Ende des 18. und mit Beginn des 19. Jahrhunderts verstärkt einsetzenden Umstrukturierungsprozesse den richtigen Bezug zu geben, ist es notwendig, die agrarsoziale Ausgangssituation des 18. Jahrhunderts kurz zu beleuchten.

Einer quantitativen wie qualitativen Analyse der Kulturlandschaft stellen sich für diese Zeitperiode erhebliche Schwierigkeiten entgegen. Zwar enthalten z.B. die Hefte des Historischen Atlas von Bayern direkt aus Quellen gearbeitete, mehr oder weniger vollständige und übersichtliche Primär- und Sekundärstatistiken, so daß Aussagen über Anzahl und eingeschränkt auch Größe von Anwesen und Siedlungen möglich sind, die Sozialstruktur läßt sich aber nur sehr undeutlich erschließen. Einmal sind in aller Regel die ländlichen Gewerbe nicht berücksichtigt, zum anderen fehlt der Bezug zur verfügbaren Fläche als dem wichtigsten Gruppierungsmerkmal.

Wenn FRIED (1966, S. 17 f) feststellt, daß die Zahl der eigentlichen "Bauern" mit 30 % gering, die der sog. Leer- oder gemeinen Sölden mit rd. 37 % des Gesamtgüterbestandes relativ hoch ist, sind diese oberbayerischen Ergebnisse nicht auf niederbayerische Verhältnisse übertragbar. Die Aussage, daß der Anteil der gesamten Sölden (in unserem Sinne der gesamten grundbesitzenden Nichtbauern) an der Summe der Anwesen in 17 oberbayerischen Gerichten zwischen 51-92 % beträgt (FRIED 1966, Tab. S. 19), verleitet zu einer Überbewertung der sozioökonomischen Situation der klein- bzw. nichtbäuerlichen Gruppen.

HENNING (1969) kommt bezüglich der Betriebsgrößenstruktur der mitteleuropäischen Landwirtschaft im 18. Jahrhundert zu der global formulierten Erkenntnis, daß in Bayern, wie in den meisten Teilen Mitteleuropas, die klein- und unterbäuerliche Dorfbevölkerung das (zahlenmäßige) Übergewicht hatte.

An dieser Stelle bereits sei aber der Einwand eingefügt, daß die Selbst- und Fremdeinschätzung der Individuen und die Einordnung in eine Gruppe innerhalb eines größeren Verbandes (Dorf, Gemeinde) zwar auch von deren Zahl, aber im ländlichen Raum überwiegend durch den Besitz an produktiver Fläche als dominantem Merkmal determiniert wurde.

Wenn im folgenden in Tab. 1 die Struktur der Grundbesitzer auf der Basis des Güterbestandes in der 2. Hälfte des 18. Jahrhunderts für einen Teil Ostniederbayerns als Zusammenstellung von mehreren bislang erschienenen Heften des Historischen Atlas wiedergegeben wird, so geschieht dies aus dem Mangel an besseren Quellen heraus. Die Einteilung nach dem Steuerhoffuß in "große Bauern" (1/1 - 1/2 Höfe), "mittlere Bauern" (3/8 - 1/8) und Häusler (kleiner als 1/8) wurde von ROSE (1971, S. 196) ohne Kritik übernommen.

Tabelle: 1

DER GÜTERBESTAND UM DIE MITTE DES 18. JAHRHUNDERTS IN OSTNIEDERBAYERN NACH LANDGERICHTEN

Landgericht	Große Bauern		Mittlere Bauern		Häusler	
	abs.	in v.H.	abs.	in v.H.	abs.	in v.H.
VILSHOFEN	391	17 %	1134	49 %	775	34 %
OSTERHOFEN	339	34 %	255	26 %	339	40 %
DEGGENDORF	1470	44 %	1098	33 %	741	23 %
LANDAU	662	26 %	899	35 %	1000	39 %
EGGENFELDEN	936	35 %	1252	47 %	499	18 %
PFARRKIRCHEN	567	23 %	1217	49 %	682	28 %
GRIESBACH (nur kirchl. Besitz)	341	24 %	777	54 %	331	22 %
GESAMT	4706	30 %	6632	42 %	4427	28 %

Quelle: Historischer Atlas von Bayern, Teil Altbayern,
Bd. 29 (VOF), S. 141 ff, 159 f
Bd. 27 (DEG), S. 53, 105, 192 f, 319
Bd. 30 (LAN), S. 51
Bd. 28 (EG) , S. 57
Bd. 31 (PAN), S. 138
Bd. 19 (GRI), S. 243

Insgesamt gesehen ergeben die "Bauern" zusammen in den angeführten Landgerichten Ostniederbayerns einen zahlenmäßigen Anteil von rd. 72 % an der Gesamtheit des Güterbestandes. Sie sind somit weit stärker vertreten als in den oberbayerischen Beispielen von FRIED mit rd. 30 %. Wir bezweifeln eine aufgrund dieser Vergleichszahlen völlig verschiedene agrarsoziale Struktur, können aber die Frage nach den Ursachen hier nicht weiter diskutieren.

Aus der Tab. 1 müssen wir zur Einordnung des UG festhalten, daß in den LG Osterhofen und Vilshofen die nichtbäuerlichen Anwesen zahlenmäßig deutlich über denen der benachbarten LG liegen. Die Aussage, daß die "großen Bauern" im LG Osterhofen doppelt so stark vertreten sind wie im LG Vilshofen, kann später selbst in der Tendenz nicht bestätigt werden.

Zustimmen muß man FRIED, wenn er das Söldnertum, allgemeiner und besser wohl die nichtbäuerlichen Gruppen insgesamt, als dynamisches Element in einer weitgehend konservativen und statischen Siedlungs- und Agrarstruktur sieht. Insgesamt stehen sich im kulturlandschaftlichen Gefüge zu Ende des 18. Jahrhunderts statische Elemente (natürliche Grundlagen, historisch gefestigte Grundherrschaft bes. kirchlicher und adeliger Art u.ä.) und dynamische Elemente gegenüber, die als interne (Bevölkerungsweise) oder externe (raumwirksame Staatstätigkeit) Katalysatoren raumrelevante Veränderungsprozesse auslösen und deren Träger Individuen, Gruppen oder Institutionen sind.

1.2. Zur bevölkerungsgeographischen Dynamik und ihrer Beeinflussung über restriktive Steuerungsmechanismen

1.2.1. Geburtenüberschuß und agrargesellschaftliche Bevölkerungsweise

Wenngleich verwertbare Daten zur demographischen Struktur und zur Bevölkerungsentwicklung weitgehend fehlen, muß davon ausgegangen werden, daß im betrachteten Zeitraum des beginnenden 19. Jahrhunderts die Bevölkerung als dynamisches Element anzusehen ist.

So weisen bezüglich der natürlichen Bevölkerungsbewegung am Beispiel des Jahres 1834/35 23 von 24 Gemeinden des UG einen deutlichen Geburtenüberschuß auf. [1]Dieser Überschuß konnte nicht in voller Höhe von der agraren Kerngesellschaft absorbiert werden. Die Frage seines Verbleibs ist die zentrale Frage und ein Schlüssel zur Aufhellung der Ursachen der später beschriebenen Prozeßabläufe.

Wenn auch nicht in der Schärfe, wie MACKENROTH (1953, S. 421 f) es formuliert, ist der ländliche Lebensraum zu Ende des 18. Jahrhunderts weitgehend in Händen der bäuerlichen Gruppe (Vergl. Tab. 1!). Der einzelne Betrieb ist auf die Arbeits- und Konsumnorm einer Familie und eines vergleichsweise bescheidenen Marktes abgestimmt. "In dieser Abstimmung der sozial normierten Betriebsgröße auf die Familie als die Wachstumszelle des Bevölkerungsvorgangs liegt die entscheidende Verbindung zwischen Bevölkerungsweise und Wirtschaftsweise. Der Eintritt in den biologischen Tragkörper ist an die Eheschließung und diese wieder an die Erlangung einer Bauernstelle geknüpft" (MACKENROTH, 1953, S. 422).

Es gibt zwei verschiedenwertige Arten von Arbeitsstellen und somit auch Formen der Daseinsäußerung: einmal die Bauernstellen mit der Möglichkeit der problemlosen Familiengründung und der Teilnahme am Bevölkerungsvorgang ohne materiellen oder sozial-moralischen Zwang, zum anderen die von der bäuerlichen oder feudalen Gruppe abhängigen "Hilfsstellen", deren Teilnahme mit objektiven wie subjektiven Hindernissen erschwert oder unterbunden wird. Objektive Hindernisse bestehen in der nahezu völligen Immobilität des Bodens und seine Gebundenheit an bestimmte Gruppen (Bauern, diese aber meist abhängig von Adel und Kirche), subjektive Hindernisse z.B. in der Notwendigkeit außerehelicher Fortpflanzung.

Der Gleichgewichtszustand bei gegebenen ökonomischen Bedingungen zwischen Sozialstruktur und Bevölkerung wurde über die beiden wesentlichen Regulative -Gebundenheit der Produktionsfläche (einschließlich ihrer z.T. recht umfänglichen Reserven) und Heiratsbeschränkungen aufrechterhalten bzw. gesteuert. Wurden die Regulative verändert bzw. ganz aufgehoben, so folgte eine Änderung des Gleichgewichtszustandes und damit langfristig ein Prozeß der Emanzipation ehedem generativ wie sozial nicht vollwertiger Gruppen. Zunächst standen sich aber noch Kräfte und Gegenkräfte dieser Emanzipation gegenüber.

[1]StAL, Rep. 168, Verz. 1, Fasz. 1505, Nr. 37

1.2.2. Gebundenheit der Produktivfläche

Für den ostniederbayerischen Raum hat dieses Regulativ besondere Bedeutung. Die dort verbreitete Anerbensitte, also die ungeteilte Hofübergabe, zementierte bis zum Ende des 18. Jahrhunderts die agrarsoziale Struktur und das Verhältnis bäuerliche-nichtbäuerliche Gruppen. Zum anderen verhinderte das kirchliche wie adelige Obereigentum einen freien Siedlungsausbau durch restriktive Handhabung von Grundzuteilungen. Nach PFLAUMER-ROSENBERGER (1939, S. 101 f) ist die Anerbensitte durch folgende Merkmale gekennzeichnet:

- Sicherheit und Stetigkeit der agraren Produktion
- enge Verbundenheit einer Familie mit dem von ihr bebauten Boden
- absolute Weigerung Nichtbauern oder Bescholtene in Familie und Stand aufzunehmen (Grundsatz der Bauernfähigkeit!)
- Fortbestand optimaler Betriebsgrößen.

Dabei spielte es eine untergeordnete Rolle, ob der Besitz entsprechend dem bayerischen Landrecht als Leibrecht, Erbrecht, Neustift oder Freistift oder dem sehr seltenen Fall des freien Eigentums bestand. Die Gebundenheit des Bodens an bestimmte Gruppen, insbesondere auch an Kirche und Adel, wurde nur dann gelockert, wenn es galt, z.B. den infolge des 30-jährigen Krieges und der Pest dezimierten Bevölkerungsstand rasch den ökonomischen Möglichkeiten anzupassen. Ansonsten blockierten insbesondere die ausgedehnten und mit eigenem Rechtsstatus versehenen Flächen von Kirche und Adel eine über Siedlungsausbau zu erfolgende Unterbringung des Bevölkerungsüberschusses. Erst die Änderung obrigkeitlicher Zielvorstellung im Gefolge der Aufklärung brachte eine schrittweise Abkehr von diesem Regulativ.

1.2.3. Heiratsbeschränkungen

Sobald für die Obrigkeit bis zum 18. Jahrhundert eine ausreichende Bevölkerungsvermehrung gesichert war, zwang sie den Überschuß durch Heiratsbeschränkungen oder -verbote zur Ehelosigkeit und formal zur Kinderlosigkeit. Bereits 1616 enthielten die Landrecht-, Polizei-, Gerichts-, Malefiz- und anderen Ordnungen der Fürstentümer Ober- und Niederbayern strenge Bestimmungen gegen das Heiraten von Dienstboten. Eheschließungen von Personen, welche ihre Nahrung "ohne Beschwerde" der anderen Bürger nicht beschaffen können, wurden untersagt. Nach den Bettelmandaten von 1770 und 1780 sollten ohne obrigkeitliche Erlaubnis "kopulierte" Personen des Landes verwiesen, die Geistlichen die sie getraut haben, bestraft werden (MACKENROTH 1953, S. 427).

Um die Wende des 19. Jh. standen die scharfen Bestimmungen im Widerspruch zum neuen "raumordnungspolitischen Konzept" der aufgeklärten Regierungen: einer Vermehrung der steuerzahlenden Untertanen bei gleichzeitiger Gewährung von Freiheiten zur persönlichen und vor allem wirtschaftlichen Entfaltung. Daher wurden in Bayern 1808 mit Erlaß vom 12. Juli "Die Beförderung der Heurathen auf dem Lande betr." die Beschränkungen nicht nur weitgehend aufgehoben, sondern Heiraten in bestimmten Fällen gefördert. Nur bei einer vorhersehbaren Unfähigkeit, den Unterhalt selbst zu sichern, konnte die Genehmigung versagt werden. Ansonsten sollten die Obrigkeiten sogar die "Mittel zur Ansässigmachung" wie Hausbau, Kultivierung öder Gründe und Gewerbetätigkeit im Rahmen der gewerbepolizeilichen Vorschriften erleichtern.

Nichtsdestotrotz wirkten die Restriktionen wegen der konservativen Grundhaltung der dominanten Gruppen noch Jahrzehnte nach und wurden erst 1868 endgültig aufgehoben. "Ja die alten Gesetze über Heirat, Ansässigmachung und Verehelichung waren in wirtschaftlicher Hinsicht ein Vorteil für die Gemeinden, in moralischer dagegen haben sie zu den schwersten sittlichen Mißständen viel beigetragen" (SPIRKNER, 1907, S. 105).

1.2.4. Die Chancen der benachteiligten Gruppen zur Umgehung der Restriktionen

Auf die Funktion der Fortpflanzung im außerehelichen Bereich in der vorindustriellen Agrargesellschaft hat MACKENROTH mehrfach verwiesen. Ein Zusammenhang zwischen dem Anteil der unehelich Geborenen und dem Anteil der nichtbäuerlichen Gruppen kann im UG aufgezeigt werden. Es muß dazu noch einmal erinnert werden, daß der ländliche Raum des UG traditionell (Tab. 1) und durch die noch zu beschreibenden Siedlungsneugründungen in Ostniederbayern einen überdurchschnittlichen Anteil an nichtbäuerlichen Gruppen aufweist. Das Verhältnis der insgesamt Geborenen zu den unehelich Geborenen betrug 1826/27-1834/35 für Niederbayern 100:35[2,4] für den Polizeidistrikt Vilshofen 100:40. [3] Immerhin gab es drei Gemeinden im Polizeidistrikt Vilshofen, wo 1834/35 die unehelichen Geburten die ehelichen übertrafen: Alkofen insges. Geborene: unehel. Geborene 100:62, Forsthart 100:54 und Iglbach 100:54.[3] Gerade diese Gemeinden aber schließen die umfangreichsten Siedlungsneugründungen des 19. Jh. mit überwiegend nichtbäuerlichem Anteil ein. HEINRITZ hingegen kann für den Bereich der "Baiersdorfer" Krenhausierer keine spezifischen Unterschiede im Verhalten zwischen Taglöhner und Bauerngemeinden erkennen.

---

[2] Bavaria, Bd. I, S. 957

[3] StAL, Rep. 168, Verz. 1, Fasz. 1505, Nr. 37

[4] 1971 betrug im übrigen das Verhältnis 100:11

Die außereheliche Fortpflanzung brachte keine Lösung, da das Problem der Unterbringung des Bevölkerungsüberschusses nicht beseitigt wurde. Die Aufzeigung des Zusammenhangs erhellt allerdings die Frage der Bildung sozialer Randgruppen, da die unehelich Geborenen insbesondere in der traditionellen Gesellschaft diskriminiert waren.

Wanderungen im Sinne von Fortzügen im lokalen und regionalen Bereich als Möglichkeit, den Restriktionen zu entgehen, schieden aus, da die Lebensbedingungen sich nicht oder nur unwesentlich geändert hätten. Der konservative Charakter der Bevölkerung und die geringe Attraktivität von Städten und Märkten als potentielle Ziele machten eine Wanderung aussichtslos. Selbst eine nahe Großstadt, wie PFLAUMER-ROSENBERGER (1939, S. 100) am Beispiel aus der Region München zeigt, wirkt in der vorindustriellen Phase nicht als wesentlicher "pull-factor".

Bleibt zu fragen nach einer überregionalen Ab- bzw. Auswanderung. Gewährten die Fürsten innerhalb ihres Staates Freiheiten, so duldeten sie in der Regel keine Abwanderung über die Grenzen. Die Erhaltung des "Populationsstandes, bes. der producierenden Classe" war "Wichtige Staatsursache" und die Emigration in auswärtige Staaten ohne Genehmigung des Landesfürsten wurde mit "Confiscation des Vermögens" betraft (BLENDINGER 1964, S. 434). Das Verbot wurde für Bayern 1808 wiederholt und allgemein bis in die 2. Hälfte des 19. Jahrhunderts aufrechterhalten. Daß trotz ihrer Aufhebung de facto noch Heiratsbeschränkungen, insbesondere moralische, bestanden, zeigt die Motivation der Auswanderer. Mit 15 % aller Gründe wird die Möglichkeit zu Heiraten an 2. Stelle genannt, hier insbesondere von Frauen mit ledigen Kindern (BLENDINGER 1964, S. 449). So wanderten in dem "Spitzenjahr" 1854 aus dem Amtsgericht Eggenfelden neben 5 Ehepaaren und 27 ledigen Männern 10 ledige Frauen mit ihren Kindern nach Amerika aus. In den übrigen Jahren betrug die Zahl der Emigranten 1852:4, 1853:7 und 1855:2 Personen (SPIRKNER 1907). Aus Niederbayern (zum Vergleich Oberbayern) wanderten je 1000 Einwohner pro Jahr aus:

1811 - 1824	1,8	(0,5)
1825 - 1835	3,3	(1,2)
1836 - 1843	3,1	(1,6)
1844 - 1851	5,5	(2,9)
1852 - 1856	12,6	(7,0)

(Quelle: Bavaria, Bd. I, S. 249 u. 961)

Im Berichtszeitraum 1820/21 wanderten aus dem Polizeidistrikt Vilshofen sieben Personen, 1834/35 vier Personen weg, eine bzw. zwei Personen jeweils zu.[5] Ziel war ein Land innerhalb Deutschlands. Bei einer Zahl von rd. 35 000 Personen Wohnbevölkerung kann demnach die überregionale Wanderung vernachlässigt werden.

Die Ab- bzw. Auswanderung schien also kein geeignetes Mittel, dem Bevölkerungsdruck zu entgehen. Andererseits war aufgrund mangelnder Ausbildung, fehlender technischer Möglichkeiten und anderer hemmender Einflüsse eine Steigerung des landwirtschaftlichen Ertrags durch Zunahme der Flächenproduktivität nicht möglich.

---

5 StAL, Rep. 168, Verz. 1, Fasz. 1505, Nr. 27 u. 37

Der einzige Ausweg zur Erhöhung der agrarischen Produktion und somit der Unterbringung einer wachsenden Bevölkerung blieb die Nutzflächenerweiterung. Diese Entwicklung leiteten externe Impulse ein, die zum Ergebnis hatten, daß eine gesteigerte Bodenmobilität erstmals in größerem Umfang den nichtbäuerlichen Gruppen die Möglichkeit bot, eine Existenz neu zu begründen oder auszubauen.

1.3. Die hohe Bodenmobilität als Indikator für den räumlichen und sozialen Emanzipationsprozeß bisher nicht vollwertiger Gruppen

Um die Bodenmobilität als Indikator zur Erfassung der räumlich wie sozialen Emanzipation bisher sozial wie generativ benachteiligter Gruppen, das sind die nichtbäuerlichen Gruppen, erfassen zu können, müssen aus methodischen Gründen die Teilaspekte

- Gutszertrümmerungen
- Landeskulturmaßnahmen, insbes. Moorkultivierungen
- Säkularisation

getrennt betrachtet werden, obwohl sie sich gegenseitig im Sinne eines komplexen Vorgangs bedingen, ergänzen und verstärken können (Vergl. auch Abb. 6). Aufgrund nicht vollständiger und gleichartiger Quellen ist es nicht möglich, eine Totalerhebung für das gesamte UG durchzuführen. Die Fallbeispiele können aber einen guten Überblick über Umfang, Verteilung und Wirkungsmechanismen der Mobilisierung des Bodens zu Anfang des 19. Jahrhunderts vermitteln.

Der wichtigste, weil kulturlandschaftlich auch nachhaltigste Prozeß der

- Siedlungsgründungen

wird, obwohl wiederum mit den bisher genannten Vorgängen verknüpft, wegen des großen Umfangs für sich beschrieben.

Es muß noch einmal herausgestellt werden, daß der Anstoß zu all diesen Prozessen in aller Regel als externer Faktor einer aktiven Raumordnungspolitik aufzufassen ist, der bei den nichtbäuerlichen Gruppen einen günstigen Nährboden fand.

1.3.1. Gutszertrümmerungen

Zu Beginn des 19. Jh. wurde von der bayerischen Regierung die Auffassung propagiert, daß die im privatrechtlichen Sektor durch das Anerbenrecht verursachte Immobilität des Bodens - und damit verbunden die Fixierung relativ großer bäuerlicher Besitzeinheiten - von Übel sei. Denn nach "staatswirtschaftlichen Ansichten befördert nichts die Vergrößerung des Produktionsfeldes und der zweckmäßigen Bevölkerung mehr, als die Auflösung der Gebundenheit der Güter".[6] Mit der Vermehrung der Zahl der steuerpflichtigen Untertanen mit Grundbesitz als neuem wirtschaftspolitischen Oberziel wurden Realteilungsgebiete als beispielhaft angepriesen, "wo es nach dem Vorbilde anderer Länder weit zweckmäßiger seyn dürfte, die verschiedenen Heirathsgüter der mehreren Geschwister durch die verhältnismäßige Ab- und Zutheilung zu berichtigen".[7] Die jahrhundertelange, landschaftsprägende Tradition der geschlossenen Hofübergabe unter Hinausbezahlung der weichenden Erben wurde als unerschwingliche Bürde abgelehnt und demgegenüber die Zertrümmerung des Anwesens anläßlich der Güterübernahme durch die Kinder empfohlen.

Eine diesbezügliche Aufforderung an sämtliche vorgesetzten Behörden verfehlte wenigstens ihre kurzfristige Wirkung nicht. Als Ergebnis wurden aus 66 altbaierischen Landgerichten und Städten vom Juni 1803 bis Dezember 1804 ganze 493 "erfolgreiche"Gutszertrümmerungen gemeldet, wobei 870 neue Anwesen entstanden waren. Das UG hatte im Landgericht Vilshofen mit 42 Gutszertrümmerungen und 60 neuen Anwesen einen überdurchschnittlich hohen Anteil. Wohl der besonders konservativen Grundhaltung des bäuerlichen Elements im Herrschaftsgericht Osterhofen ist es zuzuschreiben, daß dort keine Dismembration stattfand.[8]

Im gesamten UG unterschiedlich, konnten in einzelnen Gemeinden allein die durch Zertrümmerung entstandenen mobilen Grundstücksflächen strukturverändernd wirken. Nach Tab. 2 für die Gmde. Walchsing im Vilstal trugen die Gutsausbrüche in gleichem Umfang wie etwa die Gewinne aus Gemeindegrundverteilungen zur Aufstockung nichtbäuerlicher Betriebseinheiten bei. DRESCHER (S. 21) kommt im Dungau für die von ihm untersuchten Gemeinden zu ähnlichen Ergebnissen: "Durch die Verkäufe bei diesen Zertrümmerungen entstand ein immer mehr zunehmender Klein- und Mittelbesitz".

Der Vorgang der Dismembration blieb jedoch keineswegs auf Altbayern beschränkt. Wenngleich von sicherlich anderen obrigkeitlichen Zielvorstellungen getragen, waren am Beispiel der südl. Frankenalb nach EIGLER (1974, S. 35 u. 46 f) die Konsequenzen dieselben: eine Nivellierung der durchschnittlichen Besitzgrößen nach unten, da in aller Regel größere, d.h. bäuerliche Anwesen zerschlagen wurden, wobei Häusler und Taglöhner zunehmend die Chance erhielten, die agrare Existenzgrundlage auszuweiten oder voll zu erreichen. Auch nach GREES (1963) lösten territoriale Veränderungen wie die Grundentlastung zu Beginn des 19. Jahrh. auch in den Anerbengebieten des östlichen Schwaben eine Welle von Hofzerschlagungen aus, die "für die Seldner die Möglichkeit einer beträchtlichen Aufstockung mit sich brachten"(S. 125).

---

6 Churpfalzbayerisches Regierungsblatt, Jg. 1805, S. 359

7 ebenda, S. 360

8 Churfürstliches Regierungsblatt vom 28.8.1805, S. 912-1034

1.3.2. Landeskulturmaßnahmen, insbesondere Moorkultivierung

Die auf Neuordnung der Agrarräume unter dem Gesichtspunkt der Vermehrung der Steuerpflichtigen ausgerichteten Bestrebungen des Staates fanden insbesondere ihren Niederschlag in den Ödlandkultivierungen jener Zeit. Als eine der ersten, praktischen Maßnahmen zielten die Landeskulturgesetze dahin ab, den "so groß und merklich Teil Unserer Landen in voller Öd und Unfruchtbarkeit" einer intensiven Nutzung zuzuführen, wie es in Bayern das wichtigste Mandat vom 24.3.1762 unter Maximilian III.Joseph vorsah (WISMÜLLER 1904, S. 25). Freilich verging kaum ein Jahr, indem nicht auf die Bedeutung des Mandats mit allem Nachdruck hingewiesen werden mußte, nachdem einerseits die Beamtenschaft, andererseits die Bauern den Bemühungen der Regierung kaum Beachtung schenkten.

Die Moorkultivierungen, die zu Ende des 18. Jahrhunderts im UG eingeleitet worden sind, waren nach Art und Umfang nicht mit den großen Meliorationsmaßnahmen etwa im Donaumoos, dem Erdinger Moos oder dem Kolbermoor vergleichbar. Immerhin wurden im sog. "Osterhofener Moos", NE der Stadt Osterhofen rd. 180 ha und im sog. "Kühemoos" NW der Herrschaft Moos im Mündungsgebiet der Isar 145 ha von der Regierung zur Kultivierung befohlen. Gegen den Widerstand der Bauern bzw. des adeligen Großgrundbesitzes wurde zwischen 1773 und 1792 die Verteilung und Umwandlung in Acker- und Wiesenland vorgenommen. Im "Osterhofener Moos" errichteten einige Häusler, Handwerker und Taglöhner aus den Nachbardörfern Siedlungsstellen, während die Anteile im "Kühemoos" zunächst an die nutzungsberechtigten Bauern der umliegenden Gemeinden vergeben wurden (WISMÜLLER 1909, S. 83; WARMUTH 1908, S. 75; HStA München, Plansammlung, Nr. 3881). In unmittelbarer Nähe zum Kühemoos läßt die Nennung von 9 Mennoniten in Isarau und 14 Mennoniten in Moos im Jahre 1861 (GÖTZ 1895, S. 597 u. 599) auf weitere Kolonisationstätigkeit schließen. Die besondere Erwähnung dieser Familien unterstreicht ihre Ausnahmestellung, wurden doch 1852 in ganz Niederbayern nur 97 Mennoniten, Wiedertäufer und Griech. gezählt (BAVARIA 1860, Bd. I, S. 956).

Die Beteiligung allochthoner Gruppen an den Landeskulturmaßnahmen im UG stellt - mit einer weiteren Ausnahme in der Grafschaft Ortenburg - einen Sonderfall dar, erreichte ja auch nach Darstellung von MAYER (1945) die Pfälzereinwanderung zu Beginn des 19.Jh. Niederbayern nicht. Moorkultivierung, wie überhaupt sämtliche Maßnahmen der Binnenkolonisation im UG wurden von der bodenständigen, wenn auch meist nichtbäuerlichen Bevölkerung getragen.

1.3.3. Gemeindegrundverteilungen

Parallel zu den Moorkultivierungen, häufig auch mit ihnen identisch, verlief die Aufteilung der Gemeindegründe. Sie gaben, nicht nur im UG, sondern sicherlich in ganz Bayern, zu Beginn des 19.Jh. einen weiteren bedeutsamen Impuls zum Änderungsprozeß des agrar-

DER BEITRAG DER GEMEINDEGRUNDVERTEILUNGEN UND GUTSZERTRÜMMERUNGEN ZUR BESITZVERGRÖSSERUNG NICHT-BÄUERLICHER GRUPPEN AM BEISPIEL DER GEMEINDE WALCHSING 1800-1840

Tabelle: 2

Raum	Gruppe	Zuwachs 1800-1840 (in ha)			Besitz 1840 ges. (in ha)	Zuwachs in v. H.
		Gemeindeteilungen	Gutsausbrüche	Insges.		
Walchsing	Nichtbauern	25,34	41,22	66,56	139,26	47,8
	Bauern	10,36	4,76	15,12	372,55	4,0
Kriestorf Gainstorf	Nichtbauern	18,31	3,25	21,56	73,02	29,5
	Bauern	28,93	3,99	32,92	599,73	5,9
Einöden	Nichtbauern	-	15,09	15,09	44,13	34,2
	Bauern	-	17,06	17,06	436,93	3,9
GESAMT	Nichtbauern	43,65	59,56	103,21	256,41	40,2
	Bauern	39,29	25,81	65,10	1369,21	4,8

Quelle: Urkataster 20/43, Bde. I-IV, StAL

DER BESITZZUWACHS DURCH GEMEINDEGRUNDVERTEILUNGEN IN DER GEMEINDE EGING NACH SOZIALGRUPPEN 1800-1843

Tabelle: 3

Gruppe	Zahl	Fläche um 1800 (in ha)		Fläche 1843 (in ha)		Zuwachs in v. H.
		Insges.	pro Besitzer	Insges.	pro Besitzer	
Bauern	44	639,37	14,53	1185,33	26,94	185,0
Häusler	1	0,78	0,78	3,37	3,37	(432,0)
Taglöhner		nicht	vorhanden			
Handwerker	14	14,53	1,04	44,85	3,20	308,0

Quelle: Urkataster 20/12, Bde. I-III, StAL

Tabelle: 4

DER BESITZZUWACHS IN THUNDORF, GMDE. AICHA A.D. DURCH GEMEINDEGRUNDVERTEILUNG, ZUKAUF VON STAATSGRÜNDEN UND ERWERB VON GUTSAUSBRÜCHEN NACH SOZIALGRUPPEN 1800-1840

Sozialgruppe	Haus-Nr.	Größe um 1800	Zuwachs (in ha)			Größe 1840 (in ha)
			Gemeindeteilung 1802 u. 1804	Staatsgründe (Kl. Niederaltaich) 1803	Gutsausbrüche	
Bauern	1	46,54	7,57	7,78	-	31,89
	2	22,65	5,99	-	-	28,64
	5	13,72	3,69	1,13	-	18,53
	14	14,93	2,15	-	-	17,08
	16	12,34	5,88	0,57	-	18,80
	17	16,21	3,81	3,65	-	23,67
	20	8,96	1,22	0,28	1,22	11,68
	21	26,05	6,82	1,10	2,36	36,34
	22	10,54	5,02	0,86	3,20	19,62
	28	13,99	6,10	1,56	0,42	22,04
	30	11,21	3,41	0,98	0,34	15,95
	45	8,69	3,18	-	3,63	15,50
Summe		196,14	55,96	17,94	13,82	283,86
∅ Fläche		15,08	4,30	1,38	1,06	21,83
ehem. Häusler 1840 Bauern	3	0,24	3,72	1,21	-	5,17
	7	5,58	3,52	0,47	-	9,57
	6	2,95	3,90	3,66	0,34	10,85
	8	0,91	3,52	1,44	-	5,87
	10	0,58	3,90	0,14	1,46	6,08
	11	1,88	3,62	3,92	1,67	11,09
	13	1,63	3,69	2,29	0,61	8,23
	15	6,15	3,69	0,17	-	10,01
	18	1,61	3,67	2,11	-	7,39
	23	1,61	3,81	0,97	-	6,40
	25	0,49	4,44	1,09	1,46	7,49
	26	0,85	4,95	1,41	1,00	8,23
	27	1,29	3,91	2,29	2,35	9,85
	29	0,37	3,54	1,89	-	5,79
	32	0,49	4,28	1,39	0,92	7,06
	33	3,16	4,16	1,46	-	8,78
	34	1,27	3,65	0,67	0,22	5,82
	36	2,24	3,53	1,99	0,07	7,84
	37	3,49	3,56	1,56	-	8,62
	38	1,82	3,51	2,49	3,09	10,92
	39	0,80	4,96	3,43	-	9,20
	40	0,56	3,20	2,00	-	5,76
	41	1,31	4,35	1,59	-	7,25
	42	0,87	3,57	2,69	-	7,14
	43	0,57	4,07	2,49	-	7,15
	46	5,00	2,19	1,55	-	8,74
Summe		47,74	98,96	46,40	13,21	206,31
∅ Fläche		1,84	3,81	1,79	0,51	7,93

Tabelle: 4

Häusler	12	0,73	3,64	0,19	-	4,58
	19	0,17	1,09	0,75	0,28	2,29
	31	0,63	0,93	-	-	1,56
	35	0,68	1,78	0,29	0,56	3,32
	44	0,47	1,82	1,49	-	3,78
	47	-	2,09	-	2,13	4,21
	49	2,97	-	-	-	2,97
	50	1,99	-	-	-	1,99
	51	0,50	2,94	-	-	3,41
Summe		8,16	14,31	2,73	2,97	28,17
∅ Größe		0,91	1,59	0,30	0,33	3,13
Handwerker	4	0,79	0,31	1,08	1,31	3,51

Quelle: Urkataster 20/2 (Aicha a.D.), 5 Bde., StAL

Tabelle: 5

DER GRUNDERWERB EINES TEILS DER 1803 VERSTEIGERTEN FELD- UND WIESENGRÜNDE DES KLOSTERS NIEDERALTAICH NACH SOZIALGRUPPEN

Sozialgruppe:	Fläche (in ha)	Anteil v.H.
Bauern	13,3	8,2
Taglöhner, Häusler	27,7	20,8
Handwerker	43,3	32,5
Brauer, Wirte	41,8	31,4
Sonstige	7,1	7,1
GESAMT	133,2	100,0

Quelle: nach Schlittmeier, A., S. 39-47

sozialen Gefüges im ländlichen Raum. Die je nach Sprachgewohnheit synonymen Begriffe Gemeindeländereien, Gemeindegründe, Gemeinheitsgründe, Gemeinheiten oder Allmenden bedeuten inhaltlich eine außerhalb des privatrechtlichen Landes liegende, meist deutlich abgegrenzte Wirtschaftsfläche im Besitz einer Körperschaft (meist Gemeinde), die von den berechtigten Mitgliedern seit Jahrhunderten genutzt wurde.

Für die Nutzungsberechtigung war im UG der Besitz eines Hauses oder Anwesens mit Grund von unbestimmter Größe Bedingung. Damit war festgelegt, daß auch nichtbäuerliche Gruppen Nutzungsrechte und bei der Teilung Ansprüche besaßen.

Je nach ihrer Größe, blockierten die Gemeindegründe seit dem frühen 18. Jahrhundert die Ausweitung der Flächenproduktivität und somit die Unterbringung einer überschüssigen Bevölkerung. Bei der Diskussion der Auswirkungen der Teilungen muß der formalphysiognomischen Betrachtung des Siedlungsgefüges (JÄGER 1961, S. 142 f) freilich eine sozioökonomische hinzugefügt werden, denn für den Weiterbestand der traditionellen agrarsozialen Struktur war es nun keineswegs gleichgültig, in wessen Besitz die z.T. sehr umfänglichen Gründe übergehen würden.

Die Gefahr wohl ahnend, im Sozialgefüge des ländlichen Raumes ihre dominante Stellung zu verlieren, kam der Widerstand gegen die Aufteilung von den Bauern. Der Ansicht von ABEL (1962, S. 276) kann nicht zugestimmt werden: "Die Widerstände kamen von denen, die durch die Auflösung der Gemeinheiten zu verlieren glaubten. Das waren die größten und die kleinsten Landwirte im Dorf; die Herrn und die Häusler". Ganz abgesehen davon, daß sich in Altbayern die Häusler weder aufgrund von Selbst- noch von Fremdeinschätzung zu den Landwirten im Sinne von Bauern zählen durften, waren gerade sie mit den anderen nichtbäuerlichen Gruppen der Taglöhner und Handwerker die Initiatoren und Nutznießer der Gemeindegrundverteilungen.

Eine Prozeßakte betreffend die Gmde. Walchsing im UG liefert ein Beispiel hierfür: "Wir, die Kleingütler, machten den übrigen Gemeindemitgliedern den ersten Antrag zur Kultur und Abteilung, womit der größte Teil der Großbauern auch wirklich einverstanden war. Für einige wenige von letzteren, im Besitz des Überflusses an Grund und Boden, und dabey von übertriebenem Eigennutz oder Eigensinn geleitet, widersetzten sich Anfangs unserem Unternehmen geradezu".[9]

Entsprechend dem Erlaß vom 25.2.1803 bezüglich des Verfahrens für die Gemeinheitsteilungen [10] richtete sich die Zahl der Anteile nach der Zahl der zur Gemeinde gehörigen Hauseigentümer, wobei die Schule von vornherein vorzumerken, der Schullehrer, "bisher meist der erste Bettler im Dorfe, als ein wesentliches Gemeindemitglied" ebenfalls zu berücksichtigen war und der Pfarrer nur dort, wo er als Gemeindemitglied galt (WISMÜLLER 1904, S. 54 u. 57).

---

9 Gerichtsurkunde über die Verteilung der Gemeindeweideschaft in Walchsing, LG Vilshofen, 1803, StAL, Rep. 164, Verz.2/, Fasz. 151, Nr. 2124

10 vergl. auch: Churpfalzbaierisches Regierungsblatt, XVIII Stück, vom 1. Mai 1805, S. 690

Diese wichtige Norm über die Gleichbehandlung führte in der Praxis zu der sehr wesentlichen Konsequenz, daß insbesondere nichtbäuerliche Gruppen einen überdurchschnittlichen Gewinn an Boden verzeichnen konnten.

In der Gmde. Walchsing war der Zugang an Fläche bei den Nichtbauern (Häusler, Taglöhner, Handwerker) absolut nur unwesentlich größer als der der Bauern, doch auf die unterschiedliche Ausgangssituation bezogen löste der Zuwachs bei den Nichtbauern bedeutendere Strukturveränderungen aus als bei den Bauern (vergl. Tab. 2).

Für die Gmde. (und späteren Markt) Eging im Passauer Vorwald verdoppelte sich in der Zeit von 1800 - 1840 die nutzbare Besitzfläche nahezu. Die Auswirkungen lagen hier nicht in einer Umverteilung zwischen den Sozialgruppen, sondern bei gleichbleibenden Anteilsverhältnissen in einer erheblichen Erhöhung der durchschnittlichen Besitzgrößen: bei den Bauern von 14,5 auf 26,9 ha, bei den Handwerkern von 1,0 auf 3,2 ha (vergl. Tab. 3)!

Tab. 4 für die Ortschaft Thundorf in der Gemeinde Aicha a.D. gibt ein letztes Beispiel für die z.T. weitreichende Umgestaltung auch des sozialen Status. Von durchschnittlich 1,8 ha Fläche pro Anwesen ausgehend, konnten viele ehemalige Häusler innerhalb weniger Jahre und ohne wesentliche finanzielle Belastung rd. 3,8 ha allein aus den beiden Verteilungen von 1802 und 1804 dazugewinnen. Zusammen mit den Ankäufen der ehem. Klostergründe und aus Gutszertrümmerungen erreichten nicht weniger als 26 von ihnen den Umfang einer bäuerlichen Existenz. Selbst die noch verbliebenen nichtbäuerlichen Gruppen dieses Dorfes konnten ihren Besitz vervielfachen.

Es muß aber betont werden, daß der Umfang der Gemeindegrundverteilungen und damit die Auswirkungen auf das agrarsoziale Gefüge im UG von sehr unterschiedlicher Art war. Im allgemeinen lagen die noch unverteilten Gründe als Extensivflächen in den Talauen, so daß im Vorwald (Ausnahme Eging) und insbesondere im Bereich der Osterhofener Bucht seit Beginn des 19. Jahrhunderts keine oder sehr unwesentliche Verteilungen stattfanden. Insofern wirkten über das naturgeographische Potential die Gemeindegrundverteilungen im sozialgeographischen Sinne kulturlandschaftsdifferenzierend.

Nach DRESCHER (1957, S. 22) waren in einigen Dungaugemeinden des Krs. Straubing bis 1838 eine Anzahl von Anwesen entstanden, die wenige Jahre vorher noch keinen Boden in eigener Regie bewirtschaftet hatten.

Darunter waren besonders viele Handwerker, Häusler und Kleingütler, die ihre Grundstücke, die oft erst aus der Gemeindeteilung von 1804 hervorgegangen waren, auf diese Art vermehrten.

Die Ausweitung der produktiven Flächen schien in den ersten Jahren des 19. Jahrhunderts aus amtlicher Sicht ungeahnte Fortschritte zu machen. Insgesamt wurden in Bayern bis Ende 1804 114 567 ha "in blühende Fluren" umgewandelt, die Teilung und Urbarmachung weiterer 48 159 ha stand bevor; "für mehrere tausend Menschen ist durch die Aufhebung der Gemeindegründe ein Wohlstand vorbereitet..., nur unter dem Schutz der zwei Zauberworte, 'freies Eigentum und freie Kultur' gedeiht, welche Erhöhung des nationalen Reichtums wird nicht bald die wohltätige Folge von diesem sein" (WISMÜLLER 1904, S. 64).

Im UG ergibt sich am Ende des Jahres 1804 folgende Situation:

	LG Vilshofen	LG Osterhofen
Teilungen bis 31.7.1803		
abgeschlossen	-	143 ha
eingeleitet	-	88 ha
noch nicht eingeleitet	-	350 ha
Teilungen 1.8.1803-31.12.1804		
abgeschlossen	323 ha	162 ha
eingeleitet	354 ha	3 ha
noch nicht eingeleitet	204 ha	-

(WISMÜLLER 1904, S. 66 ff)

Die Euphorie wich bald einer realen Einschätzung der Möglichkeiten und vor allem der oft unerwünschten Folgen, so daß der Elan aller Beteiligter rasch nachließ. In den folgenden Jahren kam es nur noch mehr zu kleineren Verteilungen, so daß im UG 1851/52 noch immer rd. 340 ha im Besitz der Gemeinden waren.

1.3.4. Säkularisation und Ablösung des Obereigentums

Geht man von der Rechtsform des Grundeigentums aus, so waren die Folgen der Säkularisation auch hinsichtlich der Änderung des Sozialgefüges bedeutsam. Nach BLEIBRUNNER (1951, S. 176) befanden sich um 1800 rd. 56 % der altbayerischen Landschaft im Eigentum von Klöstern, Hochstiften, Domkapiteln, Kirchen, Pfarrern und Benefizianten. Während anläßlich der Säkularisation der Staat zumindest die größeren Waldflächen in sein Eigentum übernahm, gingen die anderen Klostergründe in Privatbesitz über.

Aus einer überwiegend physignomisch-deskriptiven Sicht heraus bedeutete nach BLEIBRUNNER (1951, S. 177) das Jahr 1803 für die niederbayerische Kulturlandschaft "das Erlöschen einer an ihrer Entwicklung wesentlich beteiligten Kraft, das Abtreten der Kirche als Gestalterin der Landschaft unter weitgehender Wahrung der von ihr bis dahin vorgebrachten Landschaftselemente". Die nachteiligen wirtschaftlich-sozialen Folgen, insbesondere in dem von FEHN (1935 a, S. 82 f) so bezeichneten Klosterdorf, nämlich Wegfall der Fürsorgepflicht, Entzug der Arbeitsmöglichkeit und ein Übergewicht an Handwerkern und Taglöhnern wurden des öfteren beschrieben. Einen ähnlichen Umformungsprozeß erfuhren im weltlichen Bereich die sog. "Herrschaftssiedlungen".

Anläßlich der Aufhebung der Leibeigenschaft und Übernahme des Anwesens als freies Eigentum, spätestens 1848, konnten sich die Untertanen insbesondere der "Naturalhandfrohnen" entledigen, aber es entfiel auch für viele die Beschäftigungs- und Entlohnungspflicht durch den Grundherrn. Dies wurde dann zu einem existentiellen Problem, wenn die Gutsherrschaft verkleinert, der Arbeitskräftebedarf verringert wurde und ein Ausweichen auf andere Arbeitsmärkte nicht möglich war.

Eine nur negative Einschätzung des Änderungsprozesses würde aber an der Wirklichkeit vorbeigehen. Da der Umfang des Gewerbes - wie noch später gezeigt wird - in dem meist als "bäuerlich" apostrophierten Raum Ostniederbayerns größer ist als gemeinhin angenommen, reduziert sich in einer gesamtheitlichen Schau das häufig zitierte Problem des handwerklichen Überbesatzes in sog. Kloster- oder Herrschaftssiedlungen ganz erheblich. Und schließlich, um auf die raumwirksamen Änderungsprozesse im engeren Sinn zurückzukommen, erfuhren die ehemaligen Untertanen wie anderen Interessenten durch das zum Verkauf angebotene Kirchenland eine verschieden starke Ausweitung ihrer Existenzgrundlage.

So wurde bei der Vergabe eines Teils des Eigentums des Klosters Aldersbach im selben Ort ausschließlich die benachteiligte Gruppe bedacht: "Für ehemalige Gras- oder Weidenutzung oder auch bloß für den Entgang der nötigen, den Unterhalt schaffenden Beschäftigung, haben fast alle Häusler und Kleingütler in der Steuergemeinde Aldersbach vom Staat bei der Klosteraufhebung unentgeltlich Entschädigungsteile enthalten".[11]

Wie groß die Nachfrage nach Land war und wie sehr auch der kirchliche Großgrundbesitz deren Befriedigung entgegenstand, geht aus dem Verlauf der Veräußerung der Gründe des Klosters Niederaltaich hervor. Nicht nur, daß der größte Teil der sehr umfangreichen Feld- und Wiesengrundstücke innerhalb weniger Tage versteigert werdenkonnte (der Wald blieb größtenteils beim Staat), der Schätzwert von insges. 27 154 Gulden wurde mit einem Versteigerungserlös von 83 430 Gulden bedeutend übertroffen (SCHLITTMEIER 1962, S. 25). Die Tab. 5 gibt für einen Teil der versteigerten Flächen den Anteil wieder, den sich die einzelnen Gruppen sichern konnten. Auch hier zeigt sich wieder, daß die nichtbäuerlichen Gruppen den größten Gewinn hatten. Hier erhalten wir auch erstmals einen Hinweis auf die Rolle der Gruppe der in den Städten und Märkten ansässigen "Wirte und Brauer", die infolge bester Kapitalausstattung gemessen an ihrer geringen Zahl dominant sind.

Am Beispiel des Ortes Thundorf kann der Veränderungsprozeß, hervorgerufen durch kurzfristig mobile Flächen, noch deutlicher aufgezeigt werden. Von der rd. 190 ha großen Schwaige des Klosters Niederaltaich, sind in der Tab. 4 etwa ein Drittel erfaßt. Die Nachfrage war auch hier so groß, daß der Schätzpreis sehr deutlich überboten wurde. Dabei handelte es sich nicht ausschließlich um wertvolle Grundstücke, denn mindestens ein Fünftel der Fläche bestand aus "öden Weidgründen", die nach dem Kauf auch umgehend kultiviert wurden. Vergleicht man die Ergebnisse der Tab. 4 mit den Angaben des Versteigerungsprotokolls, so trifft zu, daß die Gründe überwiegend von Häuslern und Tagwerkern gekauft wurden, "welche dadurch zu selbständigen, dem Staate nutzbaren Familien geworden seien... Auf diese Art sei aber nun nicht nur der Endzweck einer neuen Besiedlung, sondern auch die Selbständigmachung mehrerer Familien, verbunden mit 'vorteilhaftem Verkauf" erreicht worden (SCHLITTMEIER 1962, S. 31).

---

11 StAL, Urkataster 20/5, Aldersbach, 1.Bd.1841

Wie bereits oben geschildert, gelang einer großen Anzahl von Häuslern der Aufstieg in die Gruppe der Bauern, bei einer Vergrößerung der Besitzfläche (ohne Ausmärkerbesitz) von 1,8 auf rd. 7,9 ha. Um neben den sozioökonomischen auch die kulturlandschaftlichen Auswirkungen voll zu würdigen, muß für dieses Beispiel noch einmal darauf verwiesen werden, daß neben einer deutlichen Anhebung der Betriebsgrößen eine erhebliche Ausweitung der produktiven Fläche sowie auch eine intensivere Nutzung einherging.

Die Strukturveränderungen, hervorgerufen durch die Aufhebung des Klosters sind sicherlich beispielhaft für viele ähnliche Fälle, sind aber nicht etwa flächenhaft gleichmäßig verbreitet. Wenn, wie am Beispiel des Klosters Aldersbach, der weitaus größte Teil der Flächen wiederum in die Gruppe der Großgrundbesitzer - hier des Adels - überging, änderte sich an der Zusammensetzung der Sozialstruktur zunächst noch wenig. Die Auswirkungen waren physiognomisch wie sozioökonomisch relativ bescheiden. Deshalb trug auch dieser Impuls über seine ungleiche Wirkung zur Differenzierung der räumlich-sozialen Struktur bei.

1.4. Der Beitrag der Siedlungsgründungen in der 1. Hälfte des 19. Jahrhunderts zur Differenzierung der ländlichen Sozialstruktur Ostniederbayerns

1.4.1. Umfang, Lagemerkmale und Struktur der Siedlungsgründungen

Während für die Wende zum 19. Jh. besonders die Moorkultivierungen als kolonisatorische Maßnahmen von Bedeutung hervorgehoben wurden, finden sich in der Forschung Hinweise auf einen weiteren inneren Siedlungsausbau nur sehr spärlich. Der Umfang der Verteilung der Gemeindeländereien war zwar beträchtlich, induzierte aber aufgrund der meist ungünstigen Lagebedingungen nur in Ausnahmefällen neue, selbständige Siedlungseinheiten.

FEHN (1936 a, S. 448) berichtet von Siedlungsgründungen im Anschluß an die Aufteilung der Further Gemeindegründe ab 1796. Obwohl unter maßgeblicher Beteiligung des Staates waren sie, wie die folgenden des UG, keine geplanten Anlagen und unterscheiden sich somit etwa wesentlich von den älteren planmäßigen Siedlungsgründungen des hinteren Bayerischen Waldes durch die Passauer Fürstbischöfe (FEHN 1938 a, S. 49-57). Wenn FEHN punktuell Beispiele von sog. "kleinbäuerlichen Siedlungen" im Tertiärhügelland einschließlich unseres UG wiedergibt (FEHN 1935 a, S. 25-28), so entsteht der Eindruck eines besonderen, aber singulären Vorgangs.

Das mag u.U. auch an den unzureichenden Quellen liegen. So klagt in einem zeitgenössischen Bericht das Kgl. Generalcommissariat des Unterdonaukreises bereits 1816 darüber, daß über Ausmaß und Vorgang des Besitzwechsels und die Käufer in den jungen Siedlungen größtenteils "ein Dunkel" besteht, "das sich bey aller ordentlichen Nachforschung nicht aufklären läßt".[12]

---

[12] StAL, Rep. 168, Verz. 1, Fasz. 1587, Nr. 613

Tabelle: 6

DER UMFANG DER IN OSTNIEDERBAYERN VON 1800 bis 1814 NEU ENTSTANDENEN ANSIEDLUNGEN

Landgerichte	Personen				Fläche (in ha)	durchschnittl. Besitz (in ha)	Dichte E/qkm
	Kolonisten	Weiber	Kinder	Gesamt			
Deggendorf	187	165	502	854	414	2,21	206
Eggenfelden	90	80	220	390	92	1,02	424
Grafenau	63	59	180	302	92	1,46	328
Griesbach	140	131	398	669	143	1,02	468
Landau a. Isar	318	170	318	806	266	0,83	303
Mitterfels	397	374	945	1716	932	2,34	184
Passau	50	49	135	234	37	0,74	632
Pfarrkirchen	42	39	82	163	91	2,16	179
Regen	81	80	219	380	151	1,86	252
Straubing	81	76	148	305	150	1,85	203
Viechtach	117	110	270	497	140	1,19	355
Vilshofen	469	450	1137	2056	812	1,73	253
Wolfstein	33	31	128	192	34	1,03	564
Wegscheid	58	50	147	255	103	1,77	248
Gesamt	2126	1864	4829	8819	3457	1,62	255

Quelle: nach StAL, Rep. 168,Verz.1,Fasz. 1587 Nr.1
(General-Kommissariat des Unterdonaukreises)

Der Versuch einer ganzheitlichen Erfassung kann den Eindruck einer einmaligen Erscheinung nicht bestätigen. Bei dem Vorgang der Siedlungsneugründung in der 1. Hälfte des 19. Jh. handelt es sich um einen höchst dynamischen, aber auch weit verbreiteten Prozeß im ländlichen Raum Ostniederbayerns, der geeignet war, in sehr unterschiedlicher Weise die traditionelle oder bereits in Umformung begriffene agrarsoziale Struktur insbesondere auch räumlich zu differenzieren.

Die Tab. 6 gibt den Umfang der zwischen 1800 und 1814 neu entstandenen Siedlungen für den Großteil Ostniederbayerns ("Unterdonaukreis") mit einigen Strukturdaten wieder. Danach wurden in einem begrenzten Raum in nur 14 Jahren über 2100 Existenzen neu begründet, die insges. 8800 Menschen umfaßten! Der durchschnittliche Besitz von rd. 1,6 ha und die relativ hohe Bevölkerungsdichte mit 255 E/qkm[13] geben einen ersten aber sehr wichtigen Hinweis auf die Gruppenzugehörigkeit der Siedler als Nichtbauern. Der Flächenumsatz war groß, da, wie später noch ausgeführt wird, die Besitzer in 14 Jahren oft mehrmals gewechselt hatten. Auf jeden Fall bot der kurzfristig mobile Boden eine (häufig nur scheinbare) Chance, sich zu emanzipieren, die vor allem die nichtbäuerlichen Gruppen nutzten.

Dieser Vorgang wird näher an Beispielen des UG beschrieben, wobei noch anzumerken wäre, daß die Tab. 6 und 7 wegen mangelnder zeitlicher wie räumlicher Übereinstimmung nicht unmittelbar vergleichbar sind. Insbesondere enthält der ältere Gebietsstand in Tab. 6 noch die Siedlungen Poppenberg, Bledl und Rechenberg mit zusammen 101 Anwesen und 460 Personen, die um 1840 im Rentamt Deggendorf gelegen, im folgenden außer Betracht bleiben.

Im Raum Osterhofen-Vilshofen sind in der ersten Hälfte des 19. Jh. (ca. 1800-1845) 27 Neuansiedlungen nachzuweisen, bei denen auf rd. 1250 ha Fläche 432 Anwesen gegründet wurden (Tab. 7). Im Jahre 1861 wohnten dort mehr als 2600 Einwohner. Bezogen auf das gesamte UG besaßen diese Siedlungsgründungen einen zahlen- wie flächenmäßigen Anteil von rd. 7 %. Dieser Anteil betrug, gemessen an allen "natürlichen" Grundbesitzern des UG fast 10 %!

Wichtiger jedoch als das Gesamtvolumen sind für eine Betrachtung unter dem Aspekt der Differenzierung der Kulturlandschaft die Faktoren wie

- der individuelle Umfang der Anlage
- die typischen Lagemerkmale
- die relativ einheitliche Struktur der Bevölkerung.

Während Umfang und das physiognomische Erscheinungsbild der jeweiligen Ansiedlungen sehr unterschiedlich waren, gab es hinsichtlich der Lagemerkmale und der sozioökonomischen Struktur eine weitgehende Übereinstimmung: es handelte sich um nichtbäuerliche Gruppen, die sich in peripherer Lage meist auf ehemaligem Staatsbesitz niederließen.

---

13 es handelt sich hierbei um eine bereinigte Dichte; vergl. 2.1.1.

Tabelle: 7

DIE SIEDLUNGSGRÜNDUNGEN DER 1. HÄLFTE DES 19. JAHRHUNDERTS
IM RAUM OSTERHOFEN - VILSHOFEN UND IHRE SOZIALSTRUKTUR

Name der Siedlungsgründung	Bevölkerung 1861	Sozialgruppen nach											
		Anzahl						Flächenanteil					
		Bauern	Häusler	Taglöhner	Handwerker	Sonstige	SUMME	Bauern	Häusler	Taglöhner	Handwerker	Sonstige	SUMME
Pleckental	202	-	2	23	13	8	46	-	6,6	21,0	10,4	2,1	40,1
Thannet, Schullering	286	-	12	20	13	9	54	-	26,3	22,1	19,0	8,4	75,8
Hennermais	51	3	7	1	-	1	12	22,5	22,2	3,0	-	2,6	50,3
Wirtsholz	59	-	-	1	3	-	4	-	-	1,8	9,3	-	11,1
Eschlbach (Teil)	25	-	7	-	-	-	7	-	24,3	-	-	-	24,3
Kapfing (Teil)	11	-	2	-	-	-	2	-	11,7	-	-	-	11,7
Harbach (Teil)	27	-	4	-	-	-	4	-	9,2	-	-	-	9,2
Maierholz	94	2	8	-	2	-	12	15,7	34,6	-	-	8,4	58,7
Reith (Teil)	30	1	3	-	1	-	5	8,4	14,8	-	2,8	-	26,0
Forsthart,Mairing	796	9	86	1	15	7	118	59,0	287,8	1,0	36,9	21,7	406,4
Holzhäuser	150	-	22	-	-	-	22	-	81,9	-	-	-	81,9
Oberlangrain	28	-	4	-	2	-	6	-	18,2	-	8,7	-	26,9
Endweg	39	-	6	-	1	-	7	-	26,2	-	2,9	-	29,1
Neustift	87	-	15	-	2	-	17	-	52,8	-	5,4	-	58,2
U.Thannet,Lohfeld	240	-	29	4	10	1	44	-	74,5	0,4	20,0	0,6	95,5
Reutholz	40	-	3	-	-	-	3	-	7,6	-	-	-	7,6
Sammern	53	-	-	9	-	-	9	-	-	4,6	-	-	4,6
Neutiefenweg	160	-	22	1	1	-	24	-	80,4	2,0	7,5	-	89,9
Hansöd	29	1	5	-	1	-	7	8,2	20,5	-	4,1	-	32,8
Neubachling	40	-	5	-	3	-	8	-	16,1	-	8,4	-	24,5
Haasreuth	45	1	2	-	1	-	4	12,3	-	7,6	3,2	-	23,1
Haid	29	-	3	1	1	-	5	-	14,5	0,4	6,6	-	21,5
Kothwies	48	-	7	-	-	-	7	-	28,8	-	-	-	28,8
Scheunöd	42	-	4	-	1	-	5	-	11,6	-	7,2	-	18,8
Gesamt	2610	17	258	61	70	26	432	126,1	870,6	63,9	160,8	36,4	1257,8
Anteile in v.H.		3,9	59,7	14,1	16,2	6,1	100,0	10,0	69,2	5,1	12,8	2,9	100,0

Quelle: Bevölkerung: Beitr.z.Stat.Bayerns, Bd.192, 1953
Sozialgruppen: nach Urkataster 20/1-20/47, 126 Bde. StAL

In nahezu sämtlichen Fällen des UG wurden die Neugründungen auf Rodungsflächen angelegt, wobei die Verteilung auf die naturräumlichen Einheiten sehr unterschiedlich war. Es überrascht wenig, daß der weitgehend waldfreie Dungau nur im Bereich der Talaue zwei Neugründungen, nämlich Sammern und Neutiefenweg aufzuweisen hat. Noch spärlicher vertreten, und das mag überraschend sein, ist mit Oberlangrain und Endweg der Passauer Vorwald, während der überwiegende Teil der Siedlungen im Tertiärhügelland entstand: einmal besonders beiderseits des größten geschlossenen Waldareals, des Forstharterrückens, zum anderen in den bewaldeten Partien des Aidenbach - Ortenburger Hügellandes. Da die Kolonien ihr Entstehen "der Veräußerung einiger Staatswaldungen zu verdanken haben, mit der ausdrücklichen Bewilligung des Umbruchs, des Häuserbaus und Ansiedelns",[14] muß nochmals auf die Bedeutung einer aktiven, raumwirksamen Tätigkeit des Staates hingewiesen werden, auf die die Gruppen damals lediglich reagieren konnten.

Um weiterhin die Rolle des Waldes als Siedlungsreservoir zu unterstreichen und in den historischen Gesamtzusammenhang zu stellen, sei im folgenden kurz auf die wichtige Verfügung vom 26.4. 1805 eingegangen.[15]

Danach sollten alle "entbehrlichen Staatswaldungen veräußert" werden. Als Gründe dafür wurden u.a. genannt:

- Unmöglichkeit, die Staatswaldungen durch eigene, kostbare Regie zu übersehen,
- der weit bessere Zustand der privaten Waldungen,
- die ungeheuere, großen Teils "Wüsteney ähnliche" Waldfläche Bayerns
- die Verminderung der "Hagelgewitter" in den Gegenden dieser Waldungen.

Es stand nicht nur "außer der forstgemäßen Benutzungsart jedem Käufer frey, den Waldgrund in Acker- oder Wiesengrund zu verwandeln... und auf diesen Gründen Häuser und Landwirthschafts-Gebäude anzulegen...", sondern es wurden attraktive Steuererleichterungen angeboten, um die Ansiedlung zu verstärken[16]:

- freies (bodenzinsliches) Eigentum (allgemein erst ab 1848)
- Gerichtsbarkeit des Staates (allgemein erst ab 1848)
- 10 Jahre Befreiung von Steuern und übrigen Staatsabgaben.[17]

Die gute Absicht, die Größe "zu 30 Tagwerk mindest" nicht zu unterschreiten, wurde in der Praxis dadurch umgangen, daß die meist kapitalkräftigen Käufer die Flächen sofort aufteilten und z.T. mit vielfachem Gewinn weitergaben.

---

14 StAL, Rep. Verz. 1, Fasz. 1587, Nr. 613, von 1816

15 Churpfalzbaierisches Regierungsblatt, XVII Stück, 1. Mai 1805, S. 538 ff

16 ebenda, S. 542 f

17 ebenda, S. 690

Im übrigen wurde die Steuerfreiheit bei Kultivierung auf alle Waldbesitzer ausgeweitet, so daß für zunächst alle Gruppen ein Anreiz bestand. Zwar nahmen lt. den Vermerken im Urkataster einige Bauern Rodungen mit Umwandlung in Ackerflächen vor, diese Maßnahmen erreichten aber keineswegs eine nachhaltige, landschaftsprägende Wirkung.

Über die Betrachtung der letzten Besitzer lassen sich vier Gruppen von Siedlungsvorgängen unterscheiden, die auch Aufschluß darüber geben, welche Kräfte als Auslöser der Veränderungsprozesse wirksam waren:

- Gründungen auf ehem. Staatsbesitz (ausnahmslos Wald)
- Gründungen auf ehem. adeligem Besitz (Wald- und Riedflächen)
- Gründungen auf ehem. bäuerlichen Besitz (über Gutszertrümmerung)
- sonstige Gründungen, deren Anlagezeit bekannt, deren Einordnung im Hinblick auf den Initiator nicht eindeutig möglich ist.

Es sei darauf hingewiesen, daß die kapitalkräftige Gruppe der Wirte, Brauer, Kaufleute und gelegentlich die der Bauern gewinnbringend als Immobilienmakler fungierten.

1.4.2 Die Einzelbeschreibung der Siedlungsgründungen

a) Siedlungsgründungen auf ehemaligem Staatseigentum

Die umfangreichste aller Siedlungsgründungen im Raum Osterhofen-Vilshofen stellte Forsthart dar, (vergl. Tab. 7), das nach wenigen Jahren als einzige auch eigene politische Gemeinde wurde. Als Gemarkung umfaßt das Gebiet 1214 ha, wobei nur rd. 500 ha geteilt veräußert wurden. Der 1666 Tagwerk große Wald (Klosterwald") östlich des Weges Osterhofen-Aldersbach wurde nach der Säkularisation von der Äbtissin des Damenstifts in München erworben und 1806 für 65 000 fl an den Grafen Kaspar von Preysing in Moos veräußert (HAFNER 1920, S. 25). Dieses Haus besitzt den Wald in unveränderter Größe auch heute noch, so daß eine Siedlungsausweitung nach E blockiert war.

FEHN (1935 b, S. 183) geht davon aus, daß"zwischen 1770 und 1790 durch den Staat einzelne Waldteile... an ausgediente Soldaten und sonstige Leute (vereinzelt sogar Sträflinge) zugewiesen" worden sind. Diese Datierung ist zu früh angesetzt. Ein 1792 erstellter Plan über den Weg von Aldersbach nach Osterhofen enthält weder Hinweise auf eine Siedlung Forsthart noch Kohlstatt.[18] Erstaunlicherweise finden sich im Urkataster von 1842 keinerlei Hinweise auf ein Entstehungsjahr. Nur die Tatsache, daß alle Besitzungen

[18] HstAM, Plansammlung Nr. 5604

freies Eigentum waren und der Staat die Gerichtsbarkeit ausübte, bestätigt das ehem. staatliche Eigentum und läßt den Schluß zu, daß die Siedlung im Anschluß an die Verfügung vom 26.4.1805 (s. oben) bezüglich der "entbehrlichen Staatswaldungen" entstanden ist. Auch das von KLÄMPFL (1855, S. 212) für die Anlage der "Kolonie Forsthart... im Harde" genannte Jahr 1809 trifft nicht zu, da die Heiratsprotokolle der zuständigen Pfarrei Galgweis für 1806 die erste Eheschließung eines Forstharter Ansiedlers beurkunden.

Pleckental, von Zeitgenossen bereits als "mißlungenste aller bayerischen Kolonien" bezeichnet (BAVARIA 1860, S. 1168), wurde am 19. November 1802 als "Kurfürstl. Mauthölzl" im Besitz des Mautamtes Vilshofen, 48 Tagwerk groß, durch Joseph von Hazzi verkauft. Es handelt sich dabei um eine nach S zur Vils hin offene, nach rückwärts an die höchste Erhebung der Alkofener Höhen angelehnte Mulde von etwa einem halben km Durchmesser (vergl. Plan Nr. 5). Hazzi ließ die 48 Tagwerk zu 8 Partien von 5-7 Tagwerk vermessen, eine Größe also, die unter Berücksichtigung von Lage und Boden bereits keine Ackernahrung abgeben konnte. Hazzi überließ davon 19 Tagwerk dem Vilshofener Bierbrauer Wieninger, den er selbst als "unternehmender Kopf, macht allerlei Spekulationen und ziemlich große Geschäfte" charakterisiert (HAZZI 1804, S. 1128) und 20 Tagwerk dem Gutsbesitzer Niklas Knollmüller auf dem Schweicklhof (später Kloster). Letzterer veräußert den Grund nach und nach in einer Stückelung von drei, zwei und einem halben Tagwerk "bei welchem Handel er 4 000 fl gewonnen habe" (SCHARRER 1927, S. 208). Hierzu einige Einträge aus dem Urkataster von 1842:

Hs. Nr. 14 "erkauft die (Flur)Nr. 300 und 301 am 13. Nov. 1807 von Niklas Knollmüller..."

Hs. Nr. 31 "Lt. Brief vom 25. Sept. 1807 von Niklas Knollmüller um 50 fl erkauft..." (0,26 Tagw.)

Hs. Nr. 56 "Den Grund lt. Brief vom 16. Juni 1831 vom Bierbrauer Gottlieb Wieninger zu Vilshofen um 80 fl erkauft."

Hs. Nr. 1/2 "Lt. Briefprotokoll vom 9. März 1811 von Niklas Knollmüller um 25 fl. erkauft." (0,21 Tagw.)

Ausgehend davon, daß der Forstharter Klosterwald 1806 zu 39 fl das Tagwerk, das Areal Pleckental 1802 zu rd. 61 fl das Tagwerk verkauft wurden, bedeutet ein durchschnittlicher Wiederverkaufspreis von rd. 200 fl für einen Boden geringer Bonität einen Fall von kaum zu übertreffender Bodenspekulation. Darin äußert sich vordergründig eine Übernachfrage, die letztlich bedingt wird durch den dringenden Wunsch nach Emanzipation der bisher nicht vollwertigen nichtbäuerlichen Gruppen. Der Erfolg der beiden obengenannten "Spekulanten" veranlaßte auch einige Bauern der Nachbarschaft, dem Beispiel zu folgen und einige ihrer "entbehrlichen" Waldteile zu veräußern:

Hs. Nr. 43 "Lt. Brief vom 11.2.1820 von Philipp Kaiser in Pleinting um 600 fl erkauft" (5,95 Tagwerk)

Hs. Nr. 57 "Grund 1828 von Martin Dachauer zu Pleinting um 200 fl erkauft und die Gebäude hierauf erbaut".

Hs. Nr. 58 "Den Grund lt. Brief vom 30.10.28 vom Martin Dachauer zu Pleinting um 200 fl erkauft und die Gebäude hierauf erbaut".

Verkauf und Besiedlung des sog. Schulleringholzes ging auf Veranlassung der Generallandesdirektion in München zurück. Für den Entgang ihrer Holznutzungsrechte erhalten 1802 zwei Bauern der Nachbargemeinde Künzing zusammen 41 Tagwerk "zu freuen Kultur und können sie also uneingeschränkt handeln, die Gründe auf Holz, Felder oder Wiesen cultivieren..."[19] Das Gelände, 1804 vermessen und kartiert, wurde einige Jahre später an die "meistbietenden" vier Siedler (Hs. Nr. 1-4) verkauft, die, weil sie über weit mehr Grund als die Pleckentaler verfügten, sich auch Häusler nennen durften.

Ähnliche Beispiele von Grundstücksbewegungen ließen sich in Hennermais aus den Jahren 1807 (Hs. Nr. 3), 1812 (4), 1807 (6), 1817 (9) anführen, wobei als Verkäufer jeweils andere Inmärker aus Pleinting auftraten.

Wie groß die Mobilität des Bodens, aber auch die Fluktuation der Eigentümer in den jungen Siedlungen waren, zeigt Thannet.

Bereits 1806 (Hs. Nr. 36), 1807 (42) und 1808 (46) wechselten durch Eheschließung drei Anwesen den Besitzer, soweit Eintragungen im Urkataster vorhanden sind. Als Verkäufer treten 1808 ein Forstwart aus Vilshofen (5) 1835 wieder ein Pleintinger Bürger (15) und 1808 der bekannte Niklas Knollmüller (50) auf.

Daß die Spekulation insbes. auswärtiger, meist in Städten und Märkten ansässigen Gruppen und Einzelpersonen ein wichtiges Motiv für die Grundstücksbewegungen im UG war, weisen auch zeitgenössische amtliche Stellen hin: "Die Gründe gingen bei den ersten Verkäufen nicht immer an die wirklichen Ansiedler, sondern häufig an solche Spekulanten über, welche aus verderblicher Gewinnsucht in der Folge der Zeit die ersteigerten Abtheilungen von 1 bis höchstens 6 Tagwerk nicht selten auf 8-12 und 16 Teile wieder zertrümmerten,... diese Ansiedlungen seit ihrer Existenz schon mittels Tausch und Kauf in die 6te und 8te Hand gekommen ist."[20]

Nicht zuletzt aufgrund des reduzierten Angebots aus Spekulationsgründen verlief die Ansiedlung langsam aber uneinheitlich. Nachstehende Aufstellung gibt die im Jahre 1802 bis 1812 errichtete Anzahl der Gebäude wieder.[21]

Jahr	Forsthart	Pleckental	Thannet
1802	-	6	5
1803	-	1	19
1804	-	3	4
1805	-	6	-
1806	1	4	4
1807	37	8	8
1808	9	2	6
1809	5	2	2
1810	8	14	1
1811	6	10	2
1812	-	2	2

---

19 StAL, Rep. 163 b, Verz. 20, Fasz. 13, Nr. 150

20 StAL, Rep. 168 , Verz. 1, Fasz. 1587, Nr. 613

21 StAL, Rep. 168 , Verz. 1, Fasz. 1587, Nr. 1

b) Siedlungsgründungen auf ehemaligem adeligen Großgrundbesitz

Wenngleich nicht zeitlich zu den jungen Neugründungen gehörig, soll in diesem Zusammenhang auf eine Besonderheit der ostniederbayer. Kulturlandschaft hingewiesen werden.

Um 1624 war die evangelische Grafschaft Ortenburg in der SE Ecke des UG Zufluchtstätte vertriebener oberösterreichischer Protestanten. Trotz eines kaiserlichen wie herzoglichen Einwanderungsverbots waren zu dieser Zeit über 200 Flüchtlinge aus Oberösterreich angesiedelt worden. Durch sie entstanden zwei neue Streusiedlungen, Vorder- und Hinterhainberg, die sich, ebenso wie die restliche Grafschaft durch die landschaftsprägenden Obstbaumkulturen von der Umgebung unterscheiden. Interessant sind die über Jahrhunderte hinweg reichenden Verbindungen der Grafschaft mit Oberösterreich über "Pilgerreisen" und insbesondere Heiratskreise (KOCH 1897, S. 606). Eine parallele Entwicklung der Einwanderung von "Exulanten" in Teilen Frankens wird von HELLER (1971, S. 26 f) erwähnt.

Bleiben wir im Ortenburger Raum und wenden uns den Gründungen am Anfang des 19. Jh. zu, so fällt die Siedlung Unterthannet-Lohhof auf. Flächen- und bevölkerungsmäßig die zweit bzw. drittgrößte des UG, wird sie in der spärlichen Literatur nur einmal als "Colonie" genannt (ROSE 1971, S. 308). Dem Urkataster ist bei Hs. Nr. 79 zu entnehmen, daß der Grund im Jahre 1810 von der Herzogin von Pfalz-Zweibrücken veräußert wurde. Da verschiedene andere Ansiedler im Jahre 1810 Grund erworben haben (z.B. Nr. 83, 94, 98) und die sozioökonomische Struktur der oben geschilderten Gründungen entspricht, liegt der Schluß nahe, daß das ausgedehnte Areal von der o.g. Herzogin veräußert und rasch besiedelt wurde.

Holzhäuser, am südlichen Rand des Forstharter Rückens, das GÖTZ (1895, S. 597) ebenfalls als "Colonie" bezeichnet, war bis 1842 auf 22 Anwesen angewachsen (Hs. Nr. 40-60). 1827 wurde die Herrschaft Göttersdorf durch die Witwe des Kurfürsten Karl Theodor, Marie Leopoldine, ersteigert und 1833 an den Staat veräußert (KLÄMPFL 1855, S. 216). Lt. Urkataster wurden spätestens ab 1830 aber die Realitäten, im besonderen der Wald am Forstharter Rücken, zertrümmert und stückweise verkauft. Dem Beispiel der Kurfürstin bzw. des Staates folgend gaben einige Bauern aus dem benachbarten Dorf Willing ebenfalls Grundstücke ab (für Hs. Nr. 5/, 51, 47), worauf Siedlungswillige ihre Anwesen errichteten.

Neutiefenweg, in der Isarau gelegen, wurde in den Jahren 1836-1838 anläßlich des Verkaufs der Schloßgründe von Niederpöring durch die Gräfin von Kielmannsegg angelegt (GÖTZ 1895, S. 657). 1810 bestanden in Tiefenweg 6 Häusl grundbar zur Hofmarksherrschaft, 1842 hatten sich neben 2 Bauern 24 Häusler, drei Handwerker und ein Taglöhner niedergelassen.

c) Siedlungsgründungen induziert durch Gutszertrümmerungen

Auf die Bedeutung der Gutszertrümmerungen wurde bereits oben mehrfach hingewiesen. Wenn auch in beschränktem Umfang, bildeten die mobilen Flächen aus Gutsausbrüchen potentielle Siedlungsstandorte, die in ihrer Summe zur Änderung der traditionellen Kulturlandschaft beitrugen. Eine Reihe solcher kleiner Ansiedlungen begleitet den Nordrand des Forsthartrückens und liegt in aller Regel an der äußersten Grenze der Gemarkung.

Auf dem Grund des 1810 noch als ganzem Hof aufgeführten Hansöder-

Anwesen ließen sich nach dessen Zertrümmerung 1 Bauer, 5 Häusler (1828-1832) und 1 Handwerker nieder und bildeten die kleine Streusiedlung Hansöd.

In Haasreuth errichtete 1826 ein Häusler ein Anwesen auf einem ehem. Gemeindegrund, ein weiterer Häusler, ebenso wie ein Bauer (Nr. 31) und ein Handwerker übernahmen den Grund aus dem zertrümmerten Hof Nr. 34.

Neubachling wurde im Jahre 1827 errichtet. Der Grund für die 5 Häusler und 3 Handwerker stammte von dem Anwesen 48 und 49 in Bachling.

Die Siedlung Haid nimmt, als einzige inmitten der Osterhofener Bucht gelegen, eine Sonderstellung ein. Als ehemalige extensive Viehweide genutzt, wurde sie nach dem Erscheinen der Kulturgesetze aufgeteilt und darauf ein ganzer Hof und zwei 1/8 Güter angelegt (KLÄMPFL 1858, S. 228). Nach Zertrümmerung des ganzen Hofes bestand 1842 die kleine Siedlung aus 5 nichtbäuerlichen Anwesen.

Ein Teil der Siedlung Eschlbach wurde 1832 von 7 Häuslern auf Ausbrüchen des Birklhofes errichtet.

1829 wurden auf dem abgebrannten 1/2 Willingerhof zu Kapfing zwei Häusler ansässig.

Zwischen 1820 und 1830 wurde die Siedlung Harbach auf den Gründen des ehem. Heißenhuberhofes um 4 Häusler vermehrt.

Für den Bereich des Vorwaldes läßt sich nur für Oberlangrain bei Hilgartsberg aus dem betr. Urkataster der Hinweis entnehmen, daß dort zwischen 1834 und 1839 4 Häusler und 2 Handwerker Ausbrüche zwecks Ansiedlung gekauft haben.

Im Bereich südlich von Donau und Vils sind die Neugründungen wieder zahlreicher.

SE von Vilshofen wurden in Kothwies von 7 Häuslern die Ausbrüche zur Erbauung von Anwesen genutzt (zwei davon 1822 bzw. 1830).

Scheunöd, das nach ROSE (1971, S. 316, 326 f) im Jahre 1818 noch nicht existierte, bestand 1843 aus 4 Häuslern (einer davon hatte die Gebäude lt. Urkataster 1805 errichtet) und 1 Handwerker.

Ebenso wie in Maierholz war in Reith das Areal früher Wald. 1828 errichteten auf den Gutsausbrüchen des Hofes Hs. Nr. 82 1 Bauer, 3 Häusler und 1 Handwerker ihre Anwesen.

Die umfangreichste Ansiedlung dieser Art entstand in Neustift im Wolfachtal, unmittelbar im Anschluß an die oben beschriebene Kolonie Unterthannet/Lohfeld. Von den 1810 fünf vorhandenen Anwesen wurden zwei (Hs. Nr. 54, 1831 und Hs. Nr. 56, 1830-37) zerschlagen. 15 Häusler und 2 Handwerker konnten bis 1842 diesen Grund erwerben.

Die wenigen noch verbliebenen jungen Siedlungsgründungen sind nicht eindeutig zuzuordnen. Insgesamt vermittelt die Übersicht einen Eindruck von der Dynamik der Bodenbewegung und die Siedlungstätigkeit, die in erster Linie von nichtbäuerlichen Gruppen genutzt und getragen wurde. Nicht zuletzt die vorangestellte Tabelle 6 läßt die Aussage zu, daß der für das UG ausführlich verfolgte Prozeß nicht auf dieses beschränkt ist und zumindest in Ostniederbayern eine starke Veränderung des agrarsozialen Gefüges herbeigeführt hat.

1.4.3. Zum Problem der Entstehung marginaler Gruppen und ihre Bedeutung als Indikator für sozialbedingte räumliche Veränderungsprozesse

Die räumliche wie soziale Distanz der Siedlungsgründungen bedingten für die dort niedergelassenen Gruppen lange Zeit eine Sonderstellung.

Durch die Bindung der produktiven Fläche waren die Neusiedler gezwungen, sich auf zunächst unproduktive, periphere Bereiche zu beschränken. Da aber nach Meinung der Rechtshistoriker das Dorf nicht nur einen eigenen Macht- und Rechtsbereich, sondern Friedens- und Schutzbereich darstellte (BADER 1964, S. 14), so standen allein aufgrund der räumlichen Distanz die Neusiedler außerhalb der strengen Norm, aber auch des Schutzes der Dorfgemeinschaft. Nicht zuletzt durch den Status überwiegend als landesherrliche Untertanen ohne Pflichten gegenüber nachgeordneten Grundherrn verloren sie den engen Kontakt zur Gemeinde. Durch die Notwendigkeit beruflicher Spezialisierung, z.B. aber auch durch ihre andersartige Bevölkerungsweise (hoher Anteil an unehel. Geburten) entfernten sich die Siedler auch im sozialen Sinn von der noch eindeutig agrarisch geprägten "Kerngesellschaft" und deren Lebensgewohnheiten. Es bildeten sich Randgruppen heraus, die nach IBEN (1972, S. 19) in "ihren Normen sich nicht mit denen der herrschenden Gesellschaften decken und die sozialen Beziehungen zu ihr reduziert sind".

Wegen ihres Nonkonformismus empfand die bäuerliche "Kerngruppe" wie die alteingesessene abhängige nichtbäuerliche Schicht diese Randgruppen als bedrohlich. Die Ablehnung durch die Gesellschaft bewirkte eine Solidarisierung innerhalb der Randgruppe und nach außen hin eine permanente Konfliktsituation. Diese äußerte sich am Beispiel Pleckental in einer Häufung krimineller Delikte bis hin zu dem gemeinsamen Versuch, nach dem 1. Weltkrieg in Vilshofen die rote Revolution durchzuführen (BECK 1953).

Die Sonderstellung registrierte die Obrigkeit zunächst mit Verwunderung, waren doch die Konsequenzen des "Landesentwicklungprogramms" nur als positiv propagiert worden. In den Berichten der Regierung des Unterdonaukreises "über Fortschritte in der Kultur und des Bodens" notierte man 1816 zu den Ansiedlungen im UG: "Alle wimmeln von Menschen... Die Hälfte bettelt, 1/4 stiehlt".[22]

Nach anfänglichen, aber mißlungenen Versuchen über die Einrichtung von Beschäftigungsanstalten positiven Einfluß auszuüben, wurde der Druck verstärkt: nach dem Geschäfts- und Adreßbuch des Unterdonaukreises von 1837 bestand lediglich in Pleckental und Forsthart eine Gendarmeriestation außerhalb der Städte und Märkte (KRÄMER 1837, S. 59). Zur Disziplinierung wußte man auch die Steuer einzusetzen und bildete für Forsthart und Pleckental (nicht so z.B. für die polit. Gemeinde Alkofen!) eigene Steuerbezirke und schließlich wurde, "um die Sittlichkeit zu heben" in Alkofen 1835 eine Schule eröffnet.[23]

---

22 StAL Rep. 168, Verz. 1, Fasz. 1505, Nr. 34

23 StAL Rep. 168, Verz. 1, Fasz. 155, Nr.462

Die ständige Konfliktstellung verschärfte die Probleme der Randgruppen nur, bis schließlich eine Säuberung im Sinne des Dritten Reiches Ordnung schaffte, die zusammen mit dem raschen gesellschaftlichen Wandel der Nachkriegszeit das Problem rasch löste.

Im Sinne von FÜRSTENBERG (1965) sind Randgruppen nicht nur Mittel sozialer Selbstbehauptung und oft Vorläufer neuer Lebensformen, sie sind Indizes für die Änderung von gesellschaftlichen Strukturen (S. 24). Nach IBEN entstehen Randgruppen "vorwiegend in Gesellschaften, die durch starken sozialen Wandel oder durch erhebliche Disparitäten zwischen Anspruchsnormen und der Verteilung der Mittel zur Erreichung dieser Normen gekennzeichnet sind. Arme Bevölkerungsgruppen oder solche mit Anpassungsproblemen sind darum grundsätzlich zu Randgruppen prädestiniert..." (S. 19)

Nicht zuletzt die Diskussion um den sozialgeographischen Gruppenbegriff rechtfertigt die Betrachtung marginaler Gruppen des UG. Denn auf die Randgruppen, die vielfach in den oben beschriebenen Neuansiedlungen entstanden waren, trifft wie auf keine andere sozialhistorische Gruppe des UG die Definition z.B. nach DÜRR (1971, S. 24) zu, nach der "gleiches Raumverhalten, erkennbar an gleichen internen und externen Strukturmerkmalen, gleichem Aktionsraum und gleichem Verhaltenstrend hinsichtlich dieser Merkmale" charakteristisch sind. Sollte die Aussage FÜRSTENBERGS, über die Randgruppen als Indizes für die Änderung von gesellschaftlichen Strukturen allgemeine Gültigkeit besitzen, müßten Teilräume mit dominanten Randgruppen einer besonderen, auch geographisch faßbaren Dynamik unterworfen sein. Aus den Ergebnissen der Analyse des UG ließe sich die Aussage allein durch den Augenschein der Planbeilagen bestätigen. Für das UG könnte weiterhin noch hinzugefügt werden, daß sich, zumindest aus den größeren Ansiedlungen heraus die ursprünglichen Randgruppen und ihre räumliche Basis als aktive Kerne eines dynamischen Umformungsprozesses entwickelt haben, die in zunehmendem Maße die Nachbarbereiche mit umgestalten. Diesen Prozeß gilt es nicht zuletzt aus der Sicht des Planers zu erkennen und zu werten, um nicht wie bisher die Siedlungsgründungen als lediglich "bauliche Fehlentwicklung" zum Ausgangspunkt neuer Fehlentscheidungen werden zu lassen.

2. DIE KULTURGEOGRAPHISCHE STRUKTUR DES LÄNDLICHEN RAUMES UM DIE MITTE DES 19. JAHRHUNDERTS ALS ERGEBNIS RÄUMLICHER UND SOZIALER DIFFERENZIERUNGSPROZESSE

2.1. Die Verteilung der Bevölkerung anhand einer bereinigten Bevölkerungsdichtekarte

Die Karte 1 gibt die bereinigte Bevölkerungsdichte auf der Basis von Gemeindeteilen wieder. Bereits die Wahl einer kleinen Bezugseinheit läßt den Zweck erkennen, das differenzierte Raummuster möglichst wirklichkeitsnah abzubilden.

Der Dichteberechnung liegt die nutzbare Siedlungsfläche zugrunde, die sich ermittelt aus:

Summe der Grundbesitzflächen eines Gemeindeteils

./. Einmärkerfläche

./. Fläche der Gebietskörperschaften (sofern ermittelt).

Die Inmärkerflächen[1] sind teilweise so beträchtlich, daß sie wie am Beispiel der Gemeinde Forsthart 50 % der Gemeindefläche übersteigen. Gerade an diesem Fall zeigt sich aber, daß sich das inmärkische Areal bis heute jeglicher Verfügungsgewalt durch die ortsansässige Bevölkerung entzogen hat und demnach nicht sinnvoll ihr zugerechnet werden kann. Die Flächen der Gebietskörperschaften, hier insbesondere die Gewässer (Donau, Vils), stehen nach der Verteilung nur noch sehr beschränkt oder nicht mehr der Allgemeinheit zur Verfügung und sind daher ebenfalls aus der Berechnung herausgenommen. Logischerweise müßte nun zur verfügbaren Besitzfläche noch der jeweilige Ausmärkeranteil[1] hinzukommen, doch scheitert dieser Wunsch am Ermittlungsumfang. Zudem ist der Ausmärkeranteil nur für das UG faßbar.

Der Fläche von 1842 ist die Bevölkerung von 1861 zugeordnet worden, da ältere vollständige Ergebnisse auf der Basis von Gemeindeteilen nicht vorlagen.

Für die Mitte des 19. Jh. lassen sich im ländlichen Raum Osterhofen-Vilshofen als Ergebnis zwei Hauptgruppen in der Dichte unterscheiden:

- einmal Räume mit mittleren Dichten von rd. 41 - 110 E/qkm,
- zum zweiten verstreut darin liegend Gemeindeteile und Gemeinden mit über 110 E/qkm nutzbarer Fläche.

Wir müssen festhalten, daß die der tatsächlichen Situation sehr nahekommende bereinigte Bevölkerungsdichte sicherlich viel höher ist, als gemeinhin angenommen wird. Weiterhin kann die vereinfachende Aussage, daß auf der Stufe der Agrarwirtschaft Bevölkerungsverteilung und -dichte durch die unterschiedliche Ertragsfähigkeit der Böden bestimmt wird (Handwörterbuch der Raumforschung und Raumordnung, 2. Aufl. S. 229), nicht bestätigt werden.

---

[1] zu den Begriffsinhalten s.Kap. 2.4.1

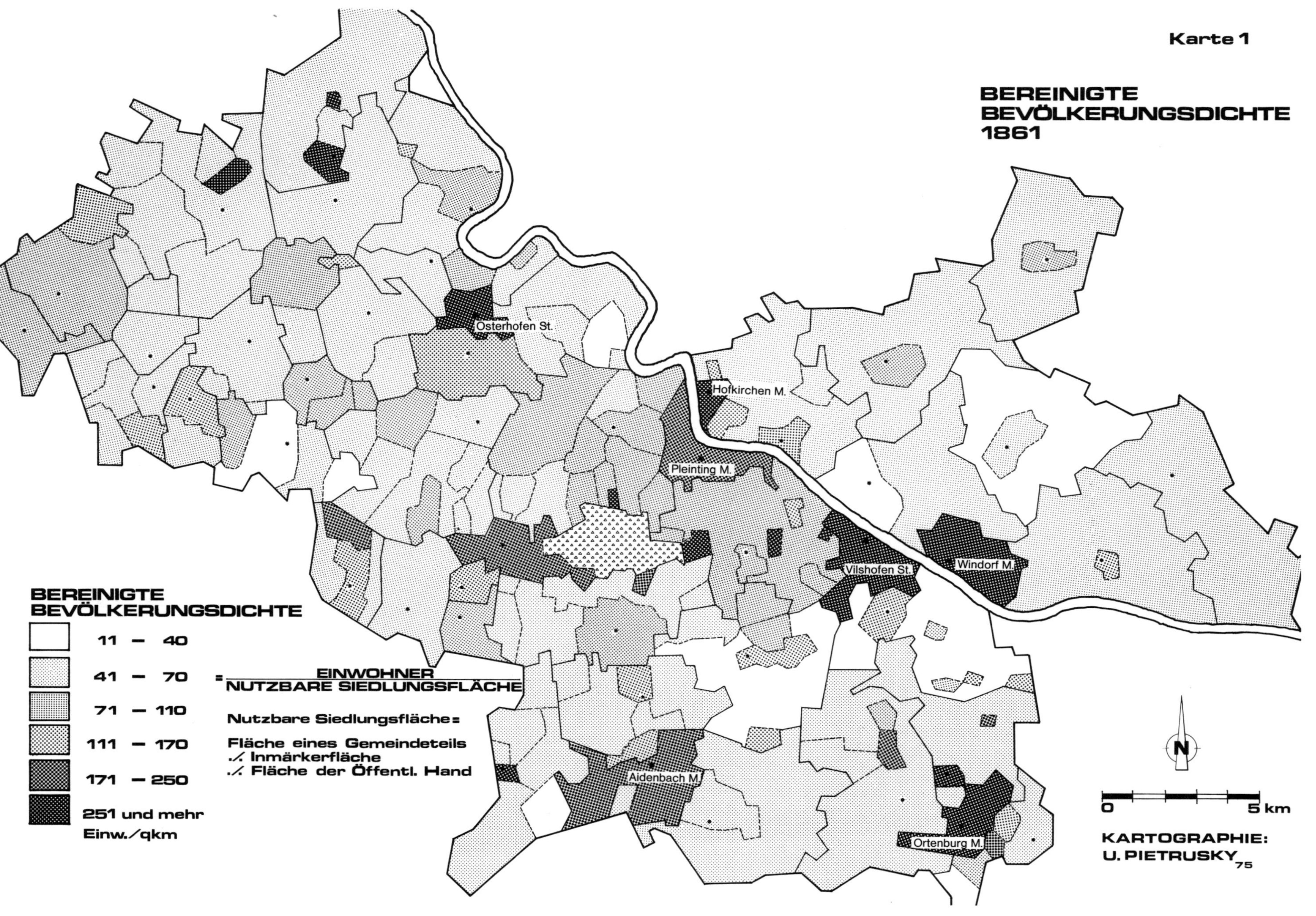
Karte 1
BEREINIGTE
BEVÖLKERUNGSDICHTE
1861
Osterhofen St.
Hofkirchen M.
Pleinting M.
Vilshofen St.
Windorf M.
Aidenbach M.
Ortenburg M.
BEREINIGTE
BEVÖLKERUNGSDICHTE
11 – 40
41 – 70
71 – 110
111 – 170
171 – 250
251 und mehr
Einw./qkm
= EINWOHNER / NUTZBARE SIEDLUNGSFLÄCHE
Nutzbare Siedlungsfläche =
Fläche eines Gemeindeteils
./. Inmärkerfläche
./. Fläche der Öffentl. Hand
N
0
5 km
KARTOGRAPHIE:
U. PIETRUSKY 75

Die verschiedenen naturräumlichen Einheiten mit den z.T. sehr unterschiedlichen Bonitäten sind zunächst nicht die Ursache der Differenzierung, vielmehr überwiegend die beschriebenen Prozesse mit ihren Folgen auf die sozialräumliche Struktur.

Die Bereiche mit hohen Dichtewerten lassen sich nun in drei (genetische) Gruppen einfügen:

erwartungsgemäß die Stadt- und Marktsiedlungen,

ehemalige kirchliche oder weltliche Herrschaftssiedlungen mit einer gewissen Häufung nichtbäuerlicher Gruppen (z.B. die Orte Söldenau, Haidenburg, Göttersdorf, Oberndorf und Moos),

und die Siedlungsgründungen des frühen 19. Jahrhunderts.

Es sind dies also Bereiche, in denen unabhängig vom Produktionsfaktor Boden die nichtbäuerlichen Gruppen dominant sind. Es ist aber festzuhalten, daß die außerhalb der Städte und Märkte gelegenen Siedlungen hoher Dichte nur auf der Basis von Gemeindeteilen signifikant werden, da ein höheres Aggregationsniveau wie das der Gemeinde die vorhandene strukturelle Differenzierung völlig überdeckt.

2.2. Das Raummuster der Gruppe „Handwerker“

Nach den bisherigen und den noch folgenden Ausführungen besitzen die nichtbäuerlichen Gruppen einen erheblichen zahlenmäßigen Anteil an der Gesamtsumme der Grundbesitzer bzw. der Bevölkerung. Dies trifft im besonderen auf die Gruppe der Handwerker zu. Verschiedene Arbeiten sind auf das Problem des ländlichen Handwerks eingegangen und kommen zu dem Ergebnis, daß, wie MAUERER (1971) es ausdrückt, das "platte Land eine nicht unerhebliche Anzahl von Handwerkern besitzt" (S. 92). LIEBRICH (1947) gibt einige Gründe dafür an (S. 721 ff):

in Altbayern war die Ausübung eines Handwerks nie ein bürgerliches Vorrecht;

den Bauernkindern war das Erlernen eines Handwerks ausdrücklich durch Gesetz gesichert;

der Überbesatz und die Einführung des Numerus Clausus in nahezu allen städtischen Handwerken im 18. Jh. ließ die ländlichen Handwerksstellen beträchtlich ansteigen;

die Niederlassungsfreiheit auf dem Lande war nur für die Ehehafttafernen, -bäder, -schmieden, Brauereien und Krämereien beschränkt.

Die letzte Aussage ist in dieser Form nicht zutreffend, da in der Tat die Niederlassungsfreiheit sehr beschränkt war, die Gemeinde und besonders die Gerichtsherrschaft weitgehende Entscheidungsbefugnis besaßen (WILHELM 1954, S. 108). Hatte aber jemand das Gemeinderecht erworben, so unterlag er nur den aufgeführten Einschränkungen.

Handwerk im von uns gebrauchten Sinne ist der allgemeine Begriff für genehmigungsfreie wie genehmigungspflichtige gewerbliche Tä-

Tabelle: 8

DIE VERTEILUNG DER GEWERBE IM LÄNDLICHEN RAUM OSTERHOFEN-VILSHOFEN 1805 - 1850

Gemeinden	Bäcker Metzger Krämer		Wirte Brauer		Schneider Schuster Weber		Müller Schmiede Wagner Schreiner		Sonstige		Gesamt	
	1	2	1	2	1	2	1	2	1	2	1	2
Aholming	6	0,6	5	0,5	15	1,5	4	0,4	7	0,7	37	3,7
Aicha a.D.	5	0,6	3	0,3	17	1,9	2	0,2	-	-	27	3,0
Aidenbach M.	6	0,9	8	1,3	12	1,9	6	0,9	50	7,8	82	12,9
Albersdorf	2	0,3	3	0,4	13	1,6	5	0,6	1	0,1	24	3,0
Aldersbach	2	0,2	2	0,2	16	1,6	9	0,9	3	0,3	32	3,2
Alkofen	4	0,3	2	0,1	26	1,7	4	0,3	6	0,4	42	2,7
Altenmarkt	3	0,3	3	0,3	16	1,7	4	0,4	4	0,4	30	3,2
Anning	-	-	-	-	2	0,6	-	-	-	-	2	0,6
Aunkirchen	3	0,3	3	0,3	16	1,7	9	1,0	4	0,4	35	3,8
Beutelsbach	3	0,3	2	0,2	16	1,6	6	0,6	8	0,8	35	3,5
Buchhofen	4	0,9	1	0,2	5	1,1	1	0,2	-	-	11	2,5
Eging	nicht		erfaßt									
Forsthart	2	0,3	-	-	6	0,9	2	0,3	1	0,1	11	1,7
Galgweis	3	1,5	1	0,5	4	2,0	1	0,5	1	0,5	10	5,0
Garham	4	0,4	5	0,6	21	2,3	6	0,7	8	0,9	44	4,9
Gergweis	3	0,8	1	0,3	4	1,0	3	0,8	14	3,7	25	6,5
Göttersdorf	3	0,6	2	0,4	4	0,8	4	0,8	2	0,4	15	2,9
Haidenburg	4	0,5	3	0,4	12	1,5	5	0,6	6	0,7	30	3,7
Hilgartsberg	3	0,3	3	0,3	17	1,7	10	1,0	6	0,6	39	3,9
Hofkirchen M.	11	1,8	9	1,5	10	1,7	7	1,2	35	5,9	72	12,1
Iglbach	4	0,3	2	0,2	17	1,3	8	0,6	8	0,6	39	3,0
Kirchberg	5	0,5	5	0,5	10	1,0	10	1,0	4	0,4	34	3,5
Kirchdorf	5	1,5	1	0,3	3	0,9	2	0,6	-	-	11	3,3
Königbach	-	-	2	0,5	15	3,6	1	0,2	4	1,0	22	5,3
Künzing	5	0,3	3	0,2	17	1,1	6	0,4	5	0,3	36	2,4
Langenamming	3	0,4	1	0,1	7	0,8	3	0,4	2	0,2	16	1,9
Langenisarhofen	2	0,5	4	1,0	9	2,3	2	0,5	-	-	17	4,4
Moos	3	0,5	2	0,3	3	0,5	5	0,9	5	0,9	18	3,1
Neusling	2	1,0	1	0,5	3	1,6	2	1,0	-	-	8	4,3
Niedermünchsdorf	-	-	1	0,9	2	1,7	-	-	-	-	3	2,6
Niederpöring	3	0,7	1	0,2	3	0,7	6	1,5	9	2,2	22	5,5
Oberndorf	2	1,4	2	1,4	2	1,4	1	0,7	2	1,4	9	6,1
Oberpöring	3	0,8	2	0,5	4	1,0	6	1,5	7	1,8	22	5,6
Ortenburg M.	19	1,7	16	1,5	47	4,3	8	0,7	61	5,6	151	13,8
Osterhofen St.	10	1,0	11	1,1	17	1,6	10	1,0	62	6,0	110	10,7
Otterskirchen	5	0,5	7	0,7	18	1,8	10	1,0	11	1,1	51	5,1
Ottmaring	2	0,5	1	0,2	4	1,0	1	0,2	1	0,2	9	2,0
Pleinting M.	7	0,9	6	0,7	9	1,1	8	1,0	25	3,1	55	6,9
Ramsdorf	3	1,2	1	0,4	5	2,0	3	1,2	4	1,6	16	6,5
Rathsmannsdorf	4	0,5	3	0,4	13	1,7	7	0,9	2	0,3	29	3,7
Söldenau	4	0,5	3	0,4	14	1,8	7	0,9	6	0,8	34	4,3
Vilshofen St.	18	0,8	21	1,0	23	1,1	11	0,5	99	4,6	172	8,0
Walchsing	5	0,6	2	0,2	14	1,5	7	0,8	3	0,3	31	3,4
Wallerfing	-	-	1	0,2	2	0,4	1	0,2	2	0,4	6	1,1
Windorf M.	6	1,2	5	0,1	14	2,7	6	1,2	24	4,6	55	10,6
Wisselsing	2	0,4	1	0,2	5	1,1	5	1,1	-	-	13	2,8
Zeitlarn	-	-	1	0,2	10	1,9	3	0,6	-	-	14	2,6
Gesamt	193	0,6	162	0,5	522	1,6	227	0,7	502	1,5	1606	4,8

1 = absolute Zahl der Gewerbe; 2 = Gewerbefaktor

tigkeiten. Nach dem Urkataster wird die zugeschriebene Tätigkeit tatsächlich ausgeübt. Das Gewerbesteuerkataster, auf das Tab. 8 und Karte 2 aufbauen, unterscheidet mehrere verschiedene Rechtsformen der Berechtigung;[2]

- reale und radizierte Gewerbe (lokal, an das Anwesen gebunden)
- persönliche Gewerbe (an Person gebunden)
- Konzessionen (an Person gebunden und zeitlich beschränkt)

ohne daß zunächst auch die tatsächliche Ausübung sicher ist. Insgesamt konnten für das UG um 1842 (lt. Tab. 9,10) 1440 Handwerker aus dem Urkataster, für einen etwas größeren zeitlichen Schnitt aus den Gewerbekatastern (Tab. 8) 1606 Gewerbeberechtigungen ermittelt werden.

Um die Frage nach dem Bedeutungsüberschuß der Stadt- und Marktsiedlungen als kleinzentrale Orte des UG sowie der besonderen Stellung von ehemaligen Herrschafts- und Klostersiedlungen zu klären, wurde über die bloße Zahl der Gewerbe hinaus auch ihre räumliche Intensität erfaßt. Dazu wurde die Anzahl der Gewerbe in Relation zur Bezugseinheit, nämlich der Wohnbevölkerung der jeweiligen Gemeinde gesetzt und dieser Quotient Gewerbefaktor genannt:

$$\text{Gewerbefaktor} = \frac{\text{Anzahl der Gewerbe (1805-1850) in der Gemeinde}}{\text{Wohnbevölkerung (1840) der Gemeinde}} \cdot 100$$

Diese Maßzahl wurde für die Gesamtheit wie für die häufigsten Gewerbe getrennt errechnet und auch in Karte 2 wie Tab. 8 dargestellt. Der Gewerbefaktor besitzt keine absolute Aussagekraft, er kann sinnvollerweise nur dem räumlichen Vergleich innerhalb einer Gruppe dienen.

Als Ergebnis lassen sich folgende Aussagen festhalten:

Bezogen auf die Bevölkerung und unter gesamträumlicher Betrachtung verzeichnen die 12 wichtigsten ländlichen Gewerbe, die der Grundversorgung dienen, eine weitgehend gleichmäßige Verteilung.

Die funktionsräumliche Sonderstellung der Städte und Märkte ergibt sich gelegentlich, wohl aber nicht zwangsläufig auch aus der höheren Intensität der Grundgewerbe. In Osterhofen und Hofkirchen hingegen, sind die Schneider/Schuster/Weber lediglich durchschnittlich, in Pleinting und Vilshofen sogar unterrepräsentiert.

Die funktionsräumliche Sonderstellung der Städte und Märkte begründet sich eindeutig auf ihrem Bedeutungsüberschuß hinsichtlich spezialisierter Gewerbe, d.h. auf ihr qualitatives Überangebot.

---

[2] Gewerbekataster des Landgerichts Vilshofen, StAL 20/0; Gewerbekataster Kgl. Landgericht Vilshofen, StAL 20/0; Kataster über die personellen Gewerbe des Landgerichts Osterhofen, StAL 20/0; Kataster über die realen und radizierten Gewerbe des Landgerichts Osterhofen, StAL, 20/0.

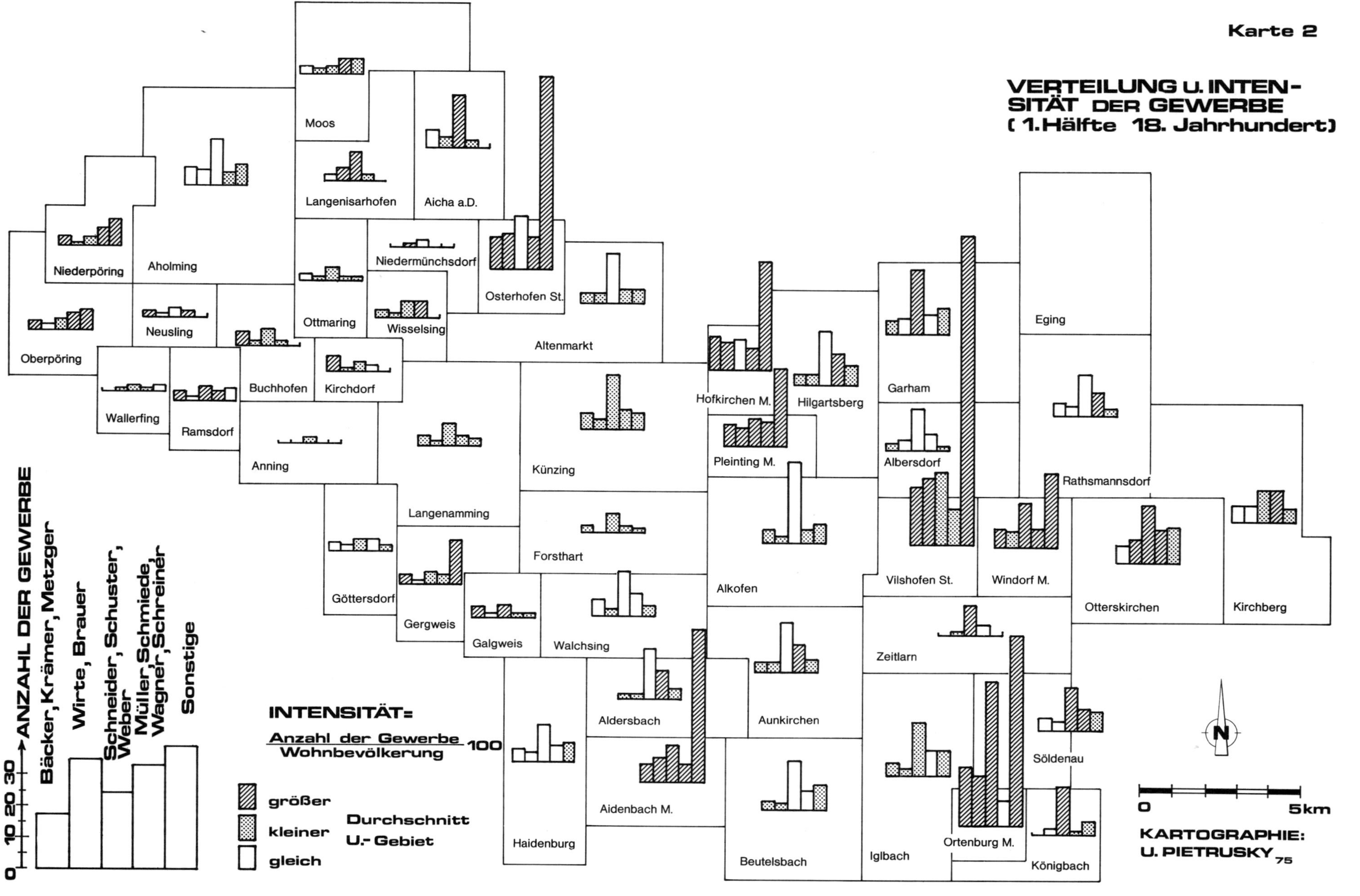

Karte 2
VERTEILUNG U. INTENSITÄT DER GEWERBE
(1.Hälfte 18. Jahrhundert)
Moos
Langenisarhofen
Aicha a.D.
Niederpöring
Aholming
Oberpöring
Neusling
Ottmaring
Niedermünchsdorf
Osterhofen St.
Wisselsing
Altenmarkt
Wallerfing
Ramsdorf
Buchhofen
Kirchdorf
Anning
Langenamming
Künzing
Göttersdorf
Gergweis
Galgweis
Forsthart
Walchsing
Hofkirchen M.
Hilgartsberg
Pleinting M.
Alkofen
Garham
Albersdorf
Eging
Rathsmannsdorf
Vilshofen St.
Windorf M.
Otterskirchen
Kirchberg
Zeitlarn
Aldersbach
Aunkirchen
Aidenbach M.
Haidenburg
Beutelsbach
Iglbach
Ortenburg M.
Söldenau
Königbach
0 10 20 30
ANZAHL DER GEWERBE
Bäcker, Krämer, Metzger
Wirte, Brauer
Schneider, Schuster, Weber
Müller, Schmiede, Wagner, Schreiner
Sonstige
INTENSITÄT= Anzahl der Gewerbe / Wohnbevölkerung 100
größer
kleiner Durchschnitt
gleich U.- Gebiet
0 5km
KARTOGRAPHIE:
U. PIETRUSKY 75

Ein möglicher Überbesatz an Handwerkern in ehemaligen Kloster- und Herrschaftssiedlungen läßt sich bei Zuordnung der Bevölkerung auf Gemeindebasis nicht erkennen.

RUDHARD(1835) rechnet um 1830 rd. 10 % der Gesamtbevölkerung des Unterdonaukreises zur "rein gewerblichen Bevölkerung" (S. 2 f). Entsprechend den Ergebnissen der Grundbesitzstruktur ist diese Zahl als zu niedrig anzusehen, nachdem im ges. UG etwa 30 % allein der Grundbesitzer Handwerker sind.

Neben "müßigen und unproduktiven Gewerben, die weniger der Industrie als der Zuchtlosigkeit dienen" (S. 3) bezieht sich die größte Zahl der Gewerbe im Unterdonaukreis "auf die tägliche Nahrung und die gewöhnlichen übrigen Lebensbedürfnisse" (S. 4).

Die allgemeine Feststellung, daß der Wohlstand des bayerischen Landhandwerks gering und die Not oft groß war, trifft ebenso auf zahlreiche Märkte und Städte zu. Damit wird auch das Problem der hierarchischen Einordnung von Gruppen, im Grunde auch das der Existenz homogener Gruppen, berührt. Gerade weil z.B. sich oft der Status des Handwerkers kaum von dem des Taglöhners unterschied, kann weder ein strenger Gruppenbegriff noch eine darauf aufbauende hierarchische Ordnung als begründetes Konzept unterlegt werden.

Nach HAZZI (1804) herrschte um 1800 im Markt Pleinting, in dem "heßlichen Flecken... allda Armuth, Vernachlässigung und Unordnung" und in den Märkten Aidenbach und Tittling (Krs. Passau), "die ohnehin mehr Dörfer sind... und nur einige Professionisten wie Taglöhner nähren", "sieht es ebenso schlecht aus" (S. 1232).

Lediglich Vilshofen besaß eine beschränkt regionale Funktion. Als Getreideumschlagplatz (Schranne) z.B. stand es im Jahre 1805/6 gemessen an den verkauften Mengen bei Weizen nach München und Erding auf dem dritten, beim gesamten Getreide auf dem 7. Platz aller altbayerischen Schrannen.[3]

Die auch im UG häufig festgestellten überdurchschnittlichen Werte der Schneider, Schuster und Weber (bes. in Ortenburg) rühren meist von den zahlreichen Webergerechtigkeiten her. In Bayern war das Weben vom Leinwand auf dem Lande als Nebenerwerb freigegeben, durfte dann aber auch nicht mit Lehrlingen oder Gesellen betrieben werden.

Da im UG größere Unternehmungen fehlten, bestand noch für Jahrzehnte keine Möglichkeit, eine wachsende Bevölkerung außerhalb der Landwirtschaft unterzubringen. Gewisse Ansätze industriebetrieblicher Art sind nicht weiterentwickelt worden oder sogar wieder eingegangen. So der Schiffbau, hier Schopperei genannt, der am nördlichen Donauufer in der ersten Hälfte des 19. Jh. verbreitet war. Von den bei RUDHARD (1835) für 1830 genannten 35 niederbayerischen Schoppermeistern (S. 16) arbeiteten im Markt Windorf allein 10 mit bis zu 130 Schopperknechten (JORDAN 1917, S. 108). Daneben finden sich 1842 in den Gemeinden Otterskirchen 2, Hilgartsberg 2 und Hofkirchen 1 Schoppermeister im Urkataster. Die Schiffe gingen u.a. nach Österreich, Ungarn und Slowenien (JORDAN 1917, S. 108) und nach RUDHART (1835, S. 17) ist das erste Schiff der Österr. Donaudampfschiffahrtsgesellschaft in Windorf erbaut worden.

---

[3] Churfürstliches Regierungsblatt, Jg. 1805, S. 67 ff

Aber nicht nur die Städte und Märkte, auch die Landgemeinden hatten ihre ausgesprochenen Spezialisten. Diese bildeten sich um die Mitte des 19. Jh. insbesondere in den Siedlungsgründungen heraus, nachdem die eigene agrarische Existenzgrundlage nicht ausreichend, ein Unterkommen als Taglöhner wegen des traditionellen Angebots nicht möglich war. Auch HEINRITZ (1971) weist für die "Baiersdorfer Krenhausierer" auf die "unter dem Zwang der ökonomischen Verhältnisse induzierte berufliche Vielgestaltigkeit und Beweglichkeit der Unterschicht hin" (S. 49).

Dieser Vorgang soll anhand der Gemeinde Alkofen aufgezeigt werden. Da den 23 Maurern und 15 Zimmerleuten der Gemeinde in der benachbarten Stadt Vilshofen eine harte Konkurrenz gegenüber stand, waren sie wohl auf eine Tätigkeit als Wanderhandwerker angewiesen. Diese "auf Stör" arbeitenden Handwerker bildeten im 18. Jh. nach LIEBRICH (1947, S. 724) ein großes Kontingent der Landhandwerker, waren also an sich nicht typisch für die Neugründungen, sondern nur in ihrer Dichte und im Spezialisierungsgrad. Wie weitgehend diese Spezialisierung ging, soll folgende Aufstellung erläutern:

	Anzahl der Lizenzen	
	in der Gmde. Alkofen	im ges. UG
Brasiltabakmacher	2	7
Brunngraber	1	4
Eierhandel	1	2
Hafnergeschirrhandel	1	1
Handel mit Schachteln	1	1
Korbmacher	1	8
Lumpensammler	10	34
Maulwurffanger	1	1
Nußhandel	1	1
Pechler	1	6
Pfannenflicker	4	6
Samenhandel	3	3
Sagfeiler	3	8
Schanzenmacher	1	1
Schuhflicker	1	5
Viehhandel	1	5
Viktualienhandel	2	16
Windmühlenmacher	1	1

Quelle: Gewerbesteuerkataster

Es gilt hier natürlich festzustellen, daß der Übergang Handwerker-Taglöhner nicht faßbar ist. Alle die aufgeführten Tätigkeiten wurden wohl als Wandergewerbe oder Hausierhandel mit unterschiedlichen Aktionsradien und Zeiten des Fernbleibens betrieben. Nach FEHN (1935 b, S. 184) war in früheren Jahren "fast jeder Forstharter Kleingütler auch noch Hausierer".

Die soziale Wertigkeit dieser verschiedenen Tätigkeiten war aber in der Einschätzung der alteingesessenen Bevölkerung gering und trug wesentlich zu der oben geschilderten Randgruppenbildung mit bei. Diese Spezialisierung entstand aber aus einer Zwangssituation und entsprang keineswegs einem von vornherein minderwertigen Charakter. Dies sei am Beispiel der zahlreichen Lumpensammler erläutert, die für die damals 9 Papiermühlen Niederbayerns "unter Vertrag" standen. Sie mußten im Besitz eines Patents der Regierung sein, dessen Erteilung von einem guten Leumund und der Bestellung durch den jeweiligen Papierfabrikanten abhing (RUDHART 1835, S.14). Auch die Möglichkeit des jederzeitigen Widerrufs stellte formal höhere Anforderungen an den Lumpensammler als so manches geachtete Gewerbe.

Obwohl im UG gerade der Hausierhandel eine verhältnismäßig erhebliche Nahrungsquelle für die Einwohnerschaft insbesondere der Siedlungsgründungen ausmachte, sind die betroffenen Gemeinden weder in der Statistik (DECKER 1910) noch in der geographischen Behandlung dieses Problems (HARTKE 1963) beachtet worden. Es bestehen aber auch einige Unterschiede zu den aus der Literatur bekannten Hausierergemeinden:

der Hausierhandel bildete im UG nicht eine für den Raum charakteristische, meist schon längere Zeit existierende Wirtschaftsform (vergl. DECKER);

der Hausierhandel ist nicht durch Ansiedlung allochtoner Bevölkerungsgruppen entstanden (vergl. DECKER, HARTKE);

Während von nahezu allen Hausierergemeinden aus Waren vertrieben wurden, boten die Wandergewerbetreibenden des UG hauptsächlich ihre Dienste an, da sie nicht in Lage waren, Rohmaterial oder Vorprodukte zu finanzieren.

Es sei an dieser Stelle darauf verwiesen, daß sich das Wandergewerbe in der 2. Hälfte des 19. Jahrhunderts noch ausweitete, aber nach dem 1. Weltkrieg wieder zurückging. Immerhin waren aus Alkofen 1950 noch 19 Viehhändler tätig und 1956 wurden von der Gemeinde noch 22 Wandergewerbescheine erteilt.

2.3. Die räumlich-soziale Differenzierung des UG als Ergebnis des Wirkens von Gruppen, Individuen und gesellschaftlichen Organisationen

2.3.1. Die Bedeutung des Bodenanteils der einzelnen Gruppen für ihre Raumwirksamkeit

Zur Charakterisierung der Situation zu Anfang des vorigen Jahrhunderts wird häufig der Terminus "flächengebundene Agrargesellschaft" gebraucht und damit eine Feststellung z.B. von KÖTTER zusammengefaßt: "Die Gesellschaft war in ihrer Ganzheit, also auch in ihren herrschaftlichen Ausgliederungen, wesentlich auf den Boden bezogen (1955, S. 23)". So weist auch HELLER (S. 45) darauf hin, daß "die wirtschaftliche Lage einer Siedlung im ländlichen Raum bis in die jüngste Vergangenheit hinein vom Bodeneigentum bestimmt war". Wenngleich diese Ansicht von allen Sozialgeographen geteilt wird, ist sie bislang nicht konsequent in den Analysen zur sozialräumlichen Struktur angewandt worden. Die Auffassung von LENG (1973), daß die "aus den Produktions- oder Grundverhältnissen sich ergebende sozialökonomische Struktur... die wichtigste soziale Strukturform der Gesellschaft" darstellt (S. 128), ist keineswegs neu oder/und für eine bestimmte Ideologie anwendbar. Der Kritik an dem bisher mangelhaftem Bezug der Gruppen auf den Boden und seiner Verteilung, muß zugestimmt werden. Gerade im ländlichen Raum ist der Analyse der Grundbesitzstruktur nicht nur in kartographisch-beschreibender, sondern in quantitativer Form große Bedeutung beizumessen.

Diesen Erkenntnissen folgend, wird die mit Vorbehalten versehene Sozialgruppengliederung und damit die Gesamtstruktur des UG auf das primäre Merkmal des Bodenanteils bezogen. Dabei hat sich gezeigt, daß Status- und Berufsangaben als sekundäres Merkmal in der historischen Phase sich problemlos zuordnen lassen. Geht man zweckmäßigerweise vom Gesamtareal aus, so werden neben den eigentlichen Gruppen auch Individuen (Adel) und gesellschaftliche Organisationen (Staat, Gemeinde, Kirche) in die Betrachtung mit einbezogen, auch wenn in einer komplexen Raumanalyse unter strukturellem Aspekt die letztgenannten weniger signifikant raumprägend in verändernder oder konservierender Form auftreten als unter dem vorstehend beschriebenen prozessualen Aspekt.

Um letztlich aber die Wirksamkeit und Aussagekraft des von uns als primärem Merkmal herangezogenen Bodenanteils unter Beweis zu stellen, sei im folgenden das Verhältnis von gesamten Familien ("Haushalten") zu Grundbesitzern angeführt. Entsprechend einer frühen, aber für das UG leider nicht vollständigen Bevölkerungszählung (1821) ergibt sich

- in den Landgemeinden ein Anteil der Grundbesitzer an den gesamten Familien von 90 %,
- in den Städten und Märkten ein Anteil von immerhin noch 85 %.[4]

In Ermangelung anderer, verwertbarer Merkmale für das 19.Jh. und unter Berücksichtigung, daß die folgende Analyse auf einer Totalerhebung des UG basiert, kann für den vorliegenden Raum wegen ihrer hohen Repräsentativkraft die Grundbesitzstruktur als hervorragend geeignetes Mittel zur Beschreibung der sozialräumlichen Struktur angesehen werden.

In dieser Totalerhebung wurden aus dem Urkataster sämtliche Grundbesitzer der 47 damals bestehenden Gemeinden des UG um 1842 erfaßt und nach den rd. 4 850 (ortsansässigen) Grundbesitzern und den 2 390 In- und Ausmärkeranfällen getrennt behandelt. Das Urkataster des UG enthält in 126 Bänden auf rd. 60 000 Seiten eine Reihe von sehr präzisen Angaben, die für eine geographische Analyse gut verwertbar sind:

a) für den einzelnen Grundbesitzer (einschl. Inmärker)
   - Hs. Nr., Flurstücks Nr. (zur räumlichen Identifizierung)
   - Standes-, Berufsangabe (diese sehr genau und treffend)

---

4 nach: StAL, Urkataster 20/1-20/47, Rep. 168, Verz. 1, Fasz. 1754, Nr. 81

- Fläche (in Tagwerk!) nach Flurstücken, Nutzung u.ä. differenziert[5]

- Sonstige Angaben, z.T. fallweise wie Grundbarkeit, Gerichtsbarkeit, Hoffuß, Gewerbegerechtigkeiten und -berechtigungen, in letzten Jahren bzw. Jahrzehnten erworbene Flächen und Gebäude nach Jahr, Vorgang, vorm. Besitzer, Steuerfreiheiten u.ä.;

b) für die jeweiligen Gemeinden

- Ankunftstitel mit evtl. Angaben über besondere Vorgänge (Gemeindegrundverteilungen u.ä.), Grund- und Zinsrechte, Arten der Abgaben und Pflichten usw.

- Kulturarten in einer abschließenden Zusammenstellung

Entgegen der aktuellen Situation bereitet die Einordnung der Grundbesitzer in Sozialgruppen geringe Schwierigkeiten, da das Urkataster über Bodenbesitz, Tätigkeit, Status (Steuerhoffuß) über Selbst- wie Fremdeinschätzung sehr genau unterscheidet. Deshalb kann, bis auf wenige Ausnahmefälle, die Gruppierung nach dem Urkataster übernommen werden. Die dort angegebenen Bezeichnungen sind also keine bloßen Berufsangaben, sondern entsprechen mit geringen Einschränkungen der traditionell gewachsenen und relativ streng gegliederten Gruppierung sehr gut. Es erweist sich aber als zweckmäßig, die Zahl der Gruppen je nach Fragestellung zu variieren. Trotz gewisser Homogenität kann aber nach den bisherigen Erkenntnissen ein kausaler Zusammenhang zwischen Gruppenzugehörigkeit, Aktionsraum und gleichem Verhalten nicht unterstellt werden, so daß die von uns eingangs vertretende Auffassung von der Gruppe als einem operationalisierbarem Ordnungselement auch hier unterstrichen werden muß.

Bauer ist eine traditionell gewachsene Statusbezeichnung, die sowohl von dem damals aktuellen Grundbesitz wie von der historischen Größe (Hoffuß) abgeleitet wurde und vom Urkataster voll übernommen werden kann.

Häusler sind aufgrund ihrer Anwesengröße, ihres Status und oft wegen ihrer jungen Entstehung streng von den Bauern abgegrenzt. Deshalb verwenden wir aus sprachlogischen Gründen die Begriffe "bäuerlich" wie "klein-" oder "unterbäuerlich" im Zusammenhang mit Häuslern nicht, weil sie in Altbayern weder Klein- noch Unter-, sondern überhaupt keine Bauern waren.

GREES verwendet den Begriff "Häusler" nur für jene "jüngsten Selden" die in seinem Untersuchungsraum im 18. und im beginnenden 19. Jahrhundert entstanden sind und die dazu beitrugen, die Lücken des 30-jährigen Krieges wiederaufzufüllen. Die Feststellung, daß diese jungen Ausbauten meist ohne Gemeindenutzungsrechte ausgestattet waren, gilt für Bayern nicht wie oben bereits dargelegt wurde. Die traditionellen Merkmale des Söldners,

zwar vorhandener, aber meist zur Ackernahrung nicht ausreichender Grundbesitz;

Zugehörigkeit zur Gemeinde, doch Genosse minderen Rechts (GREES 1963, S. 118);

---

5 sämtliche Flächenangaben der Quellen in Tagwerk wurden mit dem Faktor 0,34073 in Hektar umgerechnet.

Fehlen eines eigenen Gespanns;

Einordnung in die untere Hälfte der Skala des seit dem Mittelalter gültigen, für die soziale Einschätzung wichtigen Huffußes;

grenzen ihn deutlich gegenüber dem Bauern ab. In der Regel stand der Häusler in einem losen arbeitswirtschaftlichen Abhängigkeitsverhältnis zu anderen Bezugsgruppen, in Landgemeinden insbesondere zu den Bauern. Den Bauern waren die traditionellen, auf den lokalen Bedarf abgestimmten Teilzeitkräfte ohne längerfristige Verpflichtung gerade wegen der Arbeitsspitzen willkommen, was wohl mit die nahezu volle Beteiligung der Häusler an der alten Gemeindenutzung erklärt.

Eine Untergliederung der Taglöhner in zwei Gruppen ist weder machbar noch sinnvoll und wird sogar falsch, wenn diese als landbesitzende, im Gegensatz zu den landlosen, bei SCHNORBUS (1967, S. 834) als "Gütler, Söldner oder Häusler" bezeichnet werden. Der Taglöhner verfügt nicht über eine eigene Ackernahrung. Er steht in einem ebenfalls traditionellen, aber festeren Verhältnis zu einem fremden Arbeitgeber, der insbesondere in den kleinzentralen Siedlungen verschiedener Funktion zu suchen ist. SCHNORBUS muß beigepflichtet werden, wenn er feststellt, daß die landlosen Taglöhner wie auch die Wander- oder Saisonarbeiter in der bayerischen ländlichen Unterschicht des vorigen Jahrhunderts selten sind (S. 834). Der Taglöhner konnte infolge seines Grundbesitzes nicht elastisch auf wirtschaftliche Schwankungen, insbesondere des Arbeitsmarktes reagieren. Es stand ihm zwar frei, jeden Tag Arbeit anzunehmen oder nicht, doch war diese Freiheit durch den ökonomischen Zwang der Unterhaltssicherung unwirksam (SCHNORBUS 1967, S. 844).

In aller Regel verfügten die Handwerker in dem von uns gebrauchten umfassenden Sinn, ähnlich wie die Taglöhner, nicht über eine ausreichende Ackernahrung. Aber im Gegensatz zu letzteren besaßen sie eine Qualifikation, der sie in den meisten Fällen ihre überwiegenden Einkünfte verdanken. Nur in seltenen Fällen verfügten Handwerker bzw. Gewerbetreibende über größere Flächen. Dies trifft z.B. auf die Müller zu, die aber wie bei den anderen in einer individuellen Entscheidung vom Verfasser bei mehr als rd. 5-7 ha Besitz den Bauern zugerechnet wurden.

Je nach Fragestellung und Rechenbarkeit wurde die heterogene Gruppe der Sonstigen differenziert.

Gemeinden und Staat umfassen hier nicht die ihnen eigenen Straßen, Wege, Plätze und Gewässer, da erstere Nutzungen allgemein und selbstverständlich sind, die Einbeziehung der Gewässer große, nicht begründbare Ungleichheiten hervorrufen würde.

Unter dem Sammelbegriff Kirche fallen insbesondere Acker- und Wiesenflächen bei den Pfarrhöfen, aber auch gelegentlich der persönliche Besitz der Pfarrer.

Für das UG kommen lediglich zwei Gutsherrschaften des Adels, nämlich in Moos und Haidenburg in Betracht.

Die Gruppe der Brauer/Wirte/Kaufleute tritt besonders in Städten und Märkten als Grundbesitzer in Erscheinung, in den Landgemeinden als Inmärker. Darunter sind wiederum die Brauer dominierend, während bei den Kaufleuten lediglich drei aus Vilshofen faßbar waren. WILHELM (1954, S. 116) bestätigt am Beispiel des unteren Isartals, daß der Wirt auch in der Landgemeinde die sozial höchste Stellung unter den Gewerbetreibenden hatte, wenngleich mit der

Monopolstellung auch verschiedene Pflichten für das öffentliche Interesse verbunden waren.

Der Rest setzt sich überwiegend zusammen aus Witwen, während z.B. Arzt, Schullehrer u.ä. nur so vereinzelt auftreten, daß eine Zusammenfassung in eine eigene Gruppe nicht gerechtfertigt wäre.

2.3.2. Die Raumstruktur um 1842 anhand der großmaßstäbigen Besitzkartierung auf der Basis ausgewählter Gemeinden

Wenngleich eine Reihe von Tabellen und Übersichtskarten der Forderung nach einer möglichst umfassenden Wiedergabe des Raummusters zu folgen versucht, gelingt dies erst mit einer zusätzlichen großmaßstäbigen Kartierung der sozialgeographischen Struktur, die natürlich nur für einen - möglichst repräsentativen - Ausschnitt des UG vorgelegt werden kann.

Um dem Einwand zu entgehen, die physisch-geographischen Gegebenheiten von vornherein außer acht zu lassen, wurden sechs Gemeinden den drei Haupteinheiten Dungau (Gemeinden Kirchdorf und Buchhofen), Tertiärhügelland einschließlich Vilstal (Forsthart, Alkofen und Walchsing) und Passauer Vorwald (Otterskirchen) entnommen. Die Auswahl erfolgte nicht etwa im Hinblick auf gut passende oder interpretierbare Ergebnisse, sondern auf Repräsentanz für das gesamt UG.

Die Planbeilagen 1-6 wurden aus den Vorlagen der ersten Flurpläne des Landesvermessungsamtes München (um 1825) entwickelt. Im ersten Entwurf des M. 1:5 000 erfolgte eine maßgebundene Generalisierung, insbesondere des Baubestandes und des Wegenetzes, sowie nach erfolgter Zuordnung der Flurstücke zu den jeweiligen Besitzern die Umformung der Nutzungsgrenzen zu Besitzgrenzen. Letztere entsprechen logischerweise der Grundbesitzstruktur besser als erstere. Die Generalisierung der Gebäude in Form von Punktsignaturen soll die Lesbarkeit und den Eindruck ihrer Verteilung im Raum erhöhen. Der Maßstab der vorliegenden Karten beträgt 1: 10 000.

Die Gegenüberstellung von historischer wie aktueller Situation gestattet ohne ausführliche textliche Beschreibung neben einer strukturellen auch eine prozessual-genetische Betrachtung. Es war nicht die Absicht des Verfassers, im folgenden anhand der Pläne Monographien der betreffenden Gemeinden abzuhandeln. Ohne Bevormundung des der Interpretation fähigen Betrachters sollen nur kurz die strukturellen Gegebenheiten umrissen und nur wenig Zusatzinformation geboten werden.

Plan 1: Buchhofen

Die Gemeinde Buchhofen ist gekennzeichnet durch die dominantbäuerliche Struktur. Abgesehen von einigen wenigen Flächen im Besitz von Häuslern beschränken sich die nichtbäuerlichen Gruppen, insbesondere die Handwerker, auf den Ort. Dieser ist, wie alle älteren der Osterhofener Bucht als geschlossene Siedlung ausgebildet. Lediglich im S gegen den Forsthartrücken nimmt eine wohl jüngere nichtbäuerliche Ansiedlung größere Flächen ein.

Plan 2: Kirchdorf

Ähnlich wie in der westlichen Nachbargemeinde Buchhofen sind die geringen nichtbäuerlichen Flächen und Anwesen in Kirchdorf wenig strukturiert und verteilen sich regellos im Raum. Der Pfarrhof verfügt über nennenswerte Flächen.

Plan 3: Forsthart

Von gänzlich anderem Gepräge zeigt sich die Gemeinde Forsthart, deren westlicher Teil auf der Planbeilage dargestellt ist. Der östliche Bereich, weitgehend Wald in ausmärkischem Besitz, konnte vernachlässigt werden und ist nur für die Streusiedlung Maiering auf Planbeilage 4 Walchsing dort dargestellt.

Bereits die Fluranlage hebt sich durch ihre Regelmäßigkeit von der Nachbarschaft ab. Nur die Altstraßen ziehen als geschwungene Linien durch die Gemeinde. Als zweites augenfälliges formales Merkmal ist die Streulage zu nennen, wobei um die Mitte des 19. Jh. noch keine Verdichtung in Richtung auf einen Mittelpunkt zu erkennen ist.

Der umfangreiche Inmärkeranteil von ca. 60 % der Gemeindefläche, überwiegend Waldland, war hauptsächlich im Besitz der Grafen von Moos, den Rest teilten sich sehr alten Nutzungsrechten folgend Bauern aus der Osterhofener Bucht und dem Vilstal.

Entsprechend der Genese als Neugründung des frühen 19. Jh. dominierten hinsichtlich der Sozialstruktur nichtbäuerliche Gruppen, vorwiegend die Häusler. Aufgrund der sehr intensiven Nutzung in Form einer "Gartenwirtschaft", bei der entgegen der üblichen Dreifelderwirtschaft die Gründe alle Jahre bebaut wurden, kann davon ausgegangen werden, daß neben den bäuerlichen Betrieben auch die Häusler eine sehr knappe Ackernahrung fanden.

Plan 4: Walchsing

Die Planbeilage 4 vermittelt zunächst einmal ein differenziertes Bild von der Gemeinde Walchsing im unteren Vilstal. Die drei Ortschaften Gainsdorf, Kriestorf und Walchsing liegen als größere geschlossene Siedlungen entlang der hochwasserfreien, lößbedeckten Terrasse über der Vils. Im Norden entlang des Forsthartrückens ziehen sich zahlreiche, vor allem ältere Einzelhofsiedlungen mit ihrer typischen geschlossenen Flurlage hin.

Der Bereich der Einzelhofsiedlung ist nahezu geschlossen im Besitz von Bauern, daneben sind ihnen funktional einige Häusler zugeordnet. Die nichtbäuerlichen Gruppen beschränken sich auf die geschlossenen Siedlungen und deren Ortsfluren, wobei Walchsing selbst einen überdurchschnittlich hohen Anteil aufweist. Neben historischen Ursachen (Sitz einer Herrschaft, allerdings von sehr geringer Bedeutung) sind hier bereits die oben beschriebenen Prozesse der Gemeindegrundverteilung, Gutszertrümmerung in ihren Auswirkungen deutlich zu sehen.

Plan 5: Alkofen

Der visuelle Eindruck von der Gemeinde Alkofen vermittelt sehr deutlich den Dualismus zwischen bäuerlichen und nichtbäuerlichen Gruppen und ihre Verteilung im Raum. In eine weite, von Einzelhöfen durchsetzte bäuerliche Landschaft, sind punktartig und sehr scharf nach außen hin begrenzt, nichtbäuerliche Siedlungen von hoher Dichte eingelagert. Sieht man einmal von der älteren, mit der Stadt Vilshofen funktional eng verflochtenen Handwerkersiedlung Hördt im

E und den Inmärkerflächen ab, so gehören die nichtbäuerlichen Bereiche alle jenen oben beschriebenen Gründungen des frühen 19. Jahrhunderts an. Denkt man sich diese jungen Gebilde weg, so hätte man wohl den Idealtyp einer rein bäuerlichen Gemeinde um 1800 vor Augen.

Für die weitere Siedlungstätigkeit als eine Art Reserve, nehmen die meist waldbedeckten Inmärkerflächen beträchtlichen Raum ein. Wie auch ein Vergleich mit Plan 11 bestätigt, war um 1842 die Phase der Rodung wie des Ausbaus noch nicht abgeschlossen. Auch hier sei der Hinweis auf die wichtige Funktion der Inmärkerflächen angebracht, der hier überwiegend für den Siedlungsausbau, am Beispiel von Forsthart für seine Begrenzung verantwortlich war.

Plan 6: Otterskirchen

Betrachtet man nun das Beispiel Otterskirchen aus dem Vorwald, so war um die Mitte des 19. Jh. die heile ländlich-bäuerliche Welt offensichtlich noch in Ordnung. Insbesondere deshalb auch, weil die zunächst zahlreichen nichtbäuerlichen Flächen und Anwesen im W zu Mühlen (Mahl- und Sagmühlen) gehörten, die ebenso wie die Wirte die Grundausstattung einer Landgemeinde bildeten. Die Verdichtung der Handwerker im Gemeindemittelpunkt und ein gut ausgestatteter Pfarrhof unterstreichen die lokalzentrale Funktion des Ortes mit einer der ältesten Pfarreien des Vorwaldes. Wie noch später darzustellen ist, finden gerade im Passauer Vorwald die rein bäuerlichen Siedlungen eine zusammenhängende Verbreitung, ein Hinweis darauf, wie wenig der nördlich der Donau gelegene Teil des UG von den Umformungsprozessen der ersten Jahrzehnte des 19. Jh. gestaltet wurde.

2.3.3. Die sozioökonomische Struktur des ländlichen Raumes Osterhofen-Vilshofen und seine Darstellung nach den verschiedenen Aggregationsniveaus: gesamtes UG – Gemeinde – Gemeindeteil

Nach der Darstellung der kleinräumlichen Analyse auf der Basis ausgewählter Gemeinden folgt ein Überblick über die Struktur des UG. Wie schon mehrfach betont, wird besonderes Gewicht auf die Einbeziehung des zahlenmäßigen u n d des Flächenanteils der einzelnen Gruppen am Gesamtraum gelegt. Wenngleich diese höchste Aggregationsstufe die Kulturlandschaft in ihrer Differenzierung nicht abbilden kann, vermag der Überblick das Gewicht der im Raum wirksamen Kräfte objektiv und quantitativ gesichert wiederzugeben.

Es erweist sich auch in der Übersicht als sinnvoll (Tab. 9), das UG mit 47 Gemeinden wenigstens in zwei Kategorien, nämlich in die Städte/Märkte (7) und den Rest, hier einfachheitshalber Landgemeinden (40) genannt, aufzugliedern.

Betrachten wir den n u m e r i s c h e n A n t e i l der Gruppen an der Gesamtheit der Grundbesitzer, so wird deutlich, daß in den Landgemeinden allgemein die Gruppe der Bauern am stärksten vertreten ist. Sie wird zahlenmäßig - wie auch dem Flächenanteil nach - in den Städten/Märkten unbedeutend (die Märkte Aidenbach, Hofkirchen, die Stadt Osterhofen besitzen keine Bauern, der Markt Pleinting mit 9 Bauern bildet eine Ausnahme), so daß der Typ der Acker-

Tab: 9

DIE SOZIALSTRUKTUR DER GRUNDBESITZER IM LÄNDLICHEN RAUM OSTERHOFEN-VILSHOFEN UM 1842 (Übersicht)

Gruppe / Raum	Zahl: ges. UG abs.	Zahl: ges. UG in v.H.	Zahl: Landgemeinden abs.	Zahl: Landgemeinden in v.H.	Zahl: Städte, Märkte abs.	Zahl: Städte, Märkte in v.H.	Fläche (ha): ges. UG abs.	Fläche (ha): ges. UG in v.H.	Fläche (ha): Landgemeinden abs.	Fläche (ha): Landgemeinden in v.H.	Fläche (ha): Städte, Märkte abs.	Fläche (ha): Städte, Märkte in v.H.
Bauern	1 803	37.2	1 789	46.8	15	1.5	41 496	79.9	41 213	83.2	283	11.8
Häusler	878	18.1	801	20.9	77	7.5	2 644	5.1	2 549	5.1	95	4.0
Taglöhner	430	8.9	272	7.1	158	15.5	334	0.6	257	0.5	77	3.2
Handwerker	1 444	29.8	815	21.3	629	61.6	2 525	4.9	1 795	3.6	730	30.4
Sonstige	292	6.0	150	3.9	142	13.9	4 912	9.5	3 694	7.6	1 218	50.6
GESAMT	4 848	100.0	3827	100.0	1 021	100.0	51 911	100.0	49 508	100.0	2 403	100.0

Gruppe / Raum	Zahl: ges. UG abs.	Zahl: ges. UG in v.H.	Zahl: Landgemeinden abs.	Zahl: Landgemeinden in v.H.	Zahl: Städte, Märkte abs.	Zahl: Städte, Märkte in v.H.	Fläche (ha): ges. UG abs.	Fläche (ha): ges. UG in v.H.	Fläche (ha): Landgemeinden abs.	Fläche (ha): Landgemeinden in v.H.	Fläche (ha): Städte, Märkte abs.	Fläche (ha): Städte, Märkte in v.H.
Gemeinden Staat	44	15.1	38	25.3	6	4.2	2 059	41.9	1 770	47.9	289	23.7
Kirche	36	12.3	30	20.0	6	4.2	324	6.6	256	6.9	68	5.6
Adel	10	3.4	9	6.0	1	0.7	1 440	29.3	1 432	38.8	8	0.7
Brauer, Wirte Kaufleute	81	27.7	6	4.0	75	52.8	935	19.0	138	3.7	797	65.4
Rest	121	41.5	67	44.7	54	38.1	154	3.2	98	2.7	56	4.6
Summe Sonstige	292	100.0	150	100.0	142	100.0		100.0	3694	100.0	1 218	100.0

ULRICH PIETRUSKY

bürgerstädte bzw. -märkte im UG nicht vertreten ist.

Die zweitstärkste Gruppe mit einem relativ hohem Anteil bilden die Handwerker, was besonders für die Landgemeinden hervorzuheben ist. Ihre überragende Stellung in den Städten und Märkten bestätigt die eigene Funktionalität dieser Siedlungen, wobei allerdings, besonders bezüglich der Märkte, der Übergang zu den Landgemeinden fließend ist.

In den Landgemeinden folgen dicht auf die Häusler, die, wie bereits angedeutet, in einem engen arbeitstechnischen Verhältnis zu den Bauern stehen. Wenn in manchen Landgemeinden wie Buchhofen und Otterskirchen wenig oder keine Taglöhner erscheinen, liegt hier zunächst einmal ein erhebungstechnisches Problem vor. Die Tatsache aber, daß die Tagwerkerhäusl hier nicht nur funktional, sondern auch besitzrechtlich den größten Bauern zugeordnet sind, ist ein wichtiger Hinweis auf deren Machtposition als Kerngruppe, die dort keine freie, bodenarme Schicht duldet. Immerhin sind im Durchschnitt die Taglöhner in den Städten und Märkten die zweitgrößte Gruppe und stellen in der Stadt Vilshofen nicht weniger als ein Drittel aller Grundbesitzer. Dies läßt auch den Schluß zu, daß im Gegensatz zu den Häuslern die Taglöhner ihre Bezugsgruppen überwiegend im nichtbäuerlichen Bereich finden.

Es erwies sich als notwendig, die "sonstigen" Grundbesitzer noch einmal aufzuteilen. Die Ausweisung der Organisationen wie Gemeinden, Staat, Kirche hat in Tab. 9 eher formalen Charakter. Die adeligen Gutsherrschaften sind zahlenmäßig eigentlich geringer als angegeben, da das Eigentum verschiedener Familienmitglieder getrennt aufgeführt werden mußte. Die Gruppe der Brauer/Wirte/Kaufleute ist unter den "Sonstigen" in den Städten und Märkten dominant.

Betrachten wir die F l ä c h e n a n t e i l e der Gruppen (Tab. 9) wobei der Ausmärkerbesitz hier nicht enthalten ist, so ergibt sich gegenüber oben eine vielfach andersartige Gewichtung. In den Landgemeinden stehen die Bauern eindeutig an der Spitze, während die Häusler und Taglöhner über vergleichsweise bescheidene Flächenanteile verfügen. In den Städten und Märkten sind die Brauer/Wirte/Kaufleute mit rd. 800 ha dominant, gefolgt von den Handwerkern mit 730 ha. Klar wird die hervorragende Stellung der erstgenannten Gruppe aber erst, wenn man die Anzahl von 75:629 gegenüberstellt. So besaßen z.B. in der Gemarkung des Marktes Aidenbach drei Brauer mehr Fläche als die gesamten 66 Handwerker zusammen. Entsprechend äußert sich der soziale Status der Brauer/Wirte/Kaufleute in der Physionomie des Marktplatzes, wo ihre Gebäude nach Lage und Umfang eine beherrschende Stellung einnehmen.

Entsprechend der vorgegebenen Einteilung nach Sozialgruppen werden die Ergebnisse der Totalerhebung sämtlicher Grundbesitzer in Tab. 10 auf der Basis der Gemeinden wiedergegeben. Den einzelnen Gruppen, gesellschaftlichen Organisationen (Staat/Gemeinde und Kirche) und Individuen (Adel) wurden die Merkmale Fläche und Zahl zugeordnet, wobei wegen der häufig geringen Masse pro Gemeinde die Prozentanteile in Tab. 10 nicht wiedergegeben, wohl aber in Karte 3 ersichtlich sind. Weiterhin ist in der Tab. 10 der Ausmärkeranteil, wie auch die Inmärkerfläche nicht berücksichtigt, da dieser Problemkreis noch gesondert zu behandeln ist. Ohne nun im einzelnen die Daten erläutern zu wollen, seien einige augenfällige Strukturen kurz zusammengefaßt.

Die Größe der Gemeinden nach Zahl und Fläche der Grundbesitzer ist sehr unterschiedlich. Die Märkte und Städte behaupten

Tab: 10

SOZIALSTRUKTUR DER GRUNDBESITZER IM LÄNDLICHEN RAUM OSTERHOFEN – VILSHOFEN UM 1842 NACH GEMEINDEN (ohne Ausmärker)

ZAHL

Gmde. / Gruppe	Bauern	Häusler	Taglöhner	Handwerker	Sonstige	GESAMT	v.d. Sonstigen: GEMEINDEN STAAT	KIRCHE	ADEL	BRAUER WIRTE KAUFLEUTE
Aholming	58	24	18	34	7	141	1	1	1	
Aicha a.D.	73	37		22	2	134	1	1		
Aidenbach M.		1	12	67	20	100	1	1		9
Albersdorf	72	8	2	10	2	94	1		1	
Aldersbach	33	19	4	23	6	85	1		1	
Alkofen	66	45	64	65	26	266	1	1		
Altenmarkt	50	21	24	48	9	152	1	1	1	3
Anning	28	21	1	6	1	57	1			
Aunkirchen	78	37	1	16	3	135	1	1		
Beutelsbach	86	15	3	18	2	124	1	1		
Buchhofen	31	7	2	11	3	54	1	1		
Eging	44	1		14	1	60	1			
Forsthart	9	84	1	15	8	117	1			
Galgweis	7	5	1	12	3	28	1	1		
Garham	83	23		34	3	143	1	1		
Gergweis	20	15		19	1	55	1			
Göttersdorf	17	41	10	11	3	82	1	1		1
Haidenburg	63	7	15	26	3	114	1	1	1	
Hilgartsberg	63	34	6	45	1	149	1			
Hofkirchen M.		4	21	67	12	104	1	1		8
Iglbach	85	58	4	27	3	177	1	1		
Kirchberg	83	8	2	22	3	118	1	1		
Kirchdorf	21	2	1	11	2	37	1	1		
Königbach	31	13		18	2	64	1	1		
Künzing	112	56	9	33	3	213	1	1	1	
Langenamming	68	27	5	10	1	111				
Langenisarhofen	29	7	6	12	2	56	1	1		
Moos	21	6	34	15	3	79	1	1	1	
Neusling	10	6		8	1	25	1			
Niedermünchsdorf	10	2		1	2	15	1	1		
Niederpöring	19	31	2	23	3	78	1	1	1	
Oberndorf	6	6	13	2	1	28				
Oberpöring	22	13	8	18	6	67	1	1		1
Ortenburg M.	1	7	8	134	19	169	1	1	1	12
Osterhofen St.		4	23	101	26	154	1			17
Otterskirchen	86	6	1	28	3	124	1	1		
Ottmaring	28	3	3	21	3	58	1	1		
Pleinting M.	9	44		63	16	132	1	1		7
Ramsdorf	9	5	6	21	4	45	1	1	1	
Rathsmannsdorf	66	9		11	4	90	1	1		
Söldenau	38	18	12	38	5	111	1	1		1
Vilshofen St.	3	5	92	152	42	294	1	1		25
Walchsing	50	33	7	29	8	127	1	1		
Wallerfing	41	17	1	14	2	75	1	1		
Windorf M.	2	2	2	45	7	68	1	1		5
Wisselsing	40	6	3	22	2	63	1	1		
Zeitlarn	33	25	3		3	76	1	1		
SUMME	1804	878	430	1444	292	4 848	44	36	10	81

FLÄCHE in ha

Gmde. / Gruppe	Bauern	Häusler	Taglöhner	Handwerker	Sonstige	GESAMT	v.d. Sonstigen: GEMEINDEN STAAT	KIRCHE	ADEL	BRAUER WIRTE KAUFLEUTE
Aholming	1539	78	46	78	572	2 313	332	48	181	
Aicha a.D.	1251	126		66	59	1 502	41	18		
Aidenbach M.		6	4	55	344	409	2	20		317
Albersdorf	1 731	21		16	79	1 847	2		77	
Aldersbach	865	55	2	73	143	1 138	5		129	
Alkofen	1 426	131	79	71	21	1 728				
Altenmarkt	1 314	63	13	53	170	1 613	119		14	36
Anning	669	72	1	16	3	761	3			
Aunkirchen	1 602	129	2	46	32	1 811	27	5		
Beutelsbach	1 899	33	1	45	4	1 982	2	2		
Buchhofen	769	23	1	12	13	818	7	3		
Eging	1 185	3		45	15	1 248	15			
Forsthart	59	278	1	36	22	396				
Galgweis	185	8		19	29	241	3	24		
Garham	1 803	69		84	4	1 960	1	3		
Gergweis	584	38		48	4	674	4			
Göttersdorf	401	136	2	23	56	618	6			49
Haidenburg	1 312	20	5	44	269	1 650	9	20	240	
Hilgartsberg	1 357	104	3	115	4	1 583	4			
Hofkirchen M.		10	3	44	44	101	3	3		38
Iglbach	1 978	178		64	3	2 223	1	2		
Kirchberg	2 056	28	2	78	54	2 218	46	1		
Kirchdorf	387	1		15	13	416	1	12		
Königbach	530	28		34		592				
Künzing	2 117	172	8	57	61	2 415	30	30		
Langenamming	1 514	112	4	30	537	2 197	537			
Langenisarhofen	807	47	12	22	17	905	17			
Moos	450	30	51	35	584	1 150	1	12	569	
Neusling	321	15		14	7	357	7			
Niedermünchsdorf	275	3		1	10	289	10			
Niederpöring	466	105	3	48	211	833	60	51	100	
Oberndorf	114	15	3	1	30	163			30	
Oberpöring	429	45	2	62	6	544	1	1		1
Ortenburg M.	17	11	2	200	179	409	22	2	8	139
Osterhofen St.		2	5	28	41	76	20			12
Otterskirchen	2 092	13	1	70	12	2 188	1	11		
Ottmaring	646	17		18	7	688	6			
Pleinting M.	151	52		98	127	428	1	29		84
Ramsdorf	266	11	7	37	94	415	2		91	
Rathsmannsdorf	1794	33		42	8	1 877	1	1		
Söldenau	934	52	2	70	141	1 199	79	8		52
Vilshofen St.	69	5	63	173	295	604	158	5		121
Walchsing	1369	94	1	94	68	1 626	64			
Wallerfing	939	65	1	55	15	1 075	11	4		
Windorf M.	46	9		132	188	375	83	9		86
Wisselsing	895	17	1	18	8	939	8			
Zeitlarn	833	81	3	40	309	1 316	307			
SUMME	41 496	2644	334	2 525	4 912	51 911	2059	324	1 440	935

ULRICH PIETRUSKY

Karte 3

SOZIALSTRUKTUR 1842 NACH GEMEINDEN (GRUNDEIGENTÜMER OHNE AUSMÄRKERANTEIL)

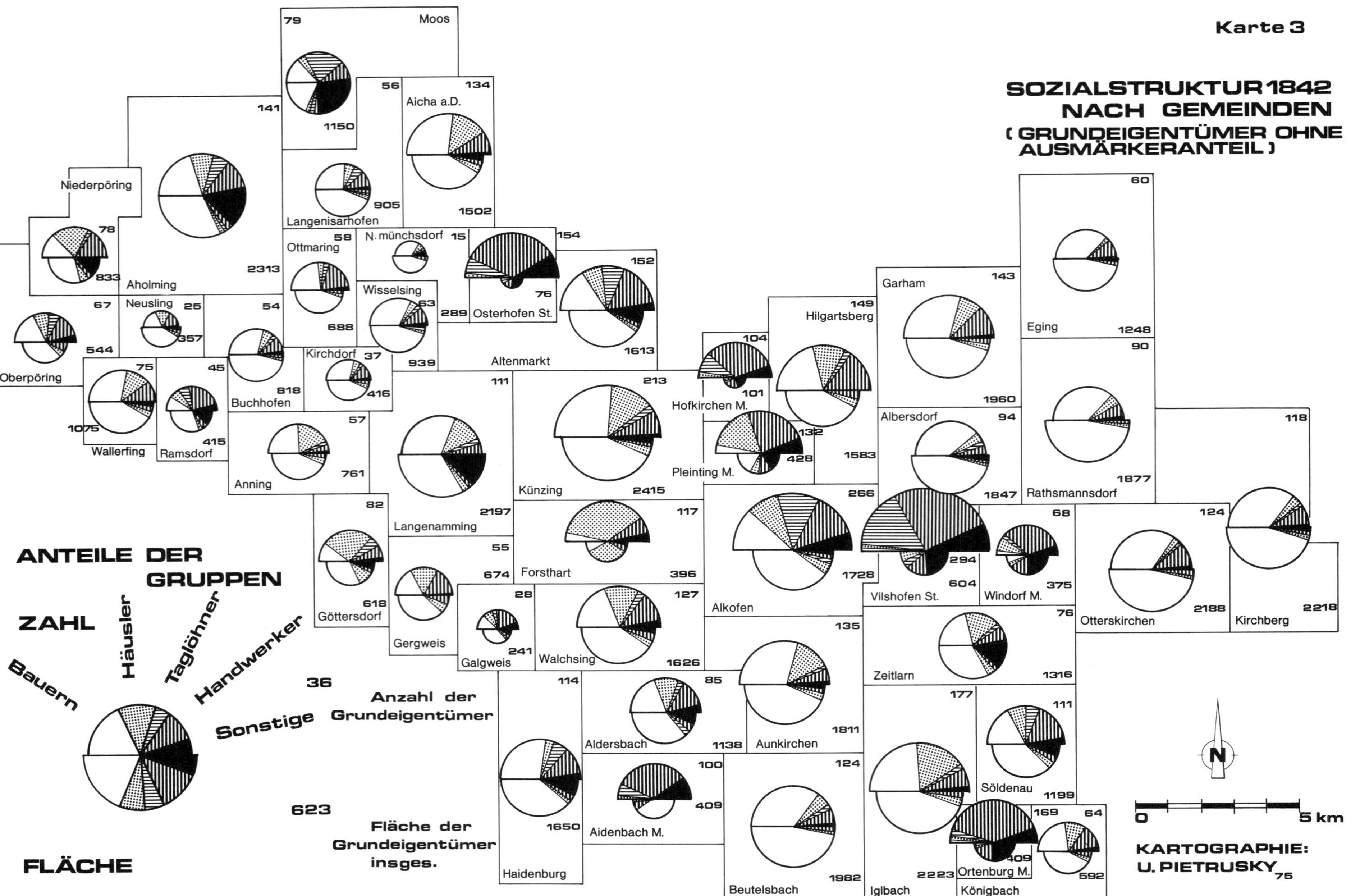

ihre Ausnahmestellung weniger aufgrund ihres Umfangs als ihrer Spezialisierung.

Während die Gruppe der Häusler zunächst nicht bestimmten Typen von Siedlungen zuordenbar sind, bestätigen die Taglöhner ihre weitgehende Abhängigkeit von nichtbäuerlichen Gruppen. Mit Ausnahme von Alkofen häufen sie sich in Gemeinden mit ehemaligen Herrschaftssitzen und in Städten und Märkten.

Die Handwerker konzentrieren sich auf die Städte und Märkte, wenngleich der Umfang des ländlichen Handwerks beträchtlich ist und gelegentlich an den des Marktes heranreicht (Alkofen, Altenmarkt, Hilgartsberg).

Die aufgegliederte Gruppe der "Sonstigen" zeigt bei Staat/ Gemeinde und eingeschränkt bei der Kirche eine numerische Gleichverteilung und hinsichtlich der Fläche einen größeren Umfang nur dort, wo noch Gründe unverteilt blieben. Die Kirche als Grundbesitzer ist zwar überall vertreten, aber hinsichtlich ihres Flächenanteils unbedeutend geworden, während die wenigen adeligen Gutsherrschaften über erhebliche Anteile verfügen. Dasselbe gilt für die Brauer/ Wirte/Kaufleute in den Stadt- und Marktgemeinden.

Aus der Tab. 10 wurde die Karte 3 entwickelt, die in einem Kreiskartodiagramm mit schematisierten, aber annähernd flächentreuen Gemeindearealen einen räumlichen Eindruck der historischen Gemeindestruktur vermittelt. Die obere Hälfte eines Diagramms gibt den numerischen, die untere den Flächenanteil differenziert nach Gruppen und Sonstigen wieder. Zum genauen Größenvergleich sind die absoluten Werte für Gesamtzahl und -fläche zusätzlich angegeben.

Daß auch im Kartenbild die Städte und Märkte als eigener Typus herausfallen, ist selbstverständlich. Die Tatsache aber, daß die Vorwaldgemeinden im NE-Bereich des UG, sowohl zahlen- wie auch flächenmäßig eine weitgehend einheitliche, bäuerlich geprägte Struktur aufweisen, überrascht, sprach man vom niederbayerischen "Bauernland" nur in Bezug auf Dungau oder/und Tertiärhügelland. Die Verteilung in Karte 3 läßt schwerlich die Aussage zu, daß es sich im UG um ein "Bauernland" handelt, haben doch die nichtbäuerlichen Gruppen einen zwar wechselnden, aber immerhin beachtlichen Anteil.

Um weitere Erkenntnisse auf diesem mittleren Aggregationsniveau der Gemeinde zu gewinnen, wurden die Betriebsgrößen, genauer die Größen der Besitzflächen erfaßt und dargestellt und zwar nach den einzelnen Gruppen getrennt. Betriebsgrößen sind ein beliebtes Mittel um die agrarwirtschaftliche und agrarsoziale Struktur eines Raumes näher zu kennzeichnen, wobei in aller Regel auf den statistisch definierten Begriff und die daraus resultierenden Durchschnittswerte über alle Gruppen zurückgegriffen werden muß. Wichtige Einflußgrößen wie Betriebsformen, Bodenart und -güte, Klima, Exposition, Relief u.ä. bleiben auch in der vorliegenden Darstellung wegen der Komplexität des Zusammenhangs außer Betracht.

In Tab. 11 wird pro Gemeinde und Sozialgruppe die Besitzfläche (einschließlich der Ausmärkerfläche) aufgeführt. Die erste Spalte gibt die durchschnittliche Gesamtbesitzfläche (Betriebsgröße) für alle Besitzer wieder, also die Maßzahl, die in aller Regel allein zur Kennzeichnung der Struktur herangezogen wird. Die Werte, vergleicht man sie mit den auf die einzelnen Sozialgruppen bezogenen, machen einmal mehr deutlich, wie global und wenig aussagekräftig

Tabelle: 11

DIE GESAMTE UND DURCHSCHNITTLICHE BESITZFLÄCHE DER SOZIALGRUPPEN IM LÄNDLICHEN RAUM OSTERHOFEN - VILSHOFEN UM 1842

Gemeinde	Gesamt	Bauern		Häusler		Taglöhner		Handwerker		Brauer Wirte	
	B	N	B	N	B	N	B	N	B	N	B
Aholming	19,8	1855	31,9	105	4,3	47	2,6	137	4,0	-	-
Aicha a.D.	12,6	1368	18,7	156	4,2	-	-	81	3,7	-	-
Aidenbach M.	5,0	-	-	6	6,0	4	6,0	61	0,9	391	55,8
Albersdorf	20,2	1740	24,2	24	3,0	-	-	16	1,6	-	-
Aldersbach	14,2	900	27,3	57	3,0	2	0,5	76	3,3	-	-
Alkofen	6,7	1445	21,9	137	3,0	79	1,2	73	1,1	-	-
Altenmarkt	11,5	1383	27,7	65	3,1	14	0,6	64	1,3	36	12,0
Anning	13,7	674	24,1	72	3,4	1	1,0	16	2,6	-	-
Aunkirchen	13,7	1617	20,7	129	3,5	2	2,0	46	2,9	-	-
Beutelsbach	16,7	1941	22,6	36	2,4	1	0,3	50	2,8	-	-
Buchhofen	20,9	1013	32,7	27	3,8	3	1,5	27	2,5	-	-
Eging	21,2	1187	30,0	3	3,0	-	-	45	3,2	-	-
Forsthart	3,6	63	7,0	293	3,5	1	1,0	36	2,4	-	-
Galgweis	10,0	195	27,9	9	1,8	-	-	26	2,2	-	-
Garham	13,9	1806	21,8	70	3,0	-	-	86	2,5	-	-
Gergweis	12,6	587	29,4	38	2,5	-	-	48	2,5	-	-
Göttersdorf	7,9	404	23,8	136	3,3	2	0,2	23	2,1	49	49,0
Haidenburg	15,3	1352	21,5	21	3,0	5	0,3	51	2,0	-	-
Hilgartsberg	10,8	1376	21,8	105	3,1	3	0,5	116	2,6	-	-
Hofkirchen M.	1,9	-	-	15	3,8	5	0,7	82	1,2	75	9,4
Iglbach	12,9	2011	23,7	179	3,1	-	-	68	2,5	-	-
Kirchberg	19,2	2062	24,8	28	3,5	2	1,0	78	3,5	-	-
Kirchdorf	14,9	472	22,5	2	1,0	21	1,0	23	2,1	-	-
Königbach	9,6	532	17,2	28	2,2	-	-	37	2,1	-	-
Künzing	12,0	2209	19,7	180	3,2	10	1,1	62	1,9	-	-
Langenamming	21,1	1657	24,4	116	4,3	4	0,8	31	3,1	-	-
Langenisarhofen	21,1	1008	34,8	59	8,4	20	3,3	32	2,7	-	-
Moos	15,9	499	23,8	42	7,0	61	1,8	63	4,2	-	-
Neusling	16,9	348	34,8	16	2,6	-	-	34	4,3	-	-
Niedermünchsdorf	27,6	344	34,4	4	2,0	-	-	-	-	-	-
Niederpöring	11,7	496	26,1	108	3,5	3	1,5	58	2,5	-	-
Oberndorf	9,8	169	28,2	19	3,2	3	0,2	17	8,5	-	-
Oberpöring	9,0	459	20,9	45	3,5	2	0,2	66	3,6	-	-
Ortenburg M.	2,6	17	17,0	11	1,5	2	0,2	215	1,6	144	12,0
Osterhofen St.	3,0	-	-	3	0,8	30	1,3	171	1,7	151	10,8
Otterskirchen	18,0	2096	24,4	13	2,2	11	1,0	70	2,5	-	-
Ottmaring	16,6	870	31,1	18	6,0	-	-	31	1,5	-	-
Pleinting M.	3,8	165	18,3	54	1,2	-	-	126	2,0	112	16,0
Ramsdorf	10,3	274	30,4	12	2,4	7	1,2	41	2,0	-	-
Rathsmannsdorf	21,4	1802	27,3	33	3,6	-	-	42	3,8	-	-
Söldenau	11,5	971	25,6	52	2,9	2	0,2	87	2,3	54	54,0
Vilshofen St.	3,6	106	35,3	5	1,0	70	1,3	201	1,3	460	20,9
Walchsing	14,0	1480	29,6	96	2,9	2	0,3	103	3,6	-	-
Wallerfing	16,6	1074	26,2	65	3,8	1	1,0	58	4,1	-	-
Windorf M.	6,2	46	23,0	9	0,8	-	-	151	3,4	103	20,6
Wisselsing	18,2	1052	26,3	19	3,2	1	0,3	28	2,3	-	-
Zeitlarn	17,8	884	26,8	81	3,2	1	1,0	40	3,4	-	-
Summe	11,9	44022	24,4	2802	3,2	394	0,9	3095	2,1	1588	19,6

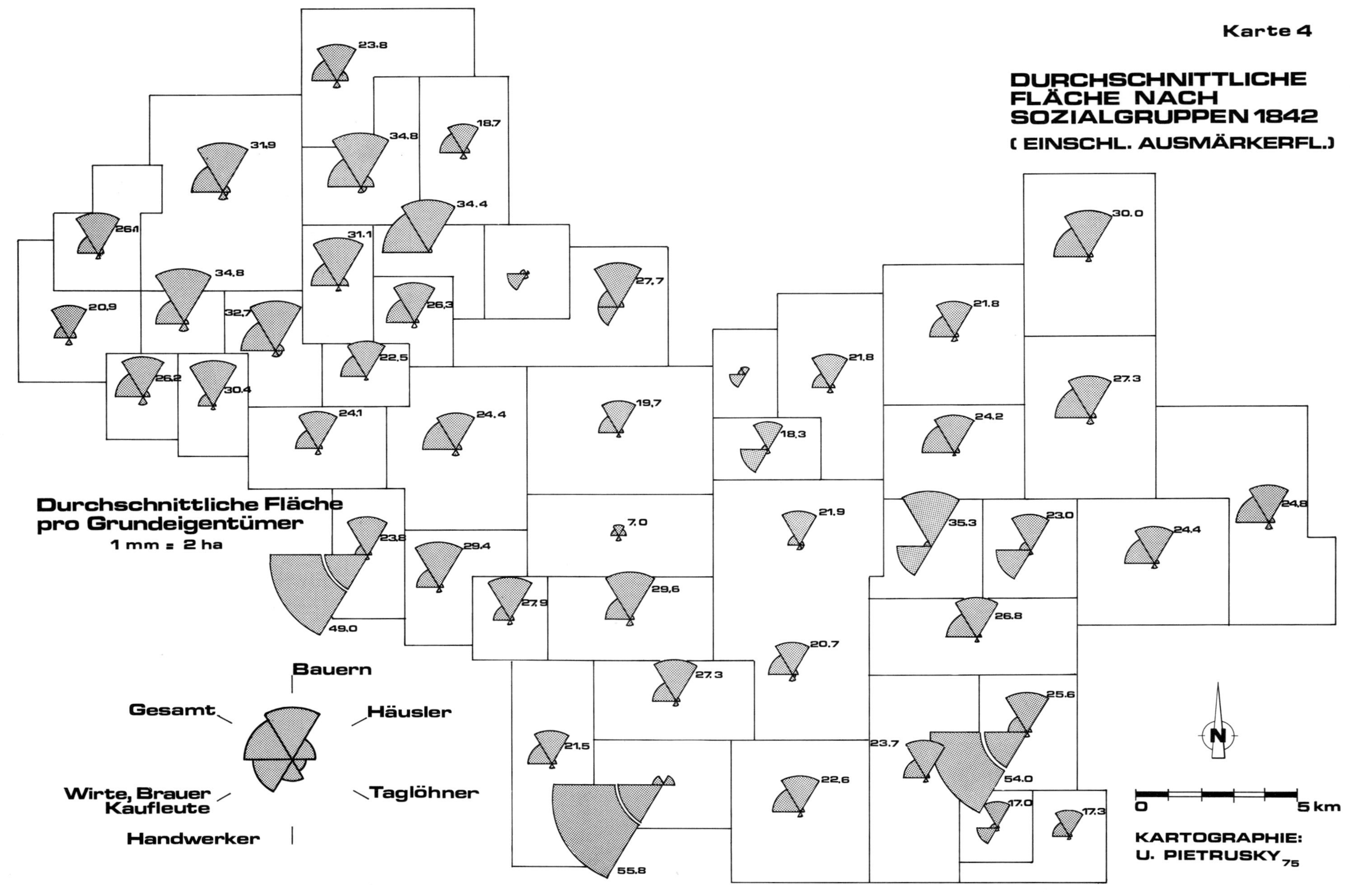
Karte 4
DURCHSCHNITTLICHE
FLÄCHE NACH
SOZIALGRUPPEN 1842
(EINSCHL. AUSMÄRKERFL.)
Durchschnittliche Fläche
pro Grundeigentümer
1 mm = 2 ha
Bauern
Gesamt
Häusler
Wirte, Brauer
Kaufleute
Taglöhner
Handwerker
N
0
5 km
KARTOGRAPHIE:
U. PIETRUSKY 75
23.8
18.7
31,9
34.8
34.4
26,1
31.1
34,8
20,9
32,7
26,3
27,7
22.5
26.2
30.4
24,1
24.4
19,7
18.3
21.8
21.8
30.0
27.3
24.2
23.8
49.0
29.4
7.0
21.9
35.3
23.0
24.4
24.8
27.9
29,6
26.8
20.7
27.3
25.6
21.5
23.7
22.6
54.0
17.0
17.3
55.8

Durchschnittsgrößen sind. Von den Städten und Märkten einmal abgesehen, sind die allgemeinen, niedrigen Besitzgrößen angetan, die Agrarstruktur völlig falsch wiederzugeben. Die Differenzierung nach Gruppen ist unumgänglich, wobei die Einstufung nach den oben genannten Merkmalen erfolgte.

Die Gruppe der Bauern als der agraren Kerngruppe verfügt demnach über 17 bis 35 ha und streut relativ gering über dem Durchschnittswert von 24,5 ha für das UG. Lediglich ein Wert von 7 ha für die Gemeinde Forsthart fällt aus dem Rahmen, die Gründe hierfür sind aber inzwischen hinlänglich bekannt. Die Betriebsgrößen im UG liegen damit sehr deutlich über der Ackernahrung, die RUPPERT (1960, S. 17) für einen normalen landwirtschaftlichen Betrieb ohne Sonderkulturen mit mindestens 5 ha ansetzt. Die Ausführungen HENNINGS zur Betriebsgrößenstruktur der mitteleuropäischen Landwirtschaft im 18. Jh. können nicht als Vergleich dienen, da seine Aussagen zu grob sind. Wenn angeführt wird, daß in Bayern die Mehrzahl der Bauern, nämlich 72 v.H., weniger als 10 ha hatte, in manchen Gebieten "die Bauerngüter so klein geworden waren, daß sie teilweise bloß mehr aus einem Acker oder einer Wiese bestanden" (S. 184), so liegt zunächst einmal ein sprachlogischer Irrtum vor, der durch fehlenden Quellennachweis nicht entschuldigt werden kann. Im übrigen geht HENNING selbst davon aus, daß die LN einer bäuerlichen Familie vor Einführung der verbesserten Dreifelderwirtschaft mindestens 3,5 - 8 ha betragen muß.

Als Ergebnis ist eine relativ hohe durchschnittliche Besitzgröße der Gruppe Bauern im UG festzuhalten, die sich einheitlich über den Raum verteilt. Ausnahmen bilden lediglich die Stadt Osterhofen, die Märkte Hofkirchen uns Aidenbach (ohne Bauern) und die Gemeinde Forsthart. Die landläufige Vorstellung, daß im Dungau, wie auch im Vilstal und Rottal besonders "große" Bauern zu finden wären, läßt sich ebenso wenig bestätigen wie etwa eine Zunahme der "kleinen, ärmeren Bauern" im Bereich des Vorwaldes.

Die in der Tat vorhandenen qualitativen Unterschiede lassen sich nicht von der Größe, sondern von den spezifischen Lagebedingungen herleiten.

Sehr deutlich gegenüber den Bauern abgesetzt sind die Gruppen der Häusler mit rd. 3 ha, Taglöhner 1 ha und Handwerker 2 ha, was uns wiederum in der Meinung bestätigt, von einer Gruppe Bauern und jeweils mehreren Gruppen Nichtbauern zu sprechen und auf Bezeichnungen wie klein- und unterbäuerlich zu verzichten. Gerade bei einer breiteren statistischen Gesamtheit zeigen diese Gruppen eine geringe Abweichung vom Mittelwert, was auf eine relativ hohe innere Homogenität hindeutet und letztlich eine Bestätigung dafür ist, den Anteil am Boden als bedeutendstes Kriterium zur Bildung von Sozialgruppen zu verwenden.

Etwas außerhalb des Rahmens liegt die Gruppe der Brauer und Wirte. Sind nicht, wie in den Markorten zahlreiche -auch kleinere- Brauer/ Gastwirte vorhanden, treten einzelne Besitzer als Vertreter der Gruppe dominant hervor.

Obwohl bereits Einzelanalyse, Gesamtüberblick und Gemeindedaten wichtige Erkenntnisse zur historischen sozioökonomischen Struktur des UG geliefert haben, geben die bisher betrachteten Kategorien zu grobe Fallbeispiele evtl. nicht repräsentative Raummuster wieder und befriedigen letztlich im Hinblick auf eine wissenschaftliche und planungsorientierte Raumanalyse nicht. Die Möglichkeit der Verfeinerung des Rasters wurde für das UG auf der Basis von Gemeindeteilen (insgesamt 136) durchgeführt, wobei die Merkmale

Flächenanteil

numerischer Anteil der jeweils betrachteten Gruppen, sowie zusätzlich die bereinigte Bevölkerungsdichte den Gemeindeteilen

zugeordnet wurden.

Aufgrund der Totalerhebung war es problemlos möglich, die Grundbesitzer nach Sozialgruppen zu Gemeindeteilen zu aggregieren. Da um die Mitte des 19. Jh. grundsätzlich noch eine Einheit von Siedlung und Flur bestand, bereitete die Abgrenzung der Raumkategorie "Gemeindeteil" ganz im Gegensatz zur aktuellen Situation keine Schwierigkeit.

Aus rechen- und darstellungstechnischen Gründen mußten die Gruppen auf drei reduziert werden, nämlich Bauern, Häusler/Taglöhner und Handwerker. Diese drei Gruppen sind

der Zahl nach mit 96,1 %,
der Fläche nach mit 92,4 %

in den Landgemeinden am Grundbesitz beteiligt. Trotz vorhandener Unterschiede sind Häusler und Taglöhner zusammengefaßt worden, doch scheint dieser Mangel für den weiteren Gang unerheblich. Die Analyse wurde auf die Landgemeinden beschränkt, da sowohl Städte als auch Märkte eine eigene Struktur aufweisen.

Die Ergebnisse für die 136 Gemeindeteile sind in Tabelle 12 enthalten, die hier nicht näher besprochen werden soll. Sie gibt aber wohl am deutlichsten von allen bisherigen Darstellungsversuchen die räumlich-soziale Differenzierung des UG als Ergebnis der oben beschriebenen Prozesse wieder.

2.3.4. Die Differenzierung des ländlichen Raumes und ihr Abbild in den sozialgeographischen Siedlungstypen

Die Analyse auf der Basis von Gemeindeteilen sollte kein Selbstzweck sein, sondern über die regionale Kenntnis des Raummusters hinaus zu einer Möglichkeit der Erfassung und insbesondere auch Darstellung der Struktur, d.h. über Abstraktion unter weitgehender Ausschaltung subjektiver Bewertung zu einer Typenbildung führen. Anders als in den meisten siedlungs- und sozialgeographischen Arbeiten mit historisch-genetischem Bezug, wo beschreibend formale oder funktionale "Typen" an punktuellen Beispielen vorgestellt werden, soll hier ein objektives, quantitativ-qualitatives Verfahren herangezogen werden.

An Ansätzen zu einer historisch geprägten Typenbildung hat es nicht gefehlt. Neben FEHN (1935 a) soll hier z.B. HUTTENLOCHER (1949) genannt werden, der für seine "Funktionalen Siedlungstypen des 18. Jahrhunderts" vage oder keine Kriterien (Schwellenwerte) angibt und somit über eine deskriptive Erfassung nicht hinauskommt. Die wohl am ehesten auf den historischen Rahmen anwendbare Typisierung der "Siedlungen nach der sozialen Schichtung der Bewohner" von LIENAU (1972, S. 33) erweist sich aber wenig praktikabel, da

Tabelle: 12

DIE GRUNDBESITZSTRUKTUR DER ZAHLENSTÄRKSTEN SOZIALGRUPPEN IN DEN LANDGEMEINDEN NACH GEMEINDETEILEN UM 1842

Name	Typ	Sozialgruppen Anzahl				Sozialgruppen Flächenanteil				Bevölkerung absolut	bereinigte Bev.dichte
		Bauern	Häusler Taglöh.	Hand-werker	SUMME	Bauern	Häusler Taglöh.	Hand-werker	SUMME		
Aholming	II3	23	10	18	51	547	27	44	618	352	57
Isarau	I 2	2	8	11	21	19	23	25	67	174	260
Penzling	IV	17	2	1	20	419	3	3	425	205	48
Tabertshausen	II1	13	14	3	30	409	45	3	457	213	47
Aholming	II1	3	8	1	12	145	27	3	175	83	45
Aicha a.D.	II2	15	11	5	31	249	37	21	307	248	81
Thundorf	III1	33	14	3	50	457	57	15	529	287	54
Haardorf	II3	13	5	9	27	337	11	22	370	226	61
Mühlham	II2	3	3	3	9	65	9	4	78	58	74
Ruckasing	III1	7	3	-	10	118	11	-	129	86	66
Aicha a.D.	II3	2	1	2	5	25	1	4	30	32	106
Albersdorf	IV	13	-	2	15	413	-	1	414	133	32
Albersdorf	IV	59	10	8	77	1318	21	15	1354	640	47
Aldersbach	I 3	3	6	16	25	62	6	47	115	182	158
Weng	II2	11	7	1	19	173	25	4	202	102	50
Hollerbach	III1	6	4	-	10	110	17	-	127	82	65
Karling	I 1	2	8	2	12	104	7	4	115	152	132
Aldersbach	III3	19	10	7	36	630	26	22	678	399	59
Alkofen	III2	8	2	2	12	106	6	4	116	113	97
Dorf	II2	4	3	3	10	84	11	1	96	79	82
Hennermais	I 1	3	9	-	12	23	28	-	51	51	100
Hördt	I 3	-	1	10	11	-	1	5	6	71	1183
Hölzlöd	I 1	2	9	2	13	47	20	1	68	89	131
Pleckental	I 1	-	25	13	38	-	27	10	37	202	546
Thannet	I 1	-	32	13	45	-	48	29	77	198	257
Alkofen	III1	49	28	22	99	1166	69	25	1260	1182	94
Altenmarkt	II2	20	30	39	89	563	22	29	614	800	130
Arbing	III2	7	2	3	12	208	8	5	221	122	55
Gramling	III1	11	3	1	15	175	11	2	188	26	14
Altenmarkt	III1	12	10	5	27	368	35	17	420	246	59
Anning	III1	16	6	6	28	389	24	16	429	123	29
Eschlbach	II1	4	10	-	14	110	32	-	142	116	82
Harbach	II1	8	6	-	14	170	17	-	187	109	58
Aunkirchen	III1	11	3	-	14	132	12	-	144	184	128
Liessing	II2	6	4	4	14	121	8	11	140	107	76
Mattenham	II2	9	5	1	15	117	13	7	137	108	79
Maierholz	I 1	2	8	2	12	16	35	8	59	94	159
Schönerding	III1	16	6	2	24	235	21	9	265	147	55
Aunkirchen	III1	34	12	7	53	981	42	11	1034	408	39
Beutelsbach	II3	10	3	5	18	318	9	9	336	173	51
Beutelsbach	IV	76	15	13	104	1581	24	36	1641	865	53

Buchhofen	III2	27	8	10	45	649	21	8	678	385	57
Buchhofen	III2	4	1	1	6	120	3	4	127	64	50
Eging	II3	7	-	7	14	126	-	25	151	108	71
Eging	IV	37	1	7	45	1059	3	20	1082	597	55
Forsthart	I 1	9	85	15	109	59	279	37	375	796	212
Galgweis	II3	7	6	12	25	185	8	19	212	215	101
Garham	II3	13	3	11	27	251	7	25	283	231	82
Garham	III2	70	20	23	113	1552	62	59	1673	803	48
Gergweis	II2	20	15	19	54	584	38	47	669	389	58
Göttersdorf	I 1	5	19	8	32	117	34	14	165	211	128
Willing	II2	7	5	2	14	169	2	3	174	114	66
Holzhäuser	I 1	-	22	-	22	-	82	-	82	150	183
Absdorf	II1	5	5	1	11	114	17	6	137	80	58
Haidenburg	I 3	-	11	15	26	-	7	22	29	211	728
Uttigkofen	III2	12	2	5	19	253	4	16	273	152	56
Freundorf	III1	8	3	2	13	169	5	6	180	95	53
Mistlbach	IV	11	-	-	11	223	-	-	223	82	37
Haidenburg	IV	32	6	4	42	667	9	-	676	323	48
Hilgartsberg	I 3	3	4	10	17	79	5	20	104	152	146
Zaundorf	III2	6	1	3	10	125	3	12	140	72	51
O.Schöllnach	II2	5	5	8	18	77	8	21	106	136	128
Leithen	I 3	1	5	8	14	18	6	14	38	84	221
Hilgartsberg	III1	48	25	16	89	1058	85	48	1191	716	60
O. Iglbach	IV	8	-	2	10	177	-	2	179	98	55
Neustift	I 2	4	15	2	21	60	53	5	118	107	91
Unterthannet	I 2	-	33	10	43	-	75	20	95	189	200
Iglbach	III1	73	14	13	100	1741	50	37	1828	992	54
Kirchberg	III2	83	10	22	115	2056	31	78	2165	1021	47
Kirchdorf	II3	10	3	6	19	170	2	4	176	169	96
Kirchdorf	IV	3	-	-	3	86	-	-	86	34	40
Raffelsdorf	III2	8	-	5	13	131	-	11	142	109	77
Königbach	IV	13	-	1	14	214	-	-	214	116	54
Hinterhainberg	I 2	3	5	7	15	30	14	13	57	81	142
Vorderhainberg	I 3	-	3	9	12	-	8	21	29	61	210
Steinkirchen	II1	3	5	1	9	44	6	1	51	37	73
Königbach	IV	12	-	-	12	242	-	-	242	85	35
Künzing	II3	6	4	10	20	168	19	21	208	222	106
Girching	III2	17	3	5	25	299	5	7	311	244	78
Thannberg	I 1	-	10	4	14	-	15	6	21	78	371
Zeitlarn	II1	9	8	2	19	148	14	1	163	147	90
Wallerdorf	III1	10	3	2	15	203	12	4	219	137	63
Inkam	III1	8	2	2	12	164	4	4	172	93	54
Bruck	III2	10	1	5	16	130	2	5	137	127	93
Langenkünzing	II2	9	6	1	16	125	16	2	143	101	70
Herzogau	II1	7	4	-	11	103	22	-	125	89	71
Künzing	III1	36	24	2	62	777	71	7	855	764	89

Langenamming	III2	12	1	2	15	309	2	7	318	172	54
Maging	III1	7	1	1	9	112	4	2	118	72	61
Reisach	II1	5	9	-	14	81	40	-	121	91	75
Untergessenbach	III1	11	5	2	18	155	12	3	170	139	82
Schmiedorf	III1	9	4	1	14	155	13	7	175	97	55
Obergessenbach	III1	13	5	2	20	323	24	7	354	157	44
Langenamming	III1	11	7	2	20	379	21	4	404	184	46
Langenisarhofen	II2	28	13	12	53	797	51	22	870	419	48
Langenisarhofen	II1	1	2	-	3	10	7	-	17	23	135
Moos	I 2	4	26	13	43	44	56	29	129	367	284
Niederleiten	III1	6	3	1	10	103	11	3	117	64	55
Sammern	I 1	-	9	-	9	-	5	-	5	53	1060
Moos	III1	11	2	1	14	303	9	3	315	140	44
Neusling	II2	10	6	8	24	321	15	14	350	212	61
Niedermünchsdorf	III1	10	2	1	13	261	3	1	265	129	49
Niederpöring	II3	17	8	20	45	447	25	32	504	364	72
Tiefenweg	I 2	2	26	23	51	19	82	15	116	160	138
Oberndorf	I 1	6	19	2	27	113	18	1	132	199	150
Oberpöring	II2	22	21	18	61	429	47	62	538	404	75
Otterskirchen	I 3	2	-	12	14	51	-	18	69	115	166
Otterskirchen	IV	84	7	16	107	2041	14	52	2107	941	45
Ottmaring	II3	13	4	20	37	359	6	17	382	281	74
Manndorf	III1	9	2	1	12	158	11	1	170	100	59
Ramsdorf	I 3	6	5	20	31	149	13	37	199	236	119
Ramsdorf	III1	3	6	1	10	117	5	-	122	69	57
Rathsmannsdorf	II3	9	3	8	20	215	12	35	262	170	65
Rathsmannsdorf	IV	57	6	3	66	1579	21	7	1607	592	37
Söldenau	I 2	1	7	14	22	15	7	29	51	172	337
Holzkirchen	I 2	1	4	2	7	13	15	-	28	57	203
Söldenau	III2	36	19	22	77	906	32	41	979	597	61
Walchsing	II2	18	16	22	56	373	33	71	477	402	84
Kriestorf	II3	12	4	6	22	383	11	22	416	228	55
Gainstorf	III1	5	2	1	8	177	7	1	185	78	42
Walchsing	III1	15	18	-	33	436	44	-	480	228	48
Wallerfing	III2	14	-	5	19	280	-	25	305	188	62
Haideröd	I 1	1	5	1	7	8	20	4	32	35	109
Neubachling	I 1	-	5	3	8	-	16	8	24	40	167
Bachling	II2	5	3	3	11	159	14	12	185	96	52
Herblfing	III1	7	2	1	10	154	5	1	160	88	55
Wallerfing	III1	14	3	1	18	339	11	5	355	183	51
Wisselsing	III2	29	3	11	43	649	2	11	662	352	53
Linzing	IV	9	2	-	11	224	-	-	224	103	46
Wisselsing	II1	2	4	1	7	22	16	7	45	54	120

sie auf den seltenen Fall einer "sozial homogen" strukturierten Siedlung (nach ländlicher Ober-, Mittel- Unterschicht) abzielt, für den häufigeren Fall der "sozial heterogen zusammengesetzten" Siedlungen keinerlei Merkmale, deren Gewichtung und Begrenzung angibt.

Für eine objektive Analyse, die zudem den Anspruch erhebt, innerhalb regionaler Grenzen auch Allgemeingültigkeit zu besitzen, ist die Festlegung eines einheitlichen Beurteilungsmaßstabs in Form von Schwellenwerten für die Merkmale oder Merkmalskombinationen eine grundlegende Voraussetzung. Daher wurden die Gruppen Bauern, Häusler/Taglöhner und Handwerker sowohl nach ihren numerischen wie Flächenanteilen im Strukturdreieck der Abb. 2 eingetragen. Da das Abbild des Zahlenanteils und des Flächenanteils inhaltlich nicht identisch sind, mußte nun eine Reihenfolge, d.h. eine Gewichtung vorgegeben werden. Entsprechend der überragenden Bedeutung des Bodenanteils zur Charakterisierung einer "flächengebundenen Agrargesellschaft" wurde dem Flächenanteil als dem primären Merkmal der Vorrang gegeben. Der weitere Schritt, innerhalb jeweils einer Darstellung von den Bauern als der gesellschaftlichen Kerngruppe auszugehen, lag ebenso nahe. Durch geeignete Projektion der Schwellenwerte gelangt man in der Darstellung des Flächenanteils zu vier Grundtypen in Landgemeinden, die in der wesentlich stärkeren Streuung der Darstellung des numerischen Anteils der Gruppen eine feinere Differenzierung erlaubt (Abb. 2). Beide Diagramme in der Zusammenschau ergeben dann ausgehend von 4 Grundtypen insgesamt 9 sozialgeographische Siedlungstypen des ländlichen Raumes, die natürlich noch um den eigenständigen Typ der Stadt- und Marktsiedlung erweitert werden müssen. Damit sind die Typen bereits weitgehend fixiert. Das dritte Merkmal der bereinigten Bevölkerungsdichte kann zugeordnet werden, da eine weitgehende Abhängigkeit zwischen sozioökonomischer Struktur und Bevölkerungsverteilung existiert. Dies ergibt sich auch aus einer nach den vier Grundtypen differenzierten Häufigkeitsverteilung der Dichten, auf deren Wiedergabe hier verzichtet wird.

Die Einzelkennzeichnung der Typen unter Angabe der Schwellenwerte ist der Legende zu Karte 5 zu entnehmen!

Mit der Bildung sozialgeographischer Typen wird demnach in einer Synthese der Versuch unternommen, das Kräfteverhältnis der Gruppen sowie den räumlichen Niederschlag ihres vorangegangenen Wirkens in einer Momentaufnahme unter Einbeziehung sozial- und bevölkerungsgeographisch faßbarer, quantifizierter Aspekte wiederzugeben. Dabei werden Siedlungen im traditionellen Sinne als Einheit von Ort und Flur betrachtet.

Die Außerachtlassung der restlichen Gruppen, Individuen und Organisationen geschieht nicht aus der Überlegung heraus, daß sie aufgrund ihres geringen Anteils etwa bedeutungslos für die Struktur wären, sondern letztlich aus dem Mangel an Darstellbarkeit hochkomplexer Systeme mit konventionellen Mitteln.

Die charakterisierende Bezeichnung der nunmehr fünf Grundtypen

- 0 Stadt- und Marktsiedlung
- I Nichtbäuerliche Siedlung
- II Gemischtbäuerliche Siedlung
- III Dominantbäuerliche Siedlung
- IV Reinbäuerliche Siedlung

Legende zu Karte 5

SOZIALGEOGRAPHISCHE SIEDLUNGSTYPEN IM LÄNDL. RAUM OSTNIEDERBAYERNS MITTE 19. JH.

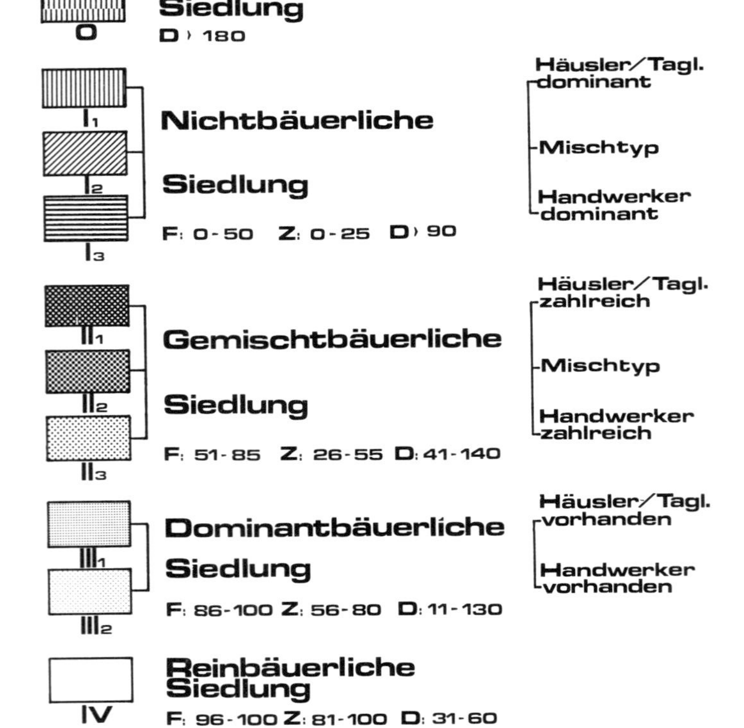

F: FLÄCHENANTEIL d. GRUPPE „BAUERN" in %

Z: ZAHLENANTEIL d. GRUPPE „BAUERN" in %

D: BEREINIGTE BEVÖLKERUNGSDICHTE

Karte 5

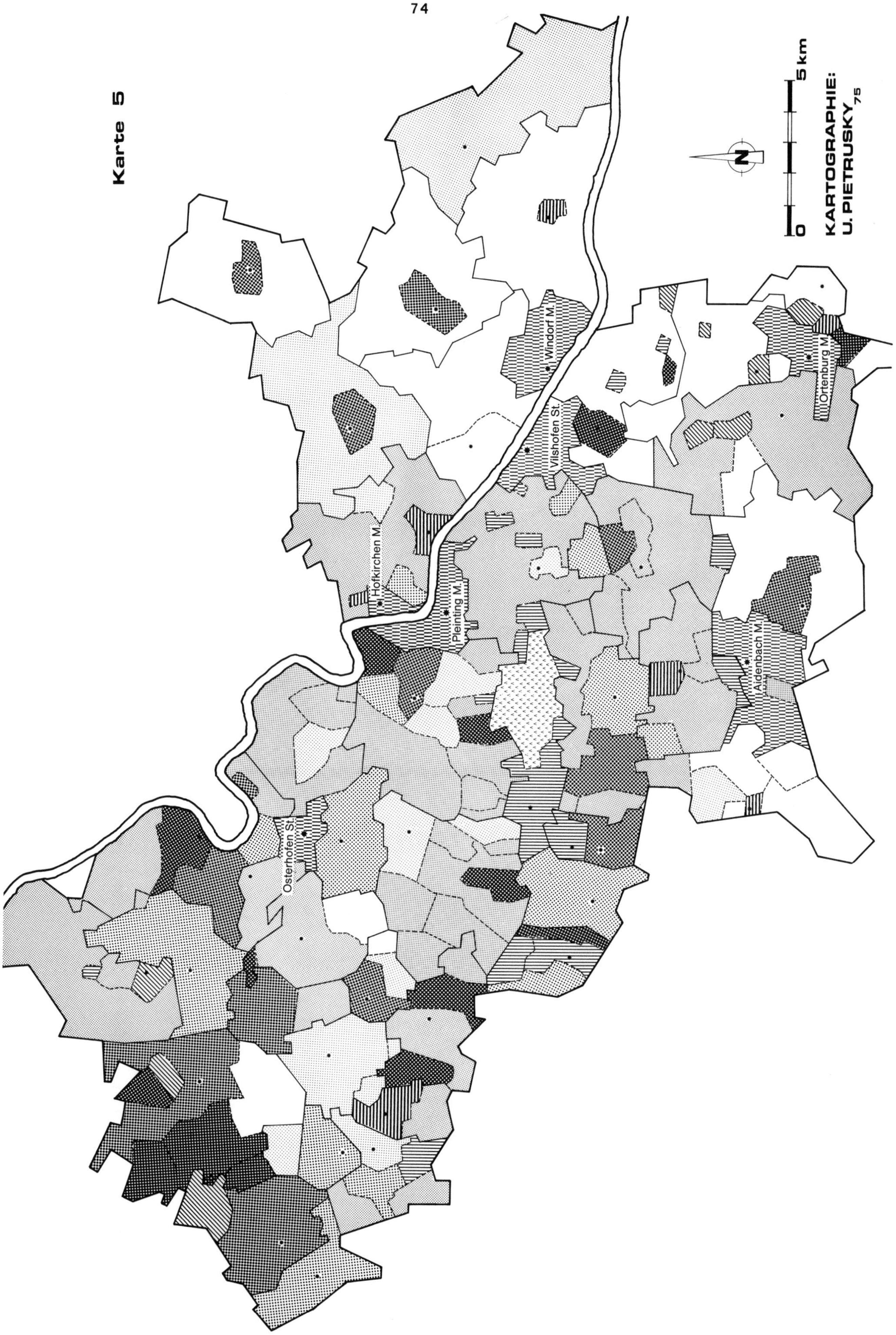

Osterhofen St.
Hofkirchen M.
Pleinting M.
Vilshofen St.
Windorf M.
Aidenbach M.
Ortenburg M.
N
0 5 km

KARTOGRAPHIE:
U. PIETRUSKY 75

ABB.: 2

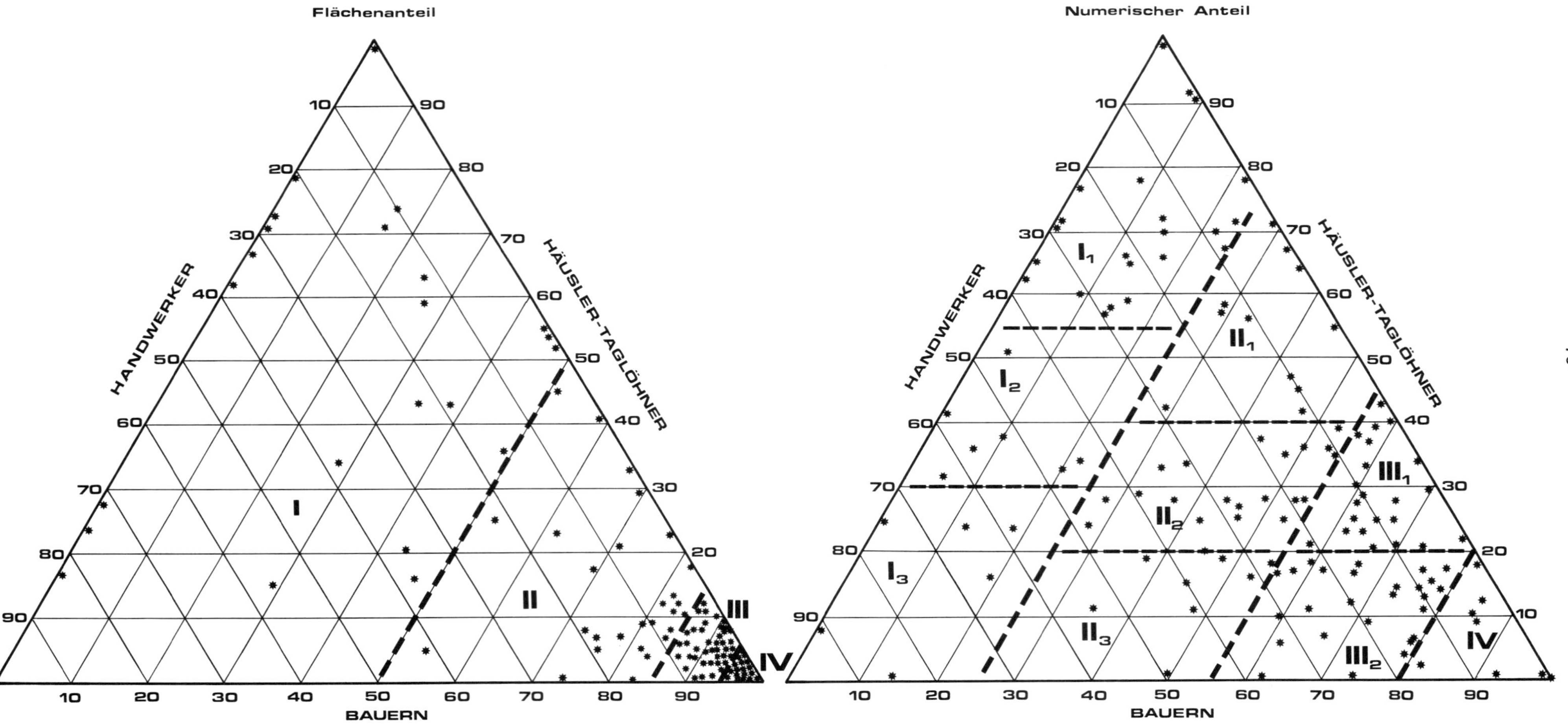

ERFASSUNG UND TYPISIERUNG DES LÄNDLICHEN RAUMES IM UG ÜBER DEN ANTEIL DER GRUPPEN AM BODEN UM DIE MITTE DES 19. JH. NACH GEMEINDETEILEN (ohne Städte/Märkte)

ENTWURF UND KARTOGRAPHIE:
ULRICH PIETRUSKY

läßt das Grundprinzip durchscheinen, innerhalb der Verteilung der Verfügungsgewalt über den Boden und damit wesentlich der Produktionsmittel, der Kerngruppe Bauern besonderes Gewicht zu verleihen.

Die Karte 5 gibt Lage und Verteilung der Siedlungstypen im Raum wieder. Als wichtigstes und etwas überraschendes Ergebnis läßt sich die Häufung nicht- und gemischtbäuerlicher Siedlungen im Bereich des Dungaus und des Tertiären Hügellandes feststellen, während sich die dominant- und reinbäuerlichen Siedlungen in den Landgemeinden des Vorwaldes einheitlich ausbreiten.

Es ist also auf dieser Stufe der Betrachtung wiederum festzuhalten, daß die raumwirksamen Prozesse in der 1. Hälfte des 19. Jh. den Bereich des Vorwaldes im UG nahezu nicht berührt haben und somit die traditionelle Dominanz der bäuerlichen Gruppe zumindest noch für Jahrzehnte konserviert blieb.

Weiterhin ist festzuhalten, daß der periphere Bereich des Forsthartrückens etwa W Vilshofens bis an die Isar (im NW Kartenrand) als Siedlungsstandort typenbildend wirkte, wie ähnliche Bereiche im SE Hügelland.

Der Typ der gemischtbäuerlichen Siedlung blieb weitgehend den beiden Einheiten Vilstal und Osterhofener Bucht vorbehalten. Er ist in aller Regel dort zu finden, wo außerhalb von Neugründungen traditionelle Strukturen durch Kirche und Adel beeinflußt, jedoch nicht einseitig und nachhaltig geprägt wurden.

Um letztlich auch eine Ausgangsbasis für die Struktur der Siedlungen und das Gewicht der Gruppen für die aktuelle Analyse zu gewinnen, wird abschließend zu diesem Problemkreis eine Übersicht der Typen für die Landgemeinden des UG vorgestellt. Nachfolgende Aufstellung und die Abb. 3 vermitteln einen Eindruck über die Größenordnungen, mit denen die jeweiligen Typen charakterisiert sind:

Typ	Anteil an Gmde.teilen	Anteil an der Gesamtheit der Besitzer	Flächenanteil	Anteil der Bev.	Dichte E/qkm
I	24 %	20 %	6 %	17 %	185
II	31 %	27 %	24 %	26 %	72
III	34 %	38 %	46 %	40 %	57
IV	11 %	15 %	24 %	17 %	45

Es ist für das UG festzuhalten,

daß der nichtbäuerliche Bevölkerungsanteil umfänglich ist und teilweise sogar prägende Kraft besitzt,

die nichtbäuerlichen Siedlungstypen keine geographische Singularität darstellen,

somit der Untersuchungsraum nicht pauschal und vereinfachend als "Bauernland" bezeichnet werden kann, auch wenn insgesamt die Bauern als Kerngruppe wesentlich strukturbestimmend sind.

ABB.: 3

ANTEIL DER SOZIALGEOGRAPHISCHEN SIEDLUNGSTYPEN AM LÄNDLICHEN RAUM DES 19. JAHRHUNDERTS
(UG ohne Märkte u. Städte)

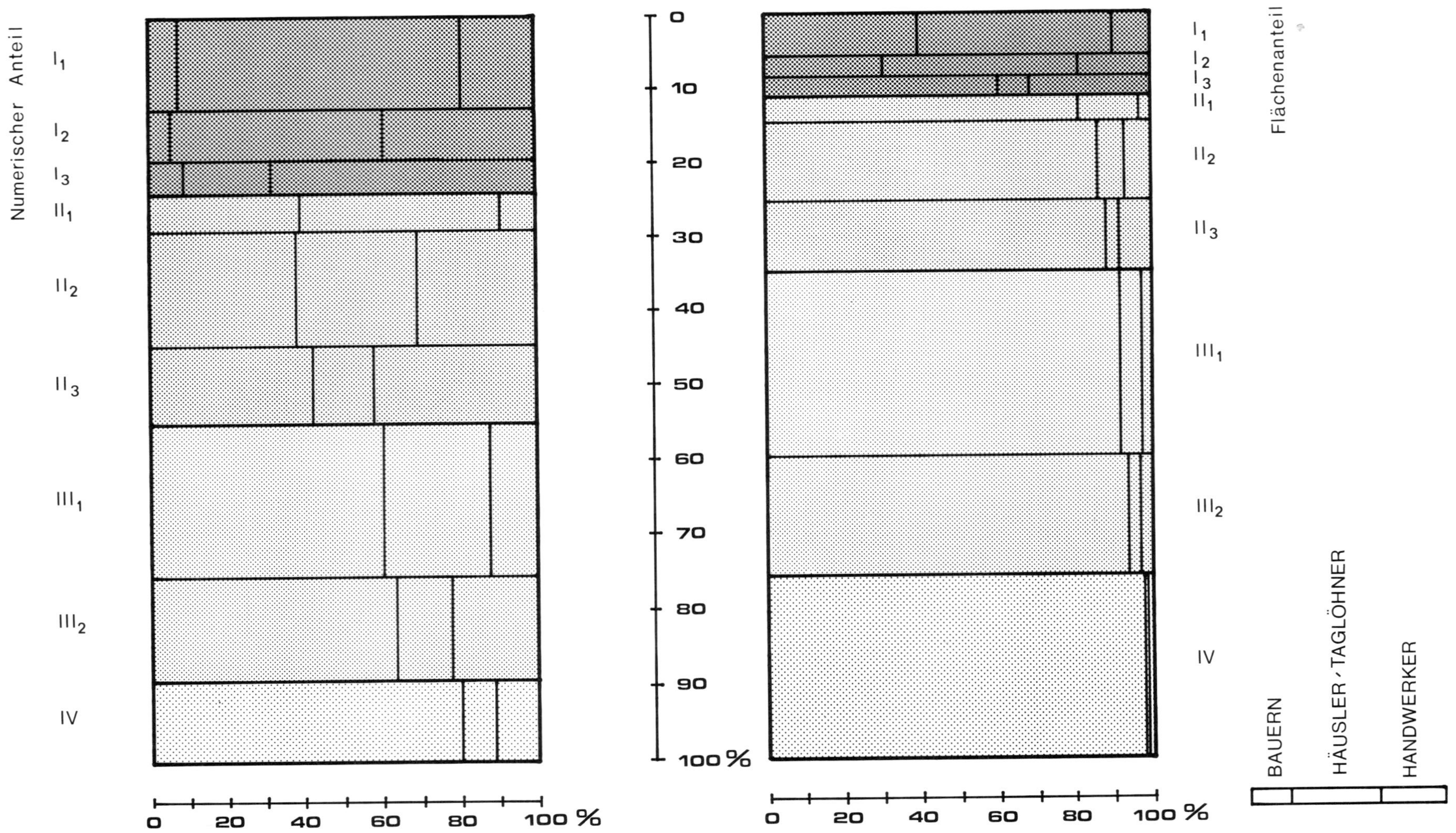

2.4. Die Sozialstruktur des UG unter dem aktionsräumlichen Aspekt

2.4.1. Die Struktur der Ausmärkerbeziehungen

Unter der von uns mit Einschränkungen zu machenden Voraussetzung, daß Sozialgruppen Träger von Prozessen sind, "muß es für den Geographen von größter Bedeutung sein, die Reichweite kennenzulernen, innerhalb der die einzelnen Sozialgruppen agieren..." (RUPPERT 1968, S. 172), eine Aufgabe, die DÜRR (1972, S. 74) für die "topologische Sozialgeographie" wiederholt. Während HARTKE (1959, S. 427) die Reichweite der Teilnahme am Produktions- bzw. am Marktgeschehen "als lokal sehr begrenzt" bezeichnet, spricht RUPPERT allgemeiner von einer effektiven gruppenspezifischen Reaktionsweite" in Abhängigkeit vom Besitz und einer "potentiellen" in Abhängigkeit eines (nicht näher beschriebenen) sozioökonomischen Spektrums von Merkmalen (1968, S. 172). Es ist also von einem über Sozialgruppen festgelegten Aktionsraum auszugehen, der für einen historischen Schnitt wesentlich deutlicher festgelegt werden kann als für einen aktuellen. Gleichzeitig stellt sich aber die Frage nach Kriterien sowie der Möglichkeit ihrer Erfassung und Darstellung, die für eine historische Betrachtung zunächst nur in äußerst beschränkter Zahl zur Verfügung stehen. Für quantitativ belegbare Analysen bieten sich die Erfassung des Aktionsraums über die Ausmärkerbeziehungen und Heiratskreise an, zumal die erstere Methode in der vorliegenden Arbeit auf die Totalerhebung der Grundbesitzer für das gesamte UG zurückgreifen kann. Die Frage nach Größe und gruppenmäßiger Differenzierung der Heiratskreise kann hingegen nur an ausgewählten Beispielen und mit spezieller Fragestellung diskutiert werden.

Dem Ausmärkerbesitz wurde insbesondere von RUPPERT (1959, S. 82) der Wert eines geographischen Index zuerkannt. Dieser Anspruch ist für eine historisch-strukturelle Betrachtung zu vertreten, während er für eine Längsschnittanalyse fragwürdig wird. An administrative Grenzen gebunden, verliert der Index sofort an Wert, wenn sich die Bezugseinheit Gemeinde in ihrem Umfang ändert. Dies ist keine akademische Überlegung, sondern innerhalb der gegenwärtigen kommunalen Gebietsreform die Regel. Insbesondere unter diesem Aspekt, aber auch unter dem Gesichtspunkt der inhaltlichen Änderung der Sozialstruktur der Grundbesitzer kann für eine gesamträumliche Analyse die Ausmärkerfläche als "ein Index für Zentralitätsschwankungen von Kleinstädten" wohl nur mit erheblichen Einschränkungen verwendet werden. Wenn dennoch die Analyse der Ausmärkerverflechtungen im (historischen) ländlichen Raum als Arbeitsmethode diskutiert wird, so geschieht dies einmal aus der Erkenntnis heraus, daß die über die zunächst als geschlossen betrachteten Gemeinden hinausreichende Besitzfläche einen ganz erheblichen Anteil im UG ausmachen, zum anderen aus der Notwendigkeit, die Darstellung der Besitzstruktur um die gruppenmäßig differenzierten Ausmärkerflächen außerhalb der Wohngemeinden zu komplettieren.

Da in der folgenden Analyse die Beziehungen nicht punktuell und einphasig, sondern für das UG flächendeckend betrachtet werden, muß zum besseren Verständnis eine Begriffsabgrenzung vorgenommen werden. Da derselbe "Ausmärker" gelegentlich in mehreren Gemeinden oft gleichzeitig vorkommen kann, wird bei einer numerischen Betrachtung nicht von der Person, sondern von dem "Ausmärkerfall" gesprochen. Da weiterhin nach der bisherigen Benennung die Person aus A in B und umgekehrt B in A als "Ausmärker" bezeichnet werden und dies bei mehrphasiger Betrachtung verwirrend wird, soll im folgenden (analog etwa zu Exklave und Enklave) zwischen Ausmärker(fläche) und Einmärker(fläche) getrennt werden.

Ausmärker: ist demnach jene Person,die außerhalb ihrer Wohngemeinde über Grundbesitz verfügt;

Ausmärkerfläche: jene Besitzfläche, die außerhalb der Wohngemeinde liegt;

Einmärker: jene Person, die in einer Gemeinde über Grundbesitz verfügt, aber nicht in dieser wohnt;

Einmärkerfläche: Fläche innerhalb einer Gemeinde, deren Besitzer außerhalb dieser wohnt.

Durch die Zuordnung grundsätzlich jeder Einmärkerfläche über ihre Bezugsgruppe zur Herkunftsgemeinde des Besitzers entstand die in Tab. 13 und 14 dargestellte Matrix der Ausmärkerbeziehungen für das UG. Die Erfassung von Ausmärkerflächen und -fällen außerhalb des UG (mit Besitzern im UG) war aus erhebungstechnischen Gründen nicht möglich.

Die Tabelle 13 gibt die Zahl der Aus- bzw. Einmärkerfälle im UG um 1842 wieder. Betrachten wir lediglich die A u s märkerfälle, so steht die Stadt Osterhofen mit 193 an der Spitze des UG. Osterhofen ist ein Beispiel dafür, daß bei für Städte und Märkte typische kleiner Gemarkungsfläche die Ausmärkerfälle, aber auch -flächen, überdurchschnittlich hoch sind. Ein allgemein gültiger Zusammenhang zwischen Gemeindegröße und Ausmärkerhäufigkeit und -umfang läßt sich jedoch nicht herstellen. Eine zweite Gruppe mit sehr zahlreichen Ausmärkerfällen bilden Landgemeinden wie Aholming (153), Ottmaring (116) und Wisselsing (109), die alle in der Osterhofener Bucht des Dungaus liegen.

Insbesondere die Nachbargemeinden der eben genannten weisen auf der anderen Seite hohe Zahlen von E i n märkerfällen auf, z.B. Altenmarkt (232), Langenisarhofen (203), Aicha a.D. (127), Künzing (105), Aldersbach (101) (S. Tab. 13).

Für das geschlossene UG ergibt sich so eine Summe von insgesamt 2092 Einmärker- bzw. Ausmärkerfällen. Doch bereits die Tabelle 13 läßt erkennen, daß die Variationsbreite erheblich ist.

Die Tabelle 14 verdeutlicht in der Matrix den Flächenumfang bei wiederum geschlossener Betrachtung des UG. Hier setzt sich die unregelmäßige Verteilung noch stärker fort. Die Gemeinden Moos mit 688,6 ha, die Stadt Vilshofen mit 443,7 ha, die Stadt Osterhofen mit 376,8 ha, Aholming mit 418,3 ha stehen beispielsweise anderen Gemeinden mit wesentlich geringeren A u s märkerflächen gegenüber wie Zeitlarn (1,8 ha) und Eging (2,3 ha). Insgesamt bedeuten die rd. 4 800 ha Ein- bzw. Ausmärkerflächen im geschlossenen UG rd. 8 % des Gesamtareals bzw. rd. 9,2 v.H. der von uns erfaßten Besitzfläche. Sie erhöht sich noch um den Betrag von mehr als 600 ha Einmärkerfläche von Besitzern außerhalb des UG.

Um aber den Mangel an Vergleichbarkeit bei unterschiedlichen Grössen der Gemeinden zu beheben, wurden die Ein- bzw. Ausmärkerflächen in Tab. 15 auf die jeweilige Gemeindefläche bezogen.

Tab: 13

MATRIX DER AUSMÄRKERBEZIEHUNGEN IM RAUM OSTERHOFEN - VILSHOFEN UM 1840 NACH ZAHL

EINMÄRKER in \ AUSMÄRKER aus	Aholming	Aicha a.D.	Aidenbach M.	Albersdorf	Aldersbach	Alkofen	Altenmarkt	Anning	Aunkirchen	Beutelsbach	Buchhofen	Eging M.	Forsthart	Galgweis	Garham	Gergweis	Göttersdorf	Haidenburg	Hilgartsberg	Hofkirchen M.	Iglbach	Kirchberg	Kirchdorf	Königbach	Künzing	Langenamming	Langenisarhofen	Moos	Neusling	Niedermünchsdorf	Niederpöring	Oberndorf	Oberpöring	Ortenburg M.	Osterhofen St.	Otterskirchen	Ottmaring	Pleinting M.	Ramsdorf	Rathsmannsdorf	Söldenau	Vilshofen St.	Walchsing	Wallerfing	Windorf M.	Wisselsing	Zeitlarn	EINMÄRKERFÄLLE im UG	EINMÄRKERFÄLLE von außerhalb des UG	EINMÄRKERFÄLLE GESAMT
Aholming	—										5																2	4	6		10						11		1					13		1		53	57	107
Aicha a.D.		—					21				12												2		1	2	13	1		11					39		12									13		127		127
Aidenbach M.			—		10					5																																						15	1	16
Albersdorf				—																					1															2		6			8			17		17
Aldersbach			24		—	2			3	14			3					25			1																					2	27					101	13	114
Alkofen						—			2																4													8				28	1					43		43
Altenmarkt	1	20					—	1			5									1			5		27	36	1		1	6					89			3				1				35		232	1	233
Anning	24							—			7												18			3			1						3		4		2							1		63	1	64
Aunkirchen			4		7	11			—	5			2					1			10																	1			1	3	2				1	48		48
Beutelsbach			3		1				1	—								1			3																											9	7	16
Buchhofen								4			—																		1								5		11					4				25		25
Eging M.												—																																					2	2
Forsthart		1					6						—	2		1							1		24	11		1				16			1								13			1		78		78
Galgweis													1	—												1						15											2					19	3	22
Garham				1								2			—				4	1																				1					1			15	5	15
Gergweis													4	7		—	5									2						5											2			1		26	6	32
Göttersdorf								3								2	—						1			1						2																9	12	21
Haidenburg					7													—																									6					13	16	29
Hilgartsberg				1											7				—	60																						1						69	11	80
Hofkirchen M.																			17	—																												17	2	19
Iglbach				1						13											—													2							27							43	24	67
Kirchberg												1										—														1				1								2	5	7
Kirchdorf																							—			3											6									4		14		14
Königbach																								—										18														18	14	32
Künzing		3				3	16						6						2	14			1		—	22				1					15			22										105	1	106
Langenamming							8	2															11		1	—									1											3		26	1	27
Langenisarhofen	3	31									5												2				—	36		3					1		21									10		112		112
Moos	76	15									29												4				49	—									20							2		8		203	21	224
Neusling	4										1																		—										3					7				15		15
Niedermünchsdorf		20					4																				2	1		—					12		5									19		63		63
Niederpöring	18										2																		8		—		19				2		2					10				61	18	79
Oberndorf													1	4		4																—											1					10		10
Oberpöring																															13		—											12				25	40	65
Ortenburg M.																					6			7										—							8							21		21
Osterhofen St.							12				7												2		2	2				2					—		3											30		30
Otterskirchen																						7														—				5								12	1	13
Ottmaring											12												3				3										—									12		30		30
Pleinting M.						6														1					8													—				1	1					17	1	18
Ramsdorf								3			4																		1										—					5				13		13
Rathsmannsdorf				3											5							5														4				—		1			5			23	21	44
Söldenau																					8													5							—	1					1	15	5	20
Vilshofen St.						8			3																																	—			7			18		18
Walchsing					6	3			2				4	3				16								1						7										1	—					43	4	47
Wallerfing	27										4																		14		17		18						7					—		1		88	6	94
Windorf M.				2																																									—			2		2
Wisselsing		2					7																9			4				8					32		27									—		89		89
Zeitlarn																																									4	16					—	20	5	25
GESAMTZAHL der AUSMÄRKERFÄLLE	153	92	32	7	31	33	74	13	11	37	94	3	21	16	12	8	5	43	23	77	28	12	59	7	68	90	69	42	32	31	40	45	37	25	193	5	116	34	26	9	40	61	55	53	21	109	2	2092	301	2393

ULRICH PIETRUSKY

Tab: 14

MATRIX DER AUSMÄRKERBEZIEHUNGEN IM RAUM OSTERHOFEN - VILSHOFEN UM 1840 NACH FLÄCHE

EINMÄRKER in \ AUSMÄRKER aus	Aholming	Aicha a.D.	Aidenbach M.	Albersdorf	Aldersbach	Alkofen	Altenmarkt	Anning	Aunkirchen	Beutelsbach	Buchhofen	Eging M.	Forsthart	Galgweis	Garham	Gergweis	Göttersdorf	Haidenburg	Hilgartsberg	Hofkirchen M.	Iglbach	Kirchberg	Kirchdorf	Königbach	Künzing	Langenamming	Langenisarhofen	Moos	Neusling	Niedermünchsdorf	Niederpöring	Oberndorf	Oberpöring	Ortenburg M.	Osterhofen St.	Otterskirchen	Ottmaring	Pleinting M.	Ramsdorf	Rathsmannsdorf	Söldenau	Vilshofen St.	Walchsing	Wallerfing	Windorf M.	Wisselsing	Zeitlarn	EINMÄRKERFLÄCHE im UG in ha	EINMÄRKERFLÄCHE von außerhalb des UG in ha	EINMÄRKERFLÄCHE GESAMT in ha
Aholming											8.9																0.4	3.0	9.0		8.4						36.4		1.0					51.6		3.5		122.0	247.6	369.6
Aicha a.D.							30.0				16.2												5.1			0.8	15.7	0.7		37.0					60.0		12.5									13.0		191.0		191.0
Aidenbach M.					7.5					6.2																																						13.7	0.5	14.2
Albersdorf																									1.3															2.9		18.1			14.5			36.8		36.8
Aldersbach			72.9			1.4			5.0	21.3			2.4					27.3			1.0																					23.4	24.5					179.2	9.6	188.8
Alkofen									3.4																26.3													43.0				78.7	0.3					151.7		151.7
Altenmarkt	0.3	47.3						0.6			8.4									0.4			3.6		23.6	90.7			0.4	8.8					230.9		6.1	5.7				0.3				61.3		488.4	0.6	489.0
Anning	103.0										20.4												13.2			5.4			1.5						12.9		7.4		1.6							27.4		192.8	21.7	214.5
Aunkirchen			6.1		11.3	14.4				4.4			2.2					6.5			10.1																2.6				7.1	7.9	3.2				0.6	76.4		76.4
Beutelsbach			3.0		0.3				0.7									1.4			2.0																											7.4	6.8	14.2
Buchhofen								1.4															10.5						0.3								3.2		5.4									20.8		20.8
Eging M.																																																	0.1	0.1
Forsthart		2.6					12.2							5.6		2.7							5.8		48.9		51.2	509.5				41.2			3.6								45.7			4.7		733.7		733.7
Galgweis													0.2													0.8						37.8											19.6					58.4	1.1	59.5
Garham				0.5								2.3							2.5	4.2																				0.1					12.5			22.1	3.2	25.3
Gergweis													1.7	9.9			3.4									6.5						23.4											24.6			2.6		72.1	4.6	76.7
Göttersdorf								1.0								4.3							2.4			5.1						3.3																16.1	13.6	29.6
Haidenburg					15.7																																						5.9					21.6	32.1	53.7
Hilgartsberg				8.7																78.7																						56.9						144.3	8.9	153.2
Hofkirchen M.																			13.1																													13.1	2.6	15.7
Iglbach			2.1							22.6																								0.5							38.0							63.2	44.8	108.0
Kirchberg																																				1.2				0.7								1.9	10.3	12.2
Kirchdorf											0.2															1.0											8.0									2.2		11.9		11.9
Königbach																																		16.0														16.0	9.3	25.3
Künzing		6.7				3.7	26.8						7.1					4.9		13.5			1.7			27.4				7.3					11.8			21.1										132.0	0.1	132.1
Langenamming							3.6	0.8															48.2		0.2										0.3											0.5		53.6	3.5	57.1
Langenisarhofen	1.4	46.3									10.5												1.1					175.4		8.2					0.5		51.8									8.2		303.4		303.4
Moos	242.0	21.6									154.5												1.6				166.4										70.7							2.4		13.5		672.7	55.1	727.8
Neusling	2.2										1.0																												1.1					7.3				11.6		11.6
Niedermünchsdorf		39.1					18.4																			2.4	1.1								13.3		3.9									21.8		100.0		100.0
Niederpöring	25.1										1.6																		8.9				22.3				1.6		1.8					51.4				112.7	33.2	145.9
Oberndorf													0.6	1.5		2.1																											0.1					4.3		4.3
Oberpöring																															18.8													16.2				35.0	74.9	109.9
Ortenburg M.																					3.1			4.1																	7.0							14.2		14.2
Osterhofen St.							5.4				5.3												1.5		0.6	0.8				1.2							1.9											16.7		16.7
Otterskirchen																						2.2																		4.7								6.9	0.5	7.4
Ottmaring											8.3												1.5			2.4																				9.5		21.7		21.7
Pleinting M.						5.2														0.4					6.9																	9.1	1.4					23.0	0.5	23.5
Ramsdorf								0.7			22.8											3.4							4.7															10.0				38.2		38.2
Rathsmannsdorf				2.2											4.6																					2.8						4.8			3.9			21.7	26.2	47.9
Söldenau																					22.2													2.7								3.8					1.2	29.9	3.3	33.2
Vilshofen St.						4.3			5.0																																				5.9			15.2		15.2
Walchsing					4.7	0.8			6.0				4.4	0.8				12.2								1.5						4.8										23.9						64.5	0.8	65.3
Wallerfing	44.3										12.7																		24.9		17.4		12.6						16.0							1.7		129.6	1.5	131.1
Windorf M.				0.6																																												0.6		0.6
Wisselsing		0.9					4.2																9.5			3.7				7.5					43.5		37.1											106.4		106.4
Zeitlarn																																									5.4	211.4						216.8	4.3	221.1
SUMME der AUSMÄRKERFLÄCHE	418.3	164.5	84.1	12.0	39.5	28.9	100.6	4.5	20.1	54.5	270.8	2.3	18.6	17.8	4.6	9.1	3.4	47.4	20.5	97.2	38.4	5.6	105.7	4.1	107.8	148.5	234.8	688.6	49.7	70.0	44.6	110.5	34.9	19.2	376.8	4.0	240.4	72.4	26.9	8.4	57.5	443.7	125.3	138.9	36.8	169.9	1.8	4784.8	621.2	5406.0

ULRICH PIETRUSKY

Auch aus Tab. 15 wird besonders deutlich, wie über die Ein- und Ausmärkerfläche, nun gemessen an der jeweiligen Bezugseinheit Gemeindegröße, der verfügbare Raum in sehr unterschiedlicher Art vermindert oder erhöht wird. So stehen Gemeinden mit einem relativen Ausmärkerflächenüberschuß von max. 383 % (Osterhofen) solche mit einem Defizit von max. 64 % (Forsthart) einer dritten Gruppe gegenüber, deren Bilanz ausgeglichen ist.

Als raumdifferenzierendes Element gewinnt die Struktur der Ein- und Ausmärker jedoch erst in ihrer räumlichen Verteilung Gewicht. Deshalb sind die Ergebnisse aus Tab. 15 in Karte 6 in Form eines Säulenkartodiagramms dargestellt, wobei absolute Höhe von Aus- und Einmärkerfläche, der absolute Saldo (Säulen) sowie der Saldo bezogen auf die Gemeindefläche (Flächensignatur) in ihrer räumlichen Wirksamkeit erkennbar sind.

Hohe Ausmärkerflächen bedingen nicht von vornherein hohe Überschüsse. Bei gleichzeitig großen Ein- und Ausmärkeranteilen ist für die betreffende Gemeinde die Intensität der räumlichen Verflechtung auf jeden Fall sehr hoch. Dies ist insbesondere bei den überwiegend bäuerlichen Flächenanteilen des Dungaus der Fall. Die Ausmärkerbeziehungen der Städte und Märkte mit dem Umland gestalten sich demgegenüber als weitgehend einphasiger Vorgang. Auch andere Beispiele aus Altbayern zeigen, daß gerade in den Märkten der Ausmärkerüberschuß bedeutend ist. Nach MAUERER (1971, S. 132 ff), der im übrigen nicht näher auf dieses Problem eingegangen ist, beträgt die Ausmärkerfläche in den Märkten

Nittenau	91 %	Rottenburg	95 %
Bergham	100 %	Altomünster	98 %
Holzkirchen	94 %	Kaltenbrunn	90 %

der jeweiligen Gemarkungsfläche, ohne daß auch hier der zahlenmäßige Anteil der Gruppe Bauern mit rd. 6 % bedeutsam gewesen wäre.

Insgesamt ergibt sich im Bild des UG die sehr eindeutige und wichtige Feststellung, daß nicht nur Intensität, sondern auch Umfang der Ausmärkerflächen und -beziehungen vom Dungau zum Vorwald wie zum Hügelland hin rasch abnehmen.

Die Frage nach den Ursachen der signifikanten räumlichen Differenzierung der Ausmärkerstruktur stellt sich somit als zentrales Problem. Über die Aufgliederung der Fläche nach Gruppen erhalten wir zumindest Hinweise auf strukturelle und funktionale Zusammenhänge. Die Übersicht der Tab. 16 gibt die gruppenspezifischen Anteile, jeweils auch für die Landgemeinden und Städte/Märkte getrennt, wieder. Während in den Landgemeinden eindeutig die Bauern dominieren und hier die "Sonstigen" ausschließlich dem Adel zugehören, bilden in den Städten/Märkten die "Sonstigen" (und hier wiederum Brauer/Wirte/Kaufleute) die bedeutsamste Gruppe.

Untersucht man auf der Basis von Gemeinden die Ausmärkerflächen getrennt nach den wichtigsten Gruppen, lassen sich folgende Trends erkennen:

> Auch die gruppenmäßig differenzierte Größe der Ausmärkerflächen nimmt einheitlich vom Dungau nach NE, E, SE, ab.

Tabelle: 15

AUSMÄRKERBILANZ IM LÄNDLICHEN RAUM OSTERHOFEN-VILSHOFEN UM 1842 NACH GEMEINDEN

Gemeinde	Gemeindefläche um 1842	Einmärkeranteil in ha	Einmärkeranteil in v.H. d. Sp.1	Ausmärkeranteil in ha	Ausmärkeranteil in v.H. d. Sp.1	Saldo Überschuß in ha	Saldo Defizit in ha	Anteil des Saldos an d. Gmde.fläche in v.H. (Überschuß)	Anteil des Saldos an d. Gmde.fläche in v.H. (Defizit)
Aholming	2689	122,0	5	418,3	16	296,3		11	
Aicha a.D.	1909	191,0	10	164,5	9		26,5		1
Aidenbach M.	480	13,0	3	84,1	18	71,1		15	
Albersdorf	1615	36,8	2	12,0	1		24,8		2
Aldersbach	1914	179,2	9	39,5	2		139,7		7
Alkofen	2003	151,7	8	29,8	1		121,9		6
Altenmarkt	2338	488,4	21	100,6	4		387,8		17
Anning	1074	192,8	18	4,5	-		188,3		18
Aunkirchen	1941	76,4	4	20,1	1		56,3		3
Beutelsbach	2033	7,4	-	54,5	3	47,1		3	
Buchhofen	851	20,8	2	270,8	32	250,0		29	
Eging	1272	-	-	2,3				-	
Forsthart	1124	733,7	65	18,6	2		715,1		64
Galgweis	314	58,4	19	17,8	6		40,6		13
Garham	2033	22,1	1	4,6	-		17,5		1
Gergweis	784	72,1	9	9,1	1		63,0		8
Göttersdorf	664	16,1	2	3,4	1		12,7		2
Haidenburg	1695	21,6	1	47,4	3	25,8		2	
Hilgartsberg	1812	144,3	8	20,5	1		123,8		7
Hofkirchen M.	186	13,1	7	97,2	52	81,4		45	
Iglbach	2382	63,2	3	38,4	2		24,8		1
Kirchberg	2221	1,9	-	5,6	-	3,7	-	-	
Kirchdorf	438	11,4	3	105,4	24	94,0		21	
Königbach	644	16,0	2	4,1	1		11,9		2
Künzing	2592	132,0	5	107,8	4		24,2		1
Langenamming	2139	53,1	2	148,5	7	95,4		4	
Langenisarhofen	905	303,4	34	234,8	26		68,6		8
Moos	2034	672,7	33	688,6	34	15,9		1	
Neusling	368	11,6	3	49,7	14	38,1		10	
Niedermünchsdorf	376	100,0	27	70,0	19		30,0		8
Niederpöring	1079	112,7	10	44,6	4		68,1		6
Oberndorf	167	4,3	3	110,5	66	106,2		64	
Oberpöring	739	35,0	5	34,9	5		0,1		-
Ortenburg M.	430	14,2	3	19,2	4	5,0		1	
Osterhofen St.	94	16,7	18	376,8	400	360,1		383	
Otterskirchen	2229	6,9	-	4,0	-		2,9		-
Ottmaring	717	21,7	3	240,4	34	218,7		31	
Pleinting M.	506	23,0	5	72,4	14	49,4		10	
Ramsdorf	461	38,2	8	26,9	6		11,3		2
Rathsmannsdorf	1946	21,7	1	8,4	-		13,3		1
Söldenau	1266	29,9	2	57,5	6	27,6		2	
Vilshofen St.	618	15,2		443,7	72	428,5		69	
Walchsing	1744	64,5	4	125,3	7	60,8		4	
Wallerfing	1247	129,6	10	138,9	11	9,3		1	
Windorf M.	376	0,6	-	36,8	10	36,2		10	
Wisselsing	1072	106,4	10	169,9	16	63,5		6	
Zeitlarn	1567	216,8	14	1,8	-		215,0		14
Summe	59994	4784,8		4784,8					

Berücksichtigt sind nur die Beziehungen innerhalb des UG!

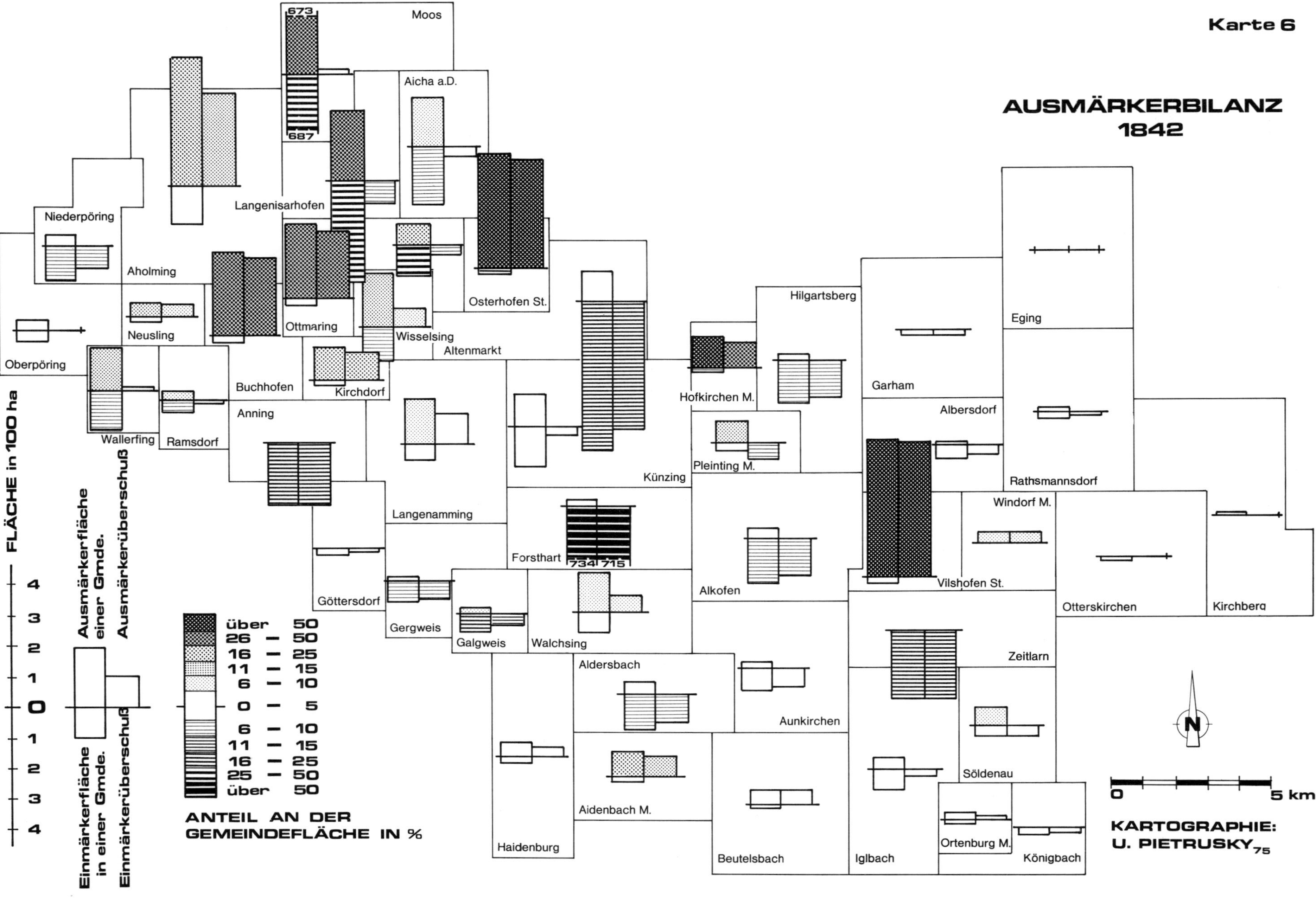

Karte 6
AUSMÄRKERBILANZ
1842
Moos
673
687
Aicha a.D.
Niederpöring
Langenisarhofen
Aholming
Osterhofen St.
Neusling
Ottmaring
Wisselsing
Altenmarkt
Oberpöring
Buchhofen
Kirchdorf
Anning
Wallerfing
Ramsdorf
Langenamming
Künzing
Göttersdorf
Forsthart
734
715
Gergweis
Galgweis
Walchsing
Aldersbach
Aidenbach M.
Haidenburg
Hilgartsberg
Hofkirchen M.
Pleinting M.
Alkofen
Aunkirchen
Beutelsbach
Garham
Albersdorf
Eging
Rathsmannsdorf
Windorf M.
Vilshofen St.
Otterskirchen
Kirchberg
Zeitlarn
Söldenau
Iglbach
Ortenburg M.
Königbach
0
5 km
KARTOGRAPHIE:
U. PIETRUSKY 75
FLÄCHE in 100 ha
4
3
2
1
0
1
2
3
4
Ausmärkerfläche einer Gmde.
Ausmärkerüberschuß
Einmärkerfläche in einer Gmde.
Einmärkerüberschuß
über 50
26 – 50
16 – 25
11 – 15
6 – 10
0 – 5
6 – 10
11 – 15
16 – 25
25 – 50
über 50
ANTEIL AN DER GEMEINDEFLÄCHE IN %

> Mit Ausnahme des gräflichen Besitzes in Moos handelt es sich nahezu ausschließlich um bäuerliche Flächen. Unregelmäßigkeiten in der räumlichen wie gruppenspezifischen Anordnung sind durch Städte und zweitrangig Märkte hervorgerufen. Hier dominieren, wie bereits aus Tab. 16 ersichtlich, Brauer/Wirte/Kaufleute. Die Handwerker, falls überhaupt ersichtlich, treten lediglich in den Donaumärkten als Ausmärker in Erscheinung.

Damit wird zwar erklärt, daß die Ausmärkerstruktur über die Gruppen modifiziert wird, eine eindeutige Abhängigkeit zwischen Umfang der Ausmärkerverflechtungen und Sozialstruktur ist damit aber ebensowenig bewiesen wie die räumlich ungleiche Verteilung.

Ein eindeutiger Zusammenhang zwischen dem Grad der sozialen Differenzierung und dem Umfang der Ausmärkerflächen kann für das UG auch entsprechend der Verteilung in Abb. 4 (links) nicht hergeleitet werden. Dort sind der Sozialstruktur der Grundbesitzer (hilfsweise über den Anteil der Bauern) die Anteile der Ausmärkerflächen an der Gemeindefläche für alle Landgemeinden zugeordnet. Es gilt zwar, daß mit wachsendem Anteil der nichtbäuerlichen Gruppen der Ausmärkeranteil an der Gemeindefläche sinkt, jedoch nicht der umgekehrte Schluß, daß auch mit zunehmendem Anteil der Bauern der Ausmärkerflächenumfang steigt. Bereits bei der Erhebung der Primärdaten wurde die Tendenz eines Zusammenhangs zwischen Umfang der Ausmärkerfläche und Nutzungsart sichtbar, eine Relation in der sich die Bewertung des Bodens durch den Besitzer in Abhängigkeit der Entfernungs- bzw. Transportkosten niederschlägt. Diesem Hinweis wurde nachgegangen und in Abb. 4 (rechts) nun der Ausmärkerumfang der Nutzungsart (über den Grünlandanteil) zugeordnet.
Im Gegensatz zur Kombination der Sozialstruktur mit dem Ausmärkerflächenanteil läßt sich hier auf einen eindeutigen, d.h.auch umkehrbaren Wirkungszusammenhang zwischen Ausmärkeranteil und naturräumlicher Ausstattung schließen, der auch eine plausible Erklärung für die räumliche Differenzierung der Erscheinung liefert.

> Je ausgeglichener das Verhältnis Acker-Dauergrünland-(Wald), umso geringer ist die Tendenz und wohl auch die Notwendigkeit, ein etwa ungleiches Verhältnis durch Erweiterung des Aktionsraumes auf ökologisch andere Produktionsstandorte zu kompensieren.

Wegen des gemischten Betriebssystems mußten vornehmlich die Bauern mit Lage in hervorragenden Ackerstandorten das Grünfutter, ebenso wie den Holzbedarf, von geringer produktiven, peripheren Flächen beziehen. Das erklärt den hohen Ausmärkerumfang in der Osterhofener Bucht.

Damit scheint auch geklärt, daß im UG in den Landgemeinden für die bäuerliche Kerngruppe die Reichweite nicht durch ihre Gruppenzugehörigkeit, sondern primär durch die ökologischen Standortbedingungen determiniert wird. Demnach kann für diesen Fall nicht von einer gruppenspezifischen Reichweite gesprochen werden. Eine Außerachtlassung ökogeographischer Einflüsse würde also hier zu einem falschen Interpretationsmodell des Wirkungszusammenhangs führen.

Die Frage, ob aufgrund der räumlichen Verteilung noch weitergehende Zusammenhänge physisch-geographischer Art hinsichtlich des Ausmärkerumfangs existieren, kann nicht weiter diskutiert werden. Es sei jedoch noch angemerkt, daß etwa die zunehmende Reliefenergie im Hügelland und im Dungau die Distanzüberwindung erschwert und somit

Tabelle: 16

SOZIALSTRUKTUR DES AUSMÄRKERBESITZES IM LÄNDLICHEN RAUM OSTERHOFEN-VILSHOFEN UM 1842 -ÜBERSICHT NACH FLÄCHENANTEIL

Raum / Gruppe				
Bauern	2.526,1 52,8	2.459,7 67,3	50,8 6,2	15,6 5,0
Häusler	157,6 3,3	149,7 4,1	0,7 0,1	7,2 2,3
Taglöhner	60,1 1,2	25,6 0,7	32,3 3,9	2,2 0,7
Handwerker	570,1 11,9	294,3 8,0	171,1 20,9	104,7 33,8
Sonstige	1.496,6 30,8	724,0 19,9	565,6 68,9	180,0 58,2
GESAMT	4.783,5 100,0	3.653,3 100,0	820,5 100,0	309,7 100,0

Sonstige				
Gemeinden Staat	57,0 3,9	14,2 2,0	42,2 7,5	0,6 0,3
Kirche	31,8 2,2	15,9 2,2	-	15,9 8,8
Guts-herrschaften	633,1 43,1	633,1 87,4		
Brauer, Wirte, Kaufleute	653,9 44,5	16,9 2,3	514,2 84,5	159,2 88,4
Rest	93,8 6,3	43,9 6,1	9,2 8,0	4,3 2,5
SUMME	1.469,6 100,0	724,0 100,0	565,6 100,0	180,0 100,0

Es sind nur die Ausmärkerbeziehungen innerhalb des Untersuchungsraumes berücksichtigt!
Quelle: Urkataster 20/1 - 20/47, 126 Bände, STAL

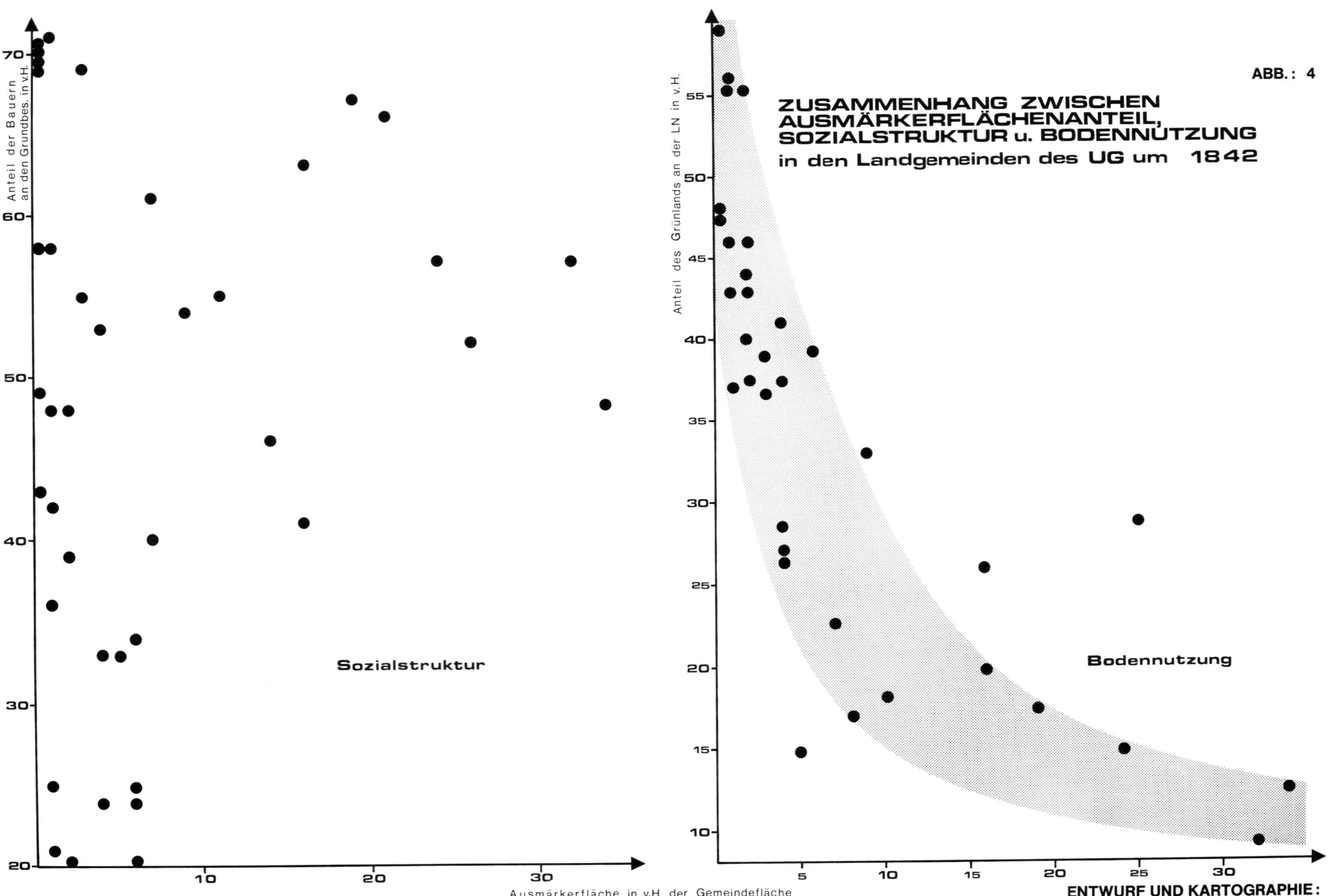
ABB.: 4
ZUSAMMENHANG ZWISCHEN AUSMÄRKERFLÄCHENANTEIL, SOZIALSTRUKTUR u. BODENNUTZUNG
in den Landgemeinden des UG um 1842
Anteil der Bauern an den Grundbes. in v.H.
70
60
50
40
30
20
10
20
30
Sozialstruktur
Anteil des Grünlands an der LN in v.H.
55
50
45
40
35
30
25
20
15
10
5
10
15
20
25
30
Bodennutzung
Ausmärkerfläche in v.H. der Gemeindefläche
ENTWURF UND KARTOGRAPHIE:
ULRICH PIETRUSKY

die Ausmärkerbeziehungen negativ beeinflussen könnte. Dagegen scheinen uns die von JÄKL (1953, S. 48) genannten Gründe wie Streben nach Ausweitung des Nutzungslandes und der Kampf um den Boden in dieser allgemeinen Form wenig geeignet, die Entstehung und den Umfang von Ausmärkerbesitz hinreichend zu erklären.

Mit abnehmender Bedeutung als agrarische Produktivfläche nimmt das Gewicht der Gruppenzugehörigkeit zu. Damit ist aber auch die Frage nach der Funktion der umfangreichen Ausmärkerflächen der Städte und Märkte zu beantworten. Jene Gruppen (Adel, Brauer), die von der Größe her bedeutsame Flächen besitzen, betrachten aber ihren Ausmärkeranteil sehr häufig nicht unter agrarwirtschaftlichen Gesichtspunkten, sondern als Rohstoffquelle, Kapitalanlage oder/und Spekulationsobjekt. Letzteres ist insbesondere auch der Grund dafür, daß das an diese Gruppen gebundene Ausmärkerareal einer verhältnismäßig hohen Mobilität unterliegt und als potentielle Siedlungs- und Erweiterungsflächen eine bedeutsame Funktion kulturlandschaftlicher Art innehatte. Dies gilt eingeschränkt auch für bäuerliche Ausmärkerflächen wo bei zunehmender Distanz und nichtackerbaulicher Nutzung die Bereitschaft zu Veräußerung anstieg.

Die Aktions r e i c h w e i t e der Ausmärkerverflechtungen wird um die Mitte des 19. Jahrhunderts sekundär gruppenspezifisch modifiziert. Taglöhner und Häusler weisen im UG durchgehend die geringsten, Brauer und der Adel die größten Reichweiten auf. Entfernungsangaben zu machen hat wenig Sinn, sie liegen im UG für Adel und Brauer bei max. 15 km.

2.4.2. Die Herkunft der Bevölkerung in den Neugründungen

Während der Aktionsraum innerhalb dessen sich die Ausmärkerverflechtungen abspielen, ein relativ stabiles Gebilde darstellt, werden nach SIEBERT (1970) Wanderungen nur dann induziert, wenn soziale und ökonomische Prozesse in Gang kommen, die die Verbindung des Individuums mit seiner Gruppe lösen (S. 39). Die Unzufriedenheit mit der bisherigen Umgebung läßt Raumstellen "höherer Nützlichkeit" suchen und damit den ersten Schritt zur Änderung seiner Bezugsgruppe durchführen, um letztlich für seine alte Umgebung zur marginalen Person zu werden (S. 43). Dieser Vorgang läßt sich für die Siedlungsgründungen im UG nachvollziehen, wenn die neuen Bewohner sowohl nach ihrem sozialen wie räumlichen Ursprung erfaßt werden.

Ausgehend von der, insbesondere vor einigen Jahrzehnten noch sehr augenfälligen "eigenartigen" Struktur der Siedlungsgründungen, war die Herkunft der Siedler sowohl für die Regionsbewohner wie auch für die Außenstehenden ungewiß. Die früher vorhandene Desintegration in eine Gesellschaft mit überkommenen agraren Normen und die damit vielfach verbundene Einschätzung als marginale Gruppen, veranlaßte auch FEHN (1935 b, S. 183) zu der Feststellung, daß Siedlungsflächen in Forsthart an "ausgediente Soldaten und sonstige Leute (vereinzelt sogar Sträflinge?) zugewiesen" wurden. Auch der von der Ortsplanungsstelle für Niederbayern 1968 erstellte Erläuterungsbericht zum Flächennutzungsplan Alkofen gibt die nicht belegte "Volksmeinung" wieder, daß im Raum Pleckental, Wirtsholz und Böckelbach der Versuch unternommen wurde..." ehemalige Straf-

Tabelle: 17

ZUGEHÖRIGKEIT DER EHESCHLIESSENDEN IN FORSTHART, THANNET UND PLECKENTAL ZU SOZIALGRUPPEN 1802-1845

Gruppe	Forsthart		Thannet		Pleckental		SUMME	
	Anzahl	v.H.	Anzahl	v.H.	Anzahl	v.H.	Anzahl	v.H.
Bauern	54	45	54	21	11	10	119	25
Häusler	33	27	111	44	51	46	195	40
Taglöhner	6	5	35	14	22	20	63	13
Handwerker	27	22	50	20	23	21	100	21
Sonstige	1	1	2	1	3	3	6	1
Insgesamt	121	100	252	100	110	100	483	100

Tabelle: 18

SOZIALSTRUKTUR DER EHESCHLIESSENDEN IN THANNET UND PLECKENTAL 1802 - 1845 NACH GESCHLECHT UND ZEITPERIODEN

Gruppe	männlich		weiblich		m	w
	1802/1822	1823/1842	1802/1822	1823/1842	1802/1842	1802/1842
Bauern	6	12	26	21	18	47
Häusler	45	48	23	46	93	69
Taglöhner	17	8	28	4	25	32
Handwerker	28	15	17	13	43	30
Sonstige	1	1	3	-	2	3
Insgesamt	97	84	97	84	181	181

Quelle: Heiratsbücher der Pfarrgemeinden Pleinting (für Thannet), Vilshofen (für Pleckental), Galgweis (für Forsthart) ca. 1800-1850 in den dortigen Pfarrämtern

gefangene, Zigeuner und ähnliche Bevölkerungsteile... anzusiedeln" (S. 5). Noch im Jahre 1974 wurde eine derartige Behauptung in einer Fernsehsendung über die Gemeinde Forsthart aufgestellt.

Zur Klärung der Frage nach der Herkunft der Siedler bietet die Statistik keine Anhaltspunkte. Für die Siedlungen Forsthart, Thannet und Pleckental wurden daher die Heiratsbücher in den zuständigen Pfarrämtern ausgewertet, die über die Angaben von Geburtsort, Beruf des Ehepaares und Beruf des väterlichen Elternteils, Tätigkeit des Bräutigams eine Einordnung in die soziale Bezugsgruppe des Ursprungsortes relativ gut zulassen. Die Ergebnisse werden gefestigt durch eine zeitgenössische Sondererhebung zur Situation der Siedlungsgründungen vom Jahre 1815, so daß die gewählten Beispiele als repräsentativ zumindest für das UG angesehen werden können.

Betrachten wir anhand der Tab. 17 und 18 die Zugehörigkeit der Eheschließenden bzw. des väterlichen Elternteils zu einer Sozialgruppe, so ergibt sich insgesamt eine überraschend starke Ähnlichkeit mit der durchschnittlichen Sozialstruktur des UG (vergl. dazu Tab. 9). Ist die Gruppe der Bauern etwas unterrepräsentiert, so entspricht etwa der Anteil der Handwerker genau dem Durchschnitt des UG. Interessant ist noch eine relative Bevorzugung der Siedlung Forsthart durch die Bauern, entspricht sie von allen Neugründungen noch am ehesten dem ursprünglichen bäuerlichen Lebensbereich, während die völlig fremdartige Struktur etwa von Pleckental in einer starken Ablehnung der Gruppe Bauern verdeutlicht wird. Insgesamt stellen aber die Häusler die wichtigste Ursprungsgruppe der Ansiedler.

Bei einer Aufgliederung nach Geschlecht und zwei zeitlichen Abschnitten ergeben sich folgende Erkenntnisse: Im zeitlichen Verlauf innerhalb 1802-1845 nehmen die Anteile der Bauern und Häusler zu, die der Taglöhner und Handwerker gleichzeitig ab. Wurde vielfach behauptet, daß die nachgeborenen Bauernsöhne meist in den nichtbäuerlichen Bereich abgewandert sind, so lassen die vorliegenden Zahlen eine derartige Tendenz zunächst einmal nur für die Bauerntöchter erkennen.

Insgesamt kommt man bei der Betrachtung der Sozialstruktur zu dem Ergebnis, daß mit Einschränkungen und jeweiliger lokaler Differenzierung die Siedlungsgründungen bezüglich ihrer sozialen Herkunft keine größeren Abweichungen von der allgemeinen Bevölkerung erkennen lassen.

Gegen eine Ansässigmachung von "Gesindel" spricht im übrigen die Verschärfung der Überwachungs- und Einreisebestimmungen, nach denen "umherziehende fremde Betteljuden, und anderes Gesindel der Eintritt in diesseitiges Land" nicht zu gestatten war.[6] Im Jahre 1806 wurden im LG Vilshofen mit 57 Vaganten und einem Bettler vergleichsweise wenig (Bdd Tölz: 172 Bettler) einschlägige "Individuen" registriert.[7] Zu Recht weist HELLER für die ritterschaftlichen Dörfer Frankens darauf hin, daß die landläufige Meinung über deren Bewohner ("Vaganten", "fremdländisches Aussehen" u.ä.) "sowohl insgesamt als auch in merkwürdig unrichtigen Details stark revisionsbedürftig" sei (1971, S. 68).

---

6 Churfürstliches Regierungsblatt, Jg. 1805, S. 77-78

7 Königl. Baierisches Regierungsblatt, Jg. 1807, S. 411 f

Eine zweite wichtige Frage ist die der räumlichen Herkunft. Karte 7 gibt die Ursprungsgemeinden (Heiratskreise) für die Eheschliessenden der Ansiedlungen Thannet, Forsthart und Pleckental wieder, wobei im UG nach Sozialgruppen unterschieden ist.

Die Heiratskreise bzw. Zuwanderungsräume waren weitgehend auf die unmittelbare Nachbarschaft der jeweiligen Ansiedlungen beschränkt. Dies drückt auch die folgende Übersicht über die Heiratskreise von Ansiedlern in Forsthart, Thannet und Pleckental zwischen 1800-1850 aus.

Herkunftsgebiet	Anteil insgesamt	
	abs.	in v.H.
Nachbargemeinden	147	41
restl. UG	79	22
restl. Kreise PA, DEG	66	19
restl. Niederbayern	51	14
Rest	12	4
	355	100

Quelle: Heiratsbücher[8]

Dieser relativ eng begrenzte Einzugsbereich wird auch durch eine zeitgenössische Erhebung bestätigt.[9]

Bei der einführend erwähnten Kultivierung des Osterhofener Mooses kamen die Siedlungswilligen aus den Nachbargemeinden, ebenso wie bei der Anlage der Waldhufendörfer Kleinphilippsreut (1692), Hinter-, Mitter- und Vorderfirmiansreut (1764), Wolfsgrub (1735) und Fürstenhut (1801-1803) (FEHN 1937, S. 35 ff). Nur in den oben beschriebenen zwei Fällen der Ansiedlung von Glaubensflüchtlingen (Reformierte in der Grafschaft Ortenburg und Mennoniten im Bereich der Herrschaft Moos) wurde eine zahlenmäßig unbedeutende allochthone Bevölkerung ansässig. HELLER kommt zu einem selben Ergebnis, wonach die Fern-Immigranten nur eine Minderheit darstellen gegenüber der "Masse der Neusiedler, die in einer kleinräumigen innerfränkischen Binnenwanderung in das ritterschaftliche Dorf zugezogen sind" (1971, S.28).

Der Großteil der Siedler ist also über eine innerregionale Wanderung in die Neugründungen gekommen, wenn auch die Karte 7 die ungleichmäßige Verteilung der Herkunftsbereiche deutlich macht. Während nämlich die Ursprungsorte relativ weit in den Bayer. Wald, das südliche Tertiärhügelland einschließlich dem ehemaligen baierischen Innviertel reichen, sparen die Heiratskreise den Dungau weitgehend aus. Beteiligt sind dort ohnehin nur mehr die Gemeinden mit Anteil an der Donau- und Isarniederung und entlang des Forsthartrückens. Die mit dem Bayer. Wald z.T. über Jahrzehnte hin verfolgbaren Wanderungsbeziehungen mit gleichen Orten stützen die Annahme, daß über häufige Kontake mit Gruppenmitgliedern und daraus

8 Die gegenüber Tab. 17 geringere Gesamtzahl ergibt sich aus unleserlichen Ortsangaben!

9 StAL, Rep. 168, Verz. 1, Fasz. 1587, Nr. 1

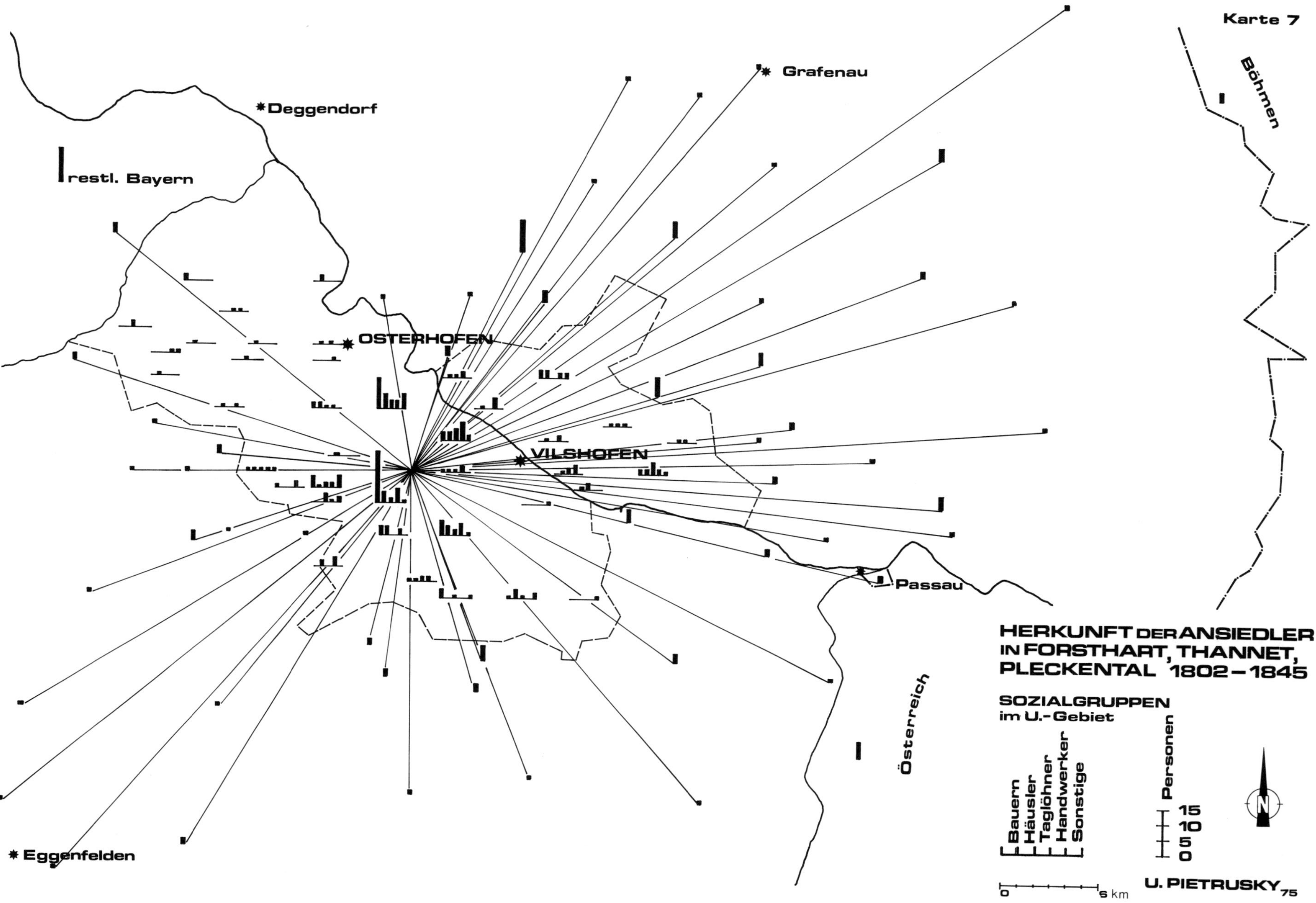
Karte 7
Böhmen
Grafenau
Deggendorf
restl. Bayern
OSTERHOFEN
VILSHOFEN
Passau
Österreich
Eggenfelden
HERKUNFT DER ANSIEDLER
IN FORSTHART, THANNET,
PLECKENTAL 1802–1845
SOZIALGRUPPEN
im U.-Gebiet
Bauern
Häusler
Taglöhner
Handwerker
Sonstige
Personen
15
10
5
0
0
6 km
U. PIETRUSKY 75

resultierende höhere Informationseffekte Mobilität induziert und gerichtet werden kann.

Bei gleichmäßiger Verteilung der Informationsströme legt das weitgehende Fehlen von Beziehungen zum Dungau den Schluß nahe, daß dort ein größeres Beharrungsvermögen und eine geringere Neigung zum Verlassen der Bezugsgruppen besteht als vergleichsweise raumzeitlich entferntere Bereiche des Bayerischen Waldes mit weit höheren Kosten der Raumüberwindung.

Die trotz der am geringsten umgeformten traditionellen Struktur vorhandene höhere Mobilitätsbereitschaft insbesondere der nichtbäuerlichen Gruppen des Vorwaldes im UG für den historischen Abschnitt ist ein wichtiges Indiz auch für die Deutung von Verhaltenstrends bei den aktuellen Wanderungen.

Schließlich sei noch auf die Altersstruktur der Kolonisten eingegangen, wobei aus der vorstehend genannten Quelle nur fallweise Daten für die männlichen Siedler zu entnehmen sind. Für alle Siedlungen zusammen liegt ein Maximum bei den 45-49-Jährigen, ein zweites bei den 35-39-und 40-44-Jährigen. Unter der Annahme, daß 1815 in diesen Gründungen der Höhepunkt der Niederlassung um ca. 5-8 Jahre überschritten war, ergibt sich ein immer noch fortgeschrittenes Alter zum Zeitpunkt der Niederlassung. Für 1815 weisen die männlichen Familienvorstände folgendes Durchschnittsalter auf:

Unterthannet	42,6	Thannet	45,4
Pleckental	43,5	Forsthart	42,0

ABB.: 5

ALTER DER MÄNNLICHEN KOLONISTEN IM RAUM VILSHOFEN 1815

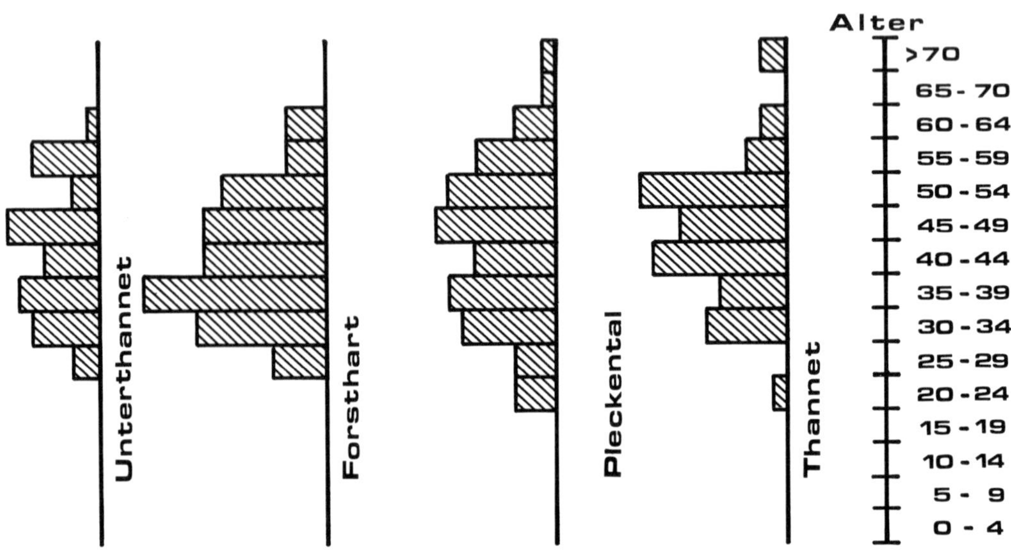

Zusammenfassend muß also noch einmal festgehalten werden, daß nicht etwa eine Herkunft aus bestehenden Randgruppen zu einer von den gesellschaftlichen Normen abweichenden Struktur in den meisten Neugründungen führte, sondern die unzureichenden Lebensbedingungen, denen die Siedler dort ausgesetzt waren, nach dem sie ihre alte Bezugsgruppe verlassen hatten.

3. ZUSAMMENFASSUNG EINIGER ASPEKTE DER SOZIAL-HISTORISCHEN ANALYSE

Als aktive gesellschaftliche Organisationsformen treten hinsichtlich der bodenbesitzbezogenen Prozesse besonders Staat und Gemeinden, indirekt auch die Kirche und nur vereinzelt die Gruppen Bauern und Brauer auf. Die von diesen Organisationen induzierten Prozesse sind für die kulturlandschaftliche Entwicklung sehr erheblich und können als eine Hauptursache der um die Mitte des 19. Jh. feststellbaren bevölkerungs- und sozialgeographischen Differenzierung des UG angesehen werden.

Obwohl der Wille zur Emanzipation latent vorhanden war, können insbesondere die nichtbäuerlichen Gruppen der Landgemeinden zunächst allein keine Prozesse auslösen, sondern nur darauf reagieren.

Eine Außerachtlassung von Individuen wie von Organisationen würde eine wesentliche Einschränkung des geographisch relevanten Betrachtungsrahmens bedeuten und in der Folge eine ungenügende Erklärung von Reaktions- und Wirkungsmechanismen nach sich ziehen.

Sofern eine Teilung überhaupt sinnvoll erscheint, könnte man nach Abb. 6 für die historische Situation in der Tendenz die Organisationen und Einzelpersönlichkeiten als Auslöser, die Gruppen als Träger und reagierende Gesellungsformen innerhalb der von uns erfaßten Prozesse bezeichnen.

Damit stimmen wir mit der Aussage von LENG (1973, S. 130) überein, daß die raumwirksamen Maßnahmen der gesellschaftlichen Organisationen von größerer Bedeutung sind als die über Sozialgruppen ausgelösten Prozesse und daß das räumliche Verhalten der Gesellschaftsmitglieder vornehmlich in der Anpassung besteht.

Die staatlichen Maßnahmen in der ersten Hälfte des 19. Jahrhunderts waren Raumordnungspolitik in durchaus modernem Sinne mit dem Versuch, über eine Sicherung der Beschäftigung und Schaffung neuer Arbeitsplätze - nahezu ausschließlich im agraren Bereich - längerfristig auch finanzpolitische Vorteile zu erlangen. Daß nach BOESLER (1969, S. 47) die kulturlandschaftlichen Wirkungen gering blieben, kann über das engere UG hinaus auch nicht für den Bayerischen Wald bestätigt werden, wohl aber war der Erfolg ein sehr unterschiedlicher.

Damit löste nach BOESLER (1969, S. 14 ff) die allgemeine und regional gezielte Staatstätigkeit Impulse zur prozeßhaften Veränderung der Kulturlandschaft aus, die Physiognomie und Struktur des betrachteten ländlichen Raumes so nachhaltig veränderten, daß sich der Ausgangszustand nicht mehr einstellen konnte.

Unter dem Gesichtspunkt des Kräftefeldes zwischen Individuum-Gruppe-Organisation muß demnach auch das wissenschaftstheoretische wie methodische Problem des sozialgeographischen Gruppenkonzepts gesehen werden. DÜRR (1971, S. 24) stellt mit Recht die Frage, ob hochintegrale Bevölkerungsgruppen sich in allen Teilaspekten (gleichen internen und externen Strukturmerkmalen, gleichem Aktionsraum und gleichem Verhaltenstrend hinsichtlich dieser Merkmale) voneinander unterscheiden. Unternimmt man den Versuch, im UG nur für die Gruppe der Bauern einige annähernd einheitliche Merkmale und Verhaltenstrends zu fixieren, so gelangt man zu einem unbe-

ABB.: 6

BODENMOBILITÄT UND UMSCHICHTUNGPROZESSE IM UG 1. HÄLFTE 19. JAHRHUNDERT

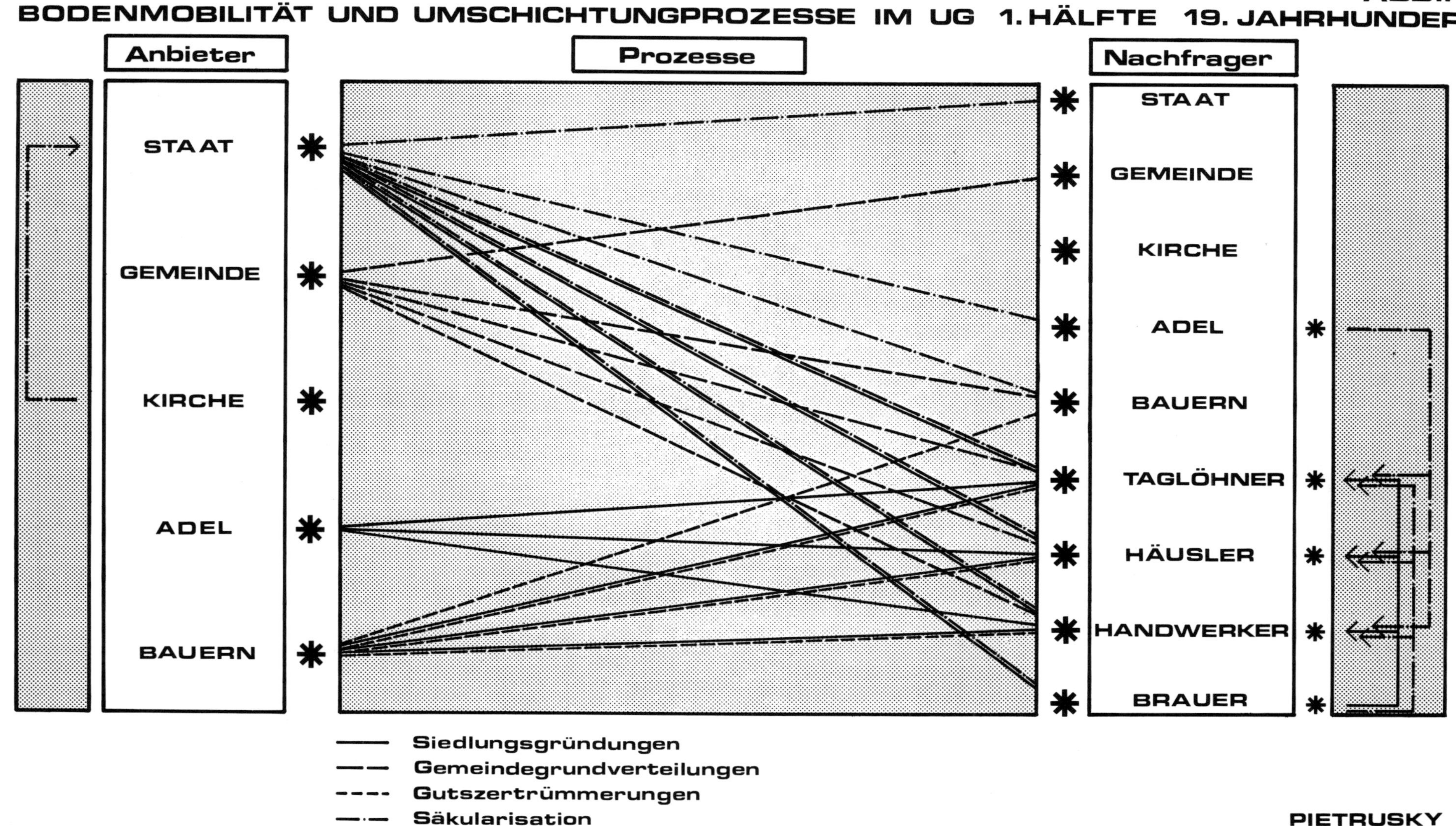

PIETRUSKY

friedigenden Deckungsgrad:

Merkmal bzw. Verhaltenstrend	einheitlich	nicht einheitlich
Duldung selbständiger Taglöhnerexistenzen		X
Anzahl der Gutszertrümmerungen		X
Ablehnung von Kultivierungsmaßnahmen	X	
Zustimmung zu Gemeindegrundverteilung		X
Zuwachs an Boden durch Gemeindegrundverteilung		X
Verkauf von Flächen an Siedlungswillige		X
Verhalten gegenüber marginalen Gruppen	X	
Bevölkerungsweise	X	
Durchschnittliche Besitzfläche	X	
Umfang der Ausmärkerfläche		X
Maximale Reichweite der Ausmärkerflächen	X	

Wenn bereits für die historische Phase festzustellen ist, daß die per Definition festgelegte sozialgeographische Gruppe bei einer komplexen Betrachtung (d.h. bei Betrachtung von mehr als einem Merkmal) häufig nicht mehr operationalisierbar ist, muß diese Feststellung mit noch größerem Nachdruck für die aktuelle Analyse betont werden. Diese Einsicht schränkt den Wert einer sozialgeographischen Bevölkerungsanalyse keineswegs ein, bedingt aber eine Abkehr von dem bisher praktizierten kausalen sozialgeographischen Gruppenkonzept.

Wurde vorstehend für die Gruppe "Bauern" eine keineswegs einheitliche Reaktion auf Veränderungsprozesse festgehalten, gilt dies natürlich auch für die nichtbäuerlichen Gruppen im ländlichen Raum. Unbeschadet dessen lassen sich in der Grundtendenz folgende phasenhaften Entwicklungen seit dem frühen 19. Jahrhundert skizzieren:

1. Eine Unterbringungsphase mit zahlreichen Gründungen neuer, nichtbäuerlicher Existenzen im weitgehend agrarisch bestimmten Raum nach Mobilwerdung des Bodens aufgrund externer Impulse;

2. Eine Emanzipationsphase mit dem Versuch, die Basis der jungen, unsicheren Gewerbe- oder Dienstleistungsexistenzen über Ausweitung oder Erreichung der Ackernahrung abzusichern;

3. Eine Expansionsphase, die im bäuerlichen Bereich nur vereinzelt anzutreffen ist. In breiter Front tritt eine Expansion der nichtbäuerlichen Gruppen auf, nachdem vollwertige Arbeitsplätze außerhalb der Bauernstellen verfügbar werden. Gleichzeitig damit geschieht eine Veränderung der alten Werte, in dem sich der Prestigeabstand Bauer-Arbeiter verringert, z.T. sogar ins Gegenteil verkehrt. Die Expansionsphase der nichtbäuerlichen Bevölkerung im ländlichen Raum vollzog sich aber unter Beibehaltung des sehr wesentlichen Merkmals ländlicher Daseinsform, nämlich des vorwiegenden Wohnens im eigenen Haus bei einem mehr oder weniger großen Anteil am Boden.

Die Entwicklung hat dazu geführt, daß Landbesitz und Landbewirtschaftung im ländlichen Raum in weitem Umfang auch mit nichtbäuerlichen Trägern verbunden sind. Davon hat eine aktuelle Analyse auszugehen. Aufgrund ihrer größeren beruflichen, sozialen und räumlichen Mobilität unterliegt ihr Anteil am Boden ganz offensichtlich einer starken Veränderung. "Mobilität des Bodens und Ausformung der Bewirtschaftung folgen bei den verschiedenen Sozialschichten verschiedenen Gesetzen. Eine Veränderung der sozialen Lage verschiedener Träger wird nicht ohne Einfluß auf ihr Verhältnis zum Boden bleiben"(KÖTTER 1955, S. 24).

Diesen Veränderungsprozeß zu erfassen ist Aufgabe der folgenden Teilanalyse. Wenn die Phase von der Mitte des 19. Jh. bis zum 2. Weltkrieg nicht abgedeckt wird, geschieht dies aus der Erkenntnis heraus, daß sich die Dynamik des frühen 19. Jh. nicht mehr in gleichem Maße fortsetzte. Erst die Impulse nach dem II. Weltkrieg - und es waren wiederum weitgehend externe Anstöße - brachten einen neuerlichen kulturlandschaftlichen Umbruch mit sich, der im folgenden zunächst einmal festgestellt und dann erst in seinen Ursachen und Abläufen an ausgewählten Merkmalen erklärt werden soll.

4. AKTUELLE GRUNDBESITZSTRUKTUR UND BODENBESITZBEZOGENE VERÄNDERUNGSPROZESSE IM RAUM OSTERHOFEN-VILSHOFEN AUF DER BASIS VON AUSGEWÄHLTEN GEMEINDEN UND DES GESAMTEN UG

4.1. Entwicklung und aktuelle Struktur der ortsansässigen Grundbesitzer

4.1.1. Methodische Vorbemerkungen

Die umfassende Veränderung der Kulturlandschaft des UG in den letzten eineinhalb Jahrhunderten kann, wie bereits ausgeführt, aus formalen wie inhaltlichen Gründen weder durch eine Längsschnittanalyse noch durch bloßes Gegenüberstellen verschiedener zeitlicher Schnitte befriedigend dargestellt werden. So hat z.B. der Umfang der Grundbesitzer derart zugenommen, daß eine Totalerhebung für das gesamte UG aus arbeitstechnischen Gründen für die aktuelle Situation nicht in Betracht kommt und eine Beschränkung unumgänglich war.

Eine Vollerhebung nach den Merkmalen Lage, Fläche, Zahl, Beruf und Gruppenzugehörigkeit wurde für die sechs ausgewählten Gemeinden Buchhofen, Kirchdorf, Forsthart, Walchsing, Alkofen und Otterskirchen vorgenommen und statistisch wie kartographisch ausgewertet.

Dabei wurden immerhin noch rd. 1 500 ortsansässige Grundbesitzer (1842: 725) zuzüglich rd. 470 Einmärker erfaßt, so daß entsprechend der erfolgten Wahl der Gemeinden die Ergebnisse als repräsentativ für die jeweiligen Typen von Landgemeinden des UG gelten können. Da im aktuellen Liegenschaftskataster beim zuständigen staatlichen Vermessungsamt Vilshofen die Berufsangaben - falls überhaupt vorhanden - vielfach veraltet sind, mußte dieses Kriterium grundsätzlich noch einmal nachgefragt und darüberhinaus noch mit dem "überwiegenden Einkommen" aus Landwirtschaft/Nichtlandwirtschaft kombiniert werden. Ein fester Schwellenwert etwa in der Form "15 ha und mehr Grundbesitz = Vollerwerbslandwirt = überwiegendes Einkommen aus der Landwirtschaft" entspricht häufig nicht der Realität und ist somit kein geeignetes Mittel zur Gruppenbildung. Die der Einordnung der Grundbesitzer über Beruf, überwiegendem Einkommen, Status u.ä. zugrundeliegende Ermittlung hat der Verfasser bei dem gut informierten Personal der Gemeindeverwaltungen oder bei Gewährspersonen durchgeführt. All dies bedingte einen wesentlich höheren Zeitaufwand als vergleichsweise die Aufbereitung des Urkatasters, war aber mangels verfügbaren Datenmaterials der amtlichen Statistik wie der Planungsbehörden nicht zu umgehen.

4.1.2. Die Bedeutung des Bodenanteils für die gegenwärtige Bevölkerung des ländlichen Raumes und das Problem der Existenz sozialgeographischer Gruppen

Es wurde bereits in Kap. 3 darauf verwiesen, daß trotz aller Umformungsprozesse das Festhalten der Bevölkerung am Grundbesitz ein wesentliches Merkmal des ländlichen Raumes darstellt. Dabei ist ein hoher Deckungsgrad von Privathaushalten und Grundbesitzern methodisch wie inhaltlich von großer Bedeutung:

Einmal beweist er auch für die aktuelle Situation die Notwendigkeit einer Verknüpfung insbesondere der menschlichen Gruppen mit dem verfügbaren Boden;

Zum anderen kann einer gruppenmäßig differenzierten Struktur der Grundbesitzer als wesentliches Merkmal zur Erhellung der Gesamtstruktur eine hohe Repräsentativkraft zugesprochen werden.

Denn "die Verfügungsverhältnisse über Grund und Boden - Besitz, Pacht usw. - sind von besonderer Bedeutung für die Gestaltung der Kulturlandschaft, besonders wenn sie unter einer sozialgruppenmäßigen Zusammenfassung betrachtet werden" (RUPPERT 1962, S. 19).

In Tab. 19 sind für die sechs ausgewählten Landgemeinden die ortsansässigen, "natürlichen" Grundbesitzer (also ohne Organisationen des öffentlichen Rechts) den Privathaushalten insgesamt und den Mehrpersonenhaushalten gegenübergestellt. Dabei ergibt sich ein selbst für den ländlichen Raum sehr hoher Anteil von 75 % der Grundbesitzer an den gesamten Privathaushalten und 87 % an den Mehrpersonenhaushalten, wobei die Werte der einzelnen Gemeinden schwanken. PRIEBE (1973) gibt zu letzterem Verhältnis für den alten Landkreis Vilshofen, also unter Einschluß der Städte und Märkte, für 1969/70 rd. 70 % an (S. 43). Damit liegt dieser nicht nur weit über den bundesdeutschen und bayerischen Werten, sondern immer noch deutlich über jenen anderer Landkreise des "Unteren Bayerischen Waldes" und prädestiniert geradezu das UG für die Analyse bodenbezogener Strukturen und Prozesse.

Die bisherigen Erkenntnisse zum sozialgeographischen Gruppenkonzept lassen jedoch eine gruppenspezifische Betrachtung problematisch erscheinen:

Es besteht die Notwendigkeit einer zahlenmäßigen Begrenzung, nicht zuletzt auch im Hinblick auf die quantitative Auswertbarkeit.

Der Bodenanteil als sehr wesentliches, wenn auch nicht mehr dominantes Merkmal muß erhalten bleiben.

Da sich im ländlichen Raum ein Wandel der Wertvorstellungen vollzogen hat und Begriffe wie "Bauer" inhaltlich nicht mehr eindeutig definiert sind, muß neben Bodenbesitz, Beruf, evtl. Status (Schulbildung) das überwiegende Einkommen als objektives und dominantes Merkmal zur Bestimmung der Gruppenzugehörigkeit herangezogen werden.

Die so gebildeten Gruppen sind zwar operationalisierbar, entsprechen aber keineswegs inhaltlich der Definition sozialgeographischer Gruppen, sind sie doch, wie sich später bei der Wanderungsanalyse noch ergänzend zeigen wird, in den ohnehin wenigen Merkmalen ebenso wenig gleich wie hinsichtlich ihrer Verhaltenstrends. Um nicht ein Mißverhältnis zwischen Anspruchsniveau in der theoretischen Fundierung des Gruppenkonzepts und dessen praktischer Durchführung zu provozieren, wird im folgenden die Gruppe lediglich als formales, arbeitstechnisches Ordnungselement verstanden.

Unabhängig von dem Begriff der amtlichen Statistik, einem fiktiven Schwellenwert für die Betriebsgröße oder sozialhistorischer Fremd- oder Eigeneinschätzung wird hier als Landwirt bezeichnet, wer sein Einkommen überwiegend aus der Landwirtschaft bezieht. Die Grenzen an der Betriebsgröße gemessen, schwanken zwischen etwa 3 ha und 23 ha. Im ersteren Fall handelt es sich ausschließlich um Klein- und Kleinstrentner, deren dürftiges landwirtschaftliches Einkommen (einschließlich Naturalbezügen) immer noch das ihrer Renten übersteigt, die sich aber dennoch nicht zur Pacht oder zur Landabgabe entschlossen haben. Im anderen Einzelfall handelt es sich um einen in der Gemeinde Alkofen ansässigen Arbeiter, der sein landw. Anwesen im Nebenerwerb betreibt. Nicht ein fiktiver Durchschnittswert, sondern gerade die Grenzfälle mit ihrem sozioökonomischen Hintergrund sollten eigentlich auch das Interesse der agrarstrukturellen Planung auf sich ziehen.

Die Gruppe der ungelernten Arbeiter umfaßt im wesentlichen die Hilfsarbeiter, mit dem Schwergewicht wiederum auf den Bauhilfsarbeitern. Es fallen hierunter auch andere Berufe, die keine Ausbildung erfordern oder deren Anlernzeit sehr kurz ist. Zu den ungelernten Arbeitern werden hier auch die Lehrlinge gerechnet.

Die gelernten Arbeiter haben Berufe, die einen qualifizierten Abschluß oder wenigstens eine längere Lehr- oder Anlernzeit voraussetzen.

Zu den niederen oder untergeordneten Beamten und Angestellten werden alle Personen in einem öffentlichen oder privaten Dienstverhältnis gerechnet, die keine leitenden Funktionen einnehmen oder/ und deren Laufbahn keinen Hochschulabschluß voraussetzt. Rentner bzw. Pensionsempfänger sind entsprechend eingeordnet.

Leitende Beamte und Angestellte üben eine Tätigkeit in leitender Funktion aus oder/und besitzen einen Hochschulabschluß. Insbesondere bei den Wanderungen fallen hierunter die Lehrer.

Zu den Gewerbetreibenden werden neben den selbständigen Handwerkern und den Gewerbebetrieben verschiedener Rechtsform auch die sog. Freien Berufe wie Ärzte, Rechtsanwälte, Handelsreisende u.ä. gezählt.

Rentner werden als solche dann ausgewiesen, wenn sie nicht den o.a. Gruppen der Angestellten und Beamten zugerechnet werden können und ihr überwiegendes Einkommen aus einer Rente beziehen.

Hausfrauen zählen bei den Grundbesitzern nur dann eigenständig, wenn der Besitz überwiegend ihnen gehört und sie nicht anderweitig berufstätig sind. Sonst sind sie, wie auch bei den Wanderungen, entsprechend ihrem Beruf eingeordnet.

Zu den Sonstigen rechnen vor allem die Organisationen der öffentlichen Hand (Gemeinde, Kirche, Staat, Bund, Bahn), in relativ wenigen Fällen Erbengemeinschaften und hinsichtlich ihrer Merkmale nicht zu ermittelnde Personen.

4.1.3. Die kleinräumliche Strukturanalyse über die großmaßstäbige Besitzkartierung 1975 in ausgewählten Gemeinden

Um die Struktur der Grundbesitzer 1975 neben der folgenden quantitativen Analyse auch kartographisch zu verdeutlichen, wurden für die ausgewählten Gemeinden unter Verwendung der eben beschriebenen Gruppeneinteilung und der für den historischen Schnitt aufgezeigten Arbeitsschritte die beiliegenden Pläne 7-12 erstellt. Als wesentliches geographisches Ausdrucksmittel sollen sie nicht zuletzt eine umfängliche Beschreibung ersetzen, so daß die folgenden Hinweise bewußt kurz gehalten sind. Durch eine Gegenüberstellung der Pläne von 1842 und 1975 kann bereits visuell der starke aber unterschiedliche Umformungsprozeß sehr eindrucksvoll verdeutlicht werden.

Plan 7: Buchhofen

Als formales Strukturmerkmal ist, ebenso wie in Kirchdorf, eine durchgeführte Flurbereinigung zu erkennen. Abgesehen von einer Ansiedlung im S des Ortskerns hat sich das agrare Element dominant erhalten. Die Flächen der Nichtlandwirte verteilen sich unregelmäßig über die Flur und entstammen weitgehend jüngsten Siedlungserweiterungen.

Plan 8: Kirchdorf

Abgesehen von den noch vorhandenen Flächen des Pfarrhofes sind sowohl in Kirchdorf wie auch in Raffelsdorf unregelmäßig verstreute Grundstücke insbesondere von Arbeitern vorhanden. Der Ort Kirchdorf selbst ist in stärkerem Maße wie Buchhofen von Nichtlandwirten geprägt.

Plan 9: Forsthart

In der Gemeinde Forsthart blieb die Streulage der Einzelsiedlungen erhalten, wenngleich über eine Verdichtung sich ein Ortskern mit allen wesentlichen lokalen Funktionen herausgebildet hat. Bevorzugte neue Siedlungsstandorte sind entlang der beiden wichtigen Strassen zu finden, während die wenigen verbliebenen, aber nach heutigen Maßstäben keineswegs existenzfähigen Landwirte, sich auf die peripheren Lagen zurückgezogen haben. Der Ausbau der Siedlungen, entweder ungeregelt oder geregelt über ausgewiesene Baugebiete, läuft unvermindert weiter, ohne daß etwa die Entwicklung lokal oder regional über planerische Zielvorstellungen geleitet würde.

Gegenüber der historischen Situation ist die weitgehende Rodung der Siedlungsfläche und die Zurückdrängung der Einmärker augenfällig, die jedoch ihre Grenzen in dem unveränderten Besitz des Staates im N und insbesondere des Adels im E haben.

Plan 10: Walchsing

In der Gemeinde Walchsing wird der zahlreiche Besitz von Nichtlandwirten räumlich durch folgende Merkmale gekennzeichnet:

Im NW der Gemeinde im Anschluß an die Gemeinde Forsthart, im SE von Kriestorf und im E der Gemeinde sind umfangreiche Ausmärkerflächen ausgewiesen.
Eine Verdichtung der nichtlandwirtschaftlichen Besitzer auf den Ort

Walchsing in Fortführung der historischen Ansätze sind deutlich. Die "Sonstigen" im Bereich S von Walchsing sind Flächen der Flurbereinigungsgemeinschaft.

Im NE der Gemeinde wird ein Übergreifen der Struktur von Alkofen sichtbar. Im übrigen sei auf das starke Auftreten der Gruppe "Rentner" verwiesen.

Die z.T. noch andauernden Maßnahmen zur Verbesserung der Agrarstruktur einschließlich der Vilsregulierung sind nicht berücksichtigt, da weder geeignete Kartengrundlagen vorliegen noch die Kataster den letzten Stand wiedergeben.

Plan 11: Alkofen

Die für die historische Struktur charakteristischen, eng begrenzten Bereiche der nichtbäuerlichen Besitzer haben wie lokale Innovationskerne gewirkt, von denen aus die flächenhafte Verbreitung der Nichtlandwirte bis zur Gegenwart stark vorangeschritten ist. Ähnlich wie in Forsthart wurden die Wald- und Einmärkerflächen zurückgedrängt. Als augenfälliges Merkmal kommt noch die Ausweitung des Kirchenbesitzes im SE der Gemeinde hinzu, die auf die Gründung des Klosters Schweicklberg vor dem 1. Weltkrieg auf dem Areal des ehemaligen Schweicklgutes zurückzuführen ist.

Dominant unter den Nichtlandwirten sind zweifellos die Arbeiter und neben ihnen die Rentner, wenngleich die Beamten und Angestellten von der Zahl her wegen ihrer zunehmenden Tendenz an Bedeutung gewinnen. Die von Gewerbetreibenden und freien Berufen (darunter zahlreiche Einmärker) gehaltenen Flächen haben verschiedene Funktionen und reichen von tatsächlicher gewerblicher Nutzung (bes. im Donautal) bis zur spekulativen Kapitalanlage. Zwar als einzige von den sechs Gemeinden mit einem Flächennutzungsplan versehen, läßt auch Alkofen als bevorzugter Siedlungsstandort keine übergeordnete Zielplanung erkennen.

Plan 12: Otterskirchen

Nicht nur aus den statistischen Vergleichsdaten, sondern auch in der Gegenüberstellung der Pläne 1842 und 1975 wird deutlich, daß die Gemeinde Otterskirchen N der Donau die vergleichsweise stärkste Umformung hinsichtlich der Grundbesitzstruktur erfahren hat. Ohne weitgehenden Siedlungsausbau wie etwa in Alkofen hat sich eine große Zahl von Grundbesitzern nichtlandwirtschaftlichen Hauptberufen zugewandt.

Als für diese Gemeinde jedoch typisch, sind die umfangreichen Einmärkerflächen anzusehen, die von orts- bzw. regionsfremden Gruppen gehalten werden. Im W der Gemeinde wurden größere landwirtschaftliche Anwesen von offensichtlich kapitalkräftigen Personen von außerhalb Bayerns aufgekauft, während unterhalb des Ebersbergs, auf einer der höchsten und markantesten Stellen des Vorwaldes, eine Feriensiedlung angelegt wurde. An einer exponierten Lage mit einer mißglückten Bauweise und einem ebensolchen Management, erinnert diese Ansiedlung an jene "Colonien" des vorigen Jahrhunderts, die den Gemeinden mehr Ärger und Nachteile als Nutzen bescherten.

Neben einem allgemein oder lokal erklärbaren Strukturwandel im Grundbesitzgefüge ist jedoch eine klare Tendenz des Eindringens allochthoner Besitzer zu erkennen, das einen eindeutigen Zusammenhang mit dem Problemfeld "Freizeitverhalten" und dessen verschiedenen Lokalisationsformen besitzt.

4.1.4. Aktueller Stand und Entwicklung der gruppenmäßig differenzierten Grundbesitzstruktur

Trotz der häufig gebrauchten Ausgangsbasis des Grundbesitzers wird in nahezu allen Arbeiten die quantitative Erfassung und gruppenspezifische Zuordnung des Bodens vernachlässigt. Zunächst muß einmal geklärt werden, welchen Anteil die Gruppen an der jeweiligen zur Disposition stehenden Fläche auf der Basis von Gemeinde oder Gemeindeteil haben.

Dabei wurde in der vorliegenden Analyse das Prinzip beibehalten, die Raumwirksamkeit der Gruppen sowohl unter dem zahlen- wie flächenmäßigen Aspekt zu betrachten. Wenn auch heute die "Flächengebundenheit" der Gesellschaft nicht mehr in gleichem Maße gilt wie in historischer Zeit, so bleibt sie letztlich gerade im ländlichen Raum noch von hoher Wichtigkeit.

Global gesehen ist für die Grundbesitzstruktur (Tab. 21) einmal die Relation Landwirte/Nichtlandwirte bedeutsam. Wie auch die Pläne 7-12 deutlich wiedergeben, sind die jeweiligen Anteile in den ausgewählten sechs Gemeinden unterschiedlich. Buchhofen und Kirchdorf weisen zahlen- wie flächenmäßig den höchsten Anteil der Landwirte, Forsthart und Alkofen den niedrigsten Anteil auf. Bedeutsam ist, daß die Landwirte als Gruppe zahlenmäßig insgesamt erheblich von den Arbeitern übertroffen werden. Immerhin tritt in Forsthart der Fall ein, daß auch flächenmäßig die Arbeiter den größten Anteil an der Gesamtfläche beanspruchen. Wenngleich auch die von den Landwirten bewirtschaftete Fläche noch erheblichen Umfang besitzt, stellt die Tab. 21 unter Beweis, daß entsprechend den Ergebnissen von PRIEBE (1973, S. 34 f) für den "Unteren Bayerischen Wald" einschließlich unseres UG

weniger Menschen hauptberuflich und

mehr Menschen nebenberuflich in der Landwirtschaft tätig sind als man nach der Statistik annehmen müßte;

heute die Familien mit nebenberuflicher Landwirtschaft die Kerngruppe der Bevölkerung des ländlichen Raumes bilden.

Nicht zuletzt aufgrund des zahlenmäßig hohen Anteils von Nichtlandwirten kann "alles in allem weniger von Verhaltensweisen traditioneller Familien als von Aktivitäten dynamischer Familien" gesprochen werden (PRIEBE 1973, S. 82). "Das zeigt die Durchschnittszahl von drei erwerbstätigen Familienmitgliedern und der hohe Lebensstandard, der als Ergebnis ihres Zusammenwirkens in den Familien der nebenberuflichen Landwirte erreicht wird." Die von PRIEBE in der Region festgestellten Familieneinkommen liegen 1971/72 mit rd. 21 000 DM über den vergleichbaren Durchschnittseinkommen in der BRD (S. 98)! Sie geben eine Erklärung dafür ab, warum sich die derart umfangreiche nebenberufliche Bewirtschaftung stabil erhält oder sich noch ausweitet. Diese Struktur macht aber auch deutlich, daß die vereinfachende Einstufung des Gebietes entweder als "Bauernland" oder als "Passivraum, Notstandgebiet u.ä." an der Realität vorbeigeht.

Dabei ist zu betonen, daß ein geradezu typisch hoher Anteil nebenberuflicher Landwirte auf historische Prozesse der geschilderten

Tabelle: 19

ANTEIL DER GRUNDBESITZER AN DEN HAUSHALTEN IN SECHS GEMEINDEN DES UG 1970/75

GEMEINDE	natürliche Grundbes. a	Privat-haushalte insgesamt b	Mehrper-sonenhaus-halte c	Anteil der Grundbesitzer an b in v.H.	Anteil der Grundbesitzer an c in v.H.
Buchhofen	108	120	103	90,0	(100,0)
Kirchdorf	46	74	59	62,2	78,0
Forsthart	215	274	242	78,5	88,8
Walchsing	247	299	271	82,6	91,1
Alkofen	580	807	700	71,9	82,9
Otterskirchen	282	390	328	72,3	86,0
GESAMT	1 478	1 964	1 703	75,3	86,8

Quelle: (Haushalte; VZ 1970) Beitr. z.St. Bayerns, H.304a, 1972
(Grundbesitzer;1975) Eigene Erhebung

Tabelle: 20

VERÄNDERUNG DER SITUATION DER GRUPPE BAUERN/LANDWIRTE 1842/1975 IN SECHS GEMEINDEN DES UG

GEMEINDE	Zahlenmäßiger Anteil (in v.H.)			Flächenanteil (in v.H.)			Durchschnittl. Fläche (in ha)	
	1842	1975	Diff.	1842	1975	Diff.	1842	1975
Buchhofen	57,4	31,5	-25,9	94,0	90,5	- 3,5	32,7	20,5
Kirchdorf	56,7	36,7	-20,0	93,0	88,2	- 4,8	22,5	19,7
Forsthart	7,6	6,9	- 0,7	14,9	22,7	7,8	7,0	7,4
Walchsing	39,4	25,6	-13,8	84,2	77,3	- 6,9	29,6	17,7
Alkofen	24,8	11,3	-13,5	82,5	51,5	- 31,0	21,9	14,0
Otterskirchen	69,4	25,5	-43,9	95,6	77,2	- 18,4	24,4	21,2

Quelle: Eigene Erhebung

Tabelle: 21

SOZIALSTRUKTUR DER GRUNDBESITZER 1975 IN SECHS GEMEINDEN DES UG NACH ANZAHL UND FLÄCHE (OHNE AUSMÄRKERANTEIL)

GEMEINDE	A=Anzahl F=Fläche	Landwirte	ungelernte Arbeiter	gelernte Arbeiter	niedere Angestellte und Beamte	leitende Angestellte und Beamte	Gewerbetreibende Freie Berufe	Rentner Witwen Hausfrauen	Sonstige	SUMME
Buchhofen	A	35 31,5	21 18,9%	27 24,3%	6 5,4%	- -	10 9,0%	9 8,1%	3 2,8%	111 100,0%
	F	718,75 90,5%	21,44 2,7%	20,4 2,6%	5,3 0,6%	- -	9,2 1,2%	9,3 1,2%	9,5 1,2%	793,9 100,0%
Kirchdorf	A	18 36,7%	8 16,3%	12 24,5%	- -	- -	2 4,1%	6 12,2%	3 6,2%	49 100,0%
	F	355,2 88,2%	19,5 4,8%	7,4 1,8%	- -	- -	0,8 0,2%	7,4 1,8%	12,2 3,2%	402,5 100,0%
Forsthart		15 6,9%	80 36,9%	53 24,4%	9 4,2%	2 0,9%	17 7,8%	39 17,9%	2 0,9%	217 100,0%
	F	111,7 22,7%	190,8 38,8%	75,2 15,3%	3,5 0,7%	1,9 0,5%	15,9 3,2%	89,1 18,1%	3,3 0,7%	491,4 100,0%
Walchsing	A	64 25,6%	58 23,2%	51 20,4%	14 5,6%	- -	15 6,0%	45 18,0%	3 1,2%	250 100,0%
	F	1134,1 77,3%	95,2 6,5%	41,9 2,9%	31,9 2,2%	- -	39,7 2,7%	110,4 7,5%	13,7 0,9%	1466,8 100,0%
Alkofen	A	66 11,3%	163 27,9%	144 24,6%	35 6,0%	4 0,7%	36 6,2%	132 22,6%	4 0,7%	584 100,0%
	F	922,7 51,5%	313,7 17,5%	121,7 6,8%	21,5 1,2%	0,8 -	50,1 2,8%	216,1 12,1%	144,7 8,1%	1791,33 100,0%
Otterskirchen	A	74 25,5%	62 21,4%	83 28,6%	13 4,5%	4 1,4%	10 3,4%	36 12,4%	8 2,8%	290 100,0%
	F	1569,3 77,2%	153,1 7,6%	170,7 8,4%	1,7 -	3,6 0,1%	46,0 2,3%	60,1 3,0%	28,9 1,4%	2033,4 100,0%
GESAMT	A	272 18,1%	392 26,1%	370 24,7%	77 5,1%	10 0,7%	90 6,0%	267 17,8%	23 1,5%	1501 100,0%
	F	4811,7 68,9%	793,8 11,4%	437,4 6,3%	63,8 0,9%	6,3 0,1%	161,8 2,3%	492,4 7,1%	212,3 3,0%	6979,4 100,0%

Quelle: Eigene Erhebung nach Liegenschaftskataster

Art, aber auch bisher noch nicht erklärte Tendenzen der letzten Jahrzehnte zurückgeht.

Mehr noch als Tab. 21 mit der Grundbesitzstruktur für 1975 vermag die Relation Landwirte/Nichtlandwirte in ihrer zeitlichen Veränderung einen Eindruck über Umfang und Geschwindigkeit des Umformungsprozesses im Anschluß an die Veränderungen bis zur Mitte des 19. Jh. geben. Es sei aber noch einmal betont, daß die Dynamik verstärkt erst nach dem 2. Weltkrieg einsetzte. Gegenüber 1842 hat die Gruppe der Bauern/Landwirte erheblich an Position verloren, in den einzelnen Gemeinden von unterschiedlichem Umfang. Ohne im einzelnen die Ergebnisse näher interpretieren zu wollen, sei darauf verwiesen, daß nach Tab. 20 die Gemeinde Otterskirchen im Vorwald, zwar spät, aber den stärksten Veränderungsprozeß durchlaufen hat. Insgesamt kann man feststellen, daß

die Niveauunterschiede sich vergrößert, der Differenzierungsprozeß sich also fortgesetzt hat;

dieser Differenzierungsprozeß aber nicht überall mit derselben Dynamik verlief und

das Ausgangsniveau für Richtung und Ausmaß des Veränderungsprozesses von entscheidender Bedeutung ist.

4.1.5. Die durchschnittlichen Besitzgrößen und ihr Entwicklungstrend seit der Mitte des 19. Jahrhunderts am Beispiel der Gruppe Landwirte

Wenn auch der zeitliche Vergleich darunter leidet, daß für die historische Situation von 1842 die Ausmärkerflächen enthalten, für 1975 aber nicht einbezogen sind, gibt die Tab. 20 doch einen Eindruck der nach der Mitte des 19. Jh. erfolgten weiteren Nivellierung der Besitz- und somit auch der Betriebsgrößen für Landwirte/ Bauern wieder. Im Durchschnitt aller sechs Gemeinden sank die Besitzfläche für diese Gruppe von 23,0 ha auf 17,7 ha. Im Vergleich dazu ist für den Durchschnitt aller Grundbesitzer ein stärkerer Rückgang, nämlich von 13,0 ha auf 4,6 ha. zu verzeichnen, wobei sich erhebliche Variationsbreiten für die einzelnen Gemeinden ergeben. Während in der ersten Hälfte des 19. Jh. die Expansion der nichtbäuerlichen Gruppen die Bauern nur wenig berührte, ging diese später stark zu Lasten der Landwirte. Zwar gibt die Veränderung der Betriebsgrößen wichtige Hinweise über Art und Umfang von Prozessen im ländlichen Raum, doch vermag sie allein nicht die sozioökonomische Struktur einer Region abzubilden, auch wenn "die Betriebsgröße als Kennzeichen des Leistungspotentials eines Betriebes" (RICHTER 1970, S. 453) angesehen wird. Im übrigen muß an diesem Beispiel wiederum darauf aufmerksam gemacht werden, daß bloße Durchschnittswerte über Betriebsgrößen nicht aussagekräftig sind, die gruppenmäßig differenzierten Ergebnisse zwar einen höheren Wert besitzen, aber immer noch einer Einordnung in den sozioökonomischen Hintergrund einschließlich der Genese bedürfen. Ohne die Kenntnis z.B. der besonderen historischen Struktur Forstharts und der Ausgangshöhe wäre etwa eine Zunahme der Betriebsgrößen der Landwirte nicht zu verstehen. Andererseits folgen, wie in Otterskirchen, die Betriebsgrößen nicht zwangsläufig einem allgemeinen Umformungsprozeß und blieben trotz ständig abnehmender Bedeutung der Gruppe relativ stabil.

4.2. Die räumlich und gruppenspezifisch differenzierte Einmärkerstruktur und ihre Veränderung als Indikator für Umschichtungsprozesse

Eine Analyse der Ein- bzw. Ausmärkerverflechtungen ähnlich wie für den historischen Schnitt wäre grundsätzlich auch für eine aktuelle Betrachtung möglich, scheitert aber an dem zu hohen Arbeitseinsatz für die Datenerhebung. Aus diesem Grund kann keine das UG abdeckende Matrix vorgelegt werden, die Darstellung beschränkt sich auf die sechs Beispielgemeinden.

Gegenüber der historischen Struktur sind folgende wesentliche Veränderungen von Bedeutung:

- die am Einmärkerbesitz beteiligten Gruppen haben sich nach Quantität und nach Qualität verändert, so daß nur eine globale, nicht jedoch gruppenspezifische Gegenüberstellung möglich ist;
- Funktion und formale Struktur des einmärkischen Besitzes haben sich insofern geändert, da gegenwärtig insbesondere für die nichtbäuerlichen Gruppen die Einmärkerflächen mit Hausbesitz verbunden sind oder zum Zwecke des Hausbaus erworben werden, was vor 130 Jahren nur sehr selten der Fall war;
- Die Reichweite der Herkunft der Einmärker hat sich bedeutend vergrößert und erstreckt sich über die Nachbargemeinden hinaus, zunehmend auf regionsexterne Verdichtungsgebiete.

Die Tab. 22 gibt die gruppenmäßig wie auch nach numerischen und Flächenanteil differenzierte Struktur der Einmärker für 1975 auf der Basis von 6 ausgewählten Gemeinden wieder. Abgesehen von den signifikanten Abweichungen einzelner Gemeinden zeigt die Tab. 22 im Vergleich mit der Tab. 21, daß insgesamt die Gruppen Bauern und Arbeiter z.T. stark unterrepräsentiert, die Beamten und Angestellten und Gewerbetreibenden innerhalb der Einmärker überbesetzt sind. Während letztere Gruppe offensichtlich den einmärkischen Bodenbesitz überwiegend als Kapitalanlage und/oder Spekulationsobjekt betrachtet, besteht innerhalb der Arbeiter die Tendenz, in der jeweiligen Gemeinde auch ansässig zu werden. Dies ist ein wichtiges Indiz für einen bereits stattgefundenen und sich fortsetzenden Prozeß der Umformung der Sozialstruktur der Grundbesitzer, der zum großen Teil von außen her gesteuert wird. Betrachtet man unter dem Gesichtspunkt der Funktion die Flächen in den einzelnen Gemeinden, so sind sehr unterschiedliche Abläufe und Strukturen zu erkennen. Mit einer relativ bescheidenen Einmärkerfläche ausgestattet, weisen die Dungaugemeinden Buchhofen und Kirchdorf nach wie vor einen dominanten landwirtschaftlichen Anteil auf, während dieser in Alkofen, Otterskirchen, Forsthart und Walchsing sehr stark zugunsten der anderen Gruppen zurücktritt. Verglichen mit der histori-

Tabelle: 22

ANTEILE DER EINMÄRKER NACH GRUPPEN UND GEMEINDEN 1975

GEMEINDE	F=Fläche A=Anzahl	GRUPPEN								
		Landwirte	ungelernte Arbeiter	gelernte Arbeiter	niedere Angestellte und Beamte	leitende Angestellte und Beamte	Gewerbetreibende Freie Berufe	Rentner Hausfrauen Witwen	Sonstige	SUMME
Buchhofen	A	26 65,0%	3 7,5%	3 7,5%	2 5,0%	- -	1 2,5%	1 2,5%	4 10,0%	40 100,0%
	F	47,0 75,8%	3,3 5,3%	7,1 11,4%	0,5 0,9%	- -	0,1 -	2,0 3,1%	2,1 3,5%	62,0 100,0%
Kirchdorf	A	12 70,6%	- -	3 17,6%	- -	- -	1 5,9%	1 5,9%	- -	17 100,0%
	F	20,0 90,4%	- -	2,1 9,6%	- -	- -	- -	- -	- -	22,1 100,0%
Forsthart	A	21 29,5%	7 9,8%	9 12,7%	6 8,5%	8 11,3%	10 14,1%	8 11,3%	2 2,8%	71 100,0%
	F	80,2 12,7%	1,2 0,2%	3,1 0,5%	0,7 0,1%	9,7 1,5%	8,0 1,3%	5,9 0,9%	523,5 82,8%	632,3 100,0%
Walchsing	A	33 37,9%	16 18,4%	9 0,3%	7 8,0%	3 3,4%	3 3,4%	10 11,8%	6 6,8%	87 100,0%
	F	54,2 24,6%	22,9 10,4%	7,0 3,1%	14,5 6,6%	2,0 0,9%	1,3 0,6%	6,6 3,0%	112,1 50,8%	220,6 100,0%
Alkofen	A	18 11,8%	12 7,8%	30 19,6%	28 18,3%	11 7,2%	36 23,5%	15 9,8%	3 2,0%	153 100,0%
	F	26,9 17,4%	7,6 4,9%	13,7 8,9%	18,5 12,0%	5,5 3,5%	66,6 43,1%	11,6 7,5%	4,1 2,7%	154,2 100,0%
Otterskirchen	A	28 28,6%	7 7,1%	15 15,3%	15 15,3%	7 7,1%	20 20,4%	4 4,1%	2 2,1%	98 100,0%
	F	30,8 21,0%	1,3 0,9%	10,7 7,3%	4,7 3,2%	1,1 0,8%	95,4 65,4%	1,1 0,6%	1,1 0,8%	146,8 100,0%
GESAMT	A	138 29,6%	45 9,7%	71 15,2%	58 12,4%	29 6,2%	71 15,2%	37 7,9%	17 3,8%	466 100,0%
	F	259,1 20,9%	36,3 2,9%	43,3 3,5%	39,0 3,1%	18,2 1,5%	171,9 13,9%	26,9 2,2%	643,3 52,0%	1238,0 100,0%

Quelle: Eigene Erhebung nach Liegenschaftskataster

Tabelle: 23

VERÄNDERUNG DER EINMÄRKER 1842 - 1975 NACH ANZAHL UND FLÄCHE

Gemeinde	Anzahl			Fläche (ha)			Anteil der Einmärkerfläche an der Gmde.-fläche (in v.H)		
	1842	1975	Diff.	1842	1975	Diff.	1842	1974	Diff.
Buchhofen	25	40	15	20,8	62,0	41,2	2	7	5
Kirchdorf	14	17	3	11,4	22,1	10,7	3	5	2
Forsthart	78	71	- 7	733,7	632,3	-101,4	65	56	- 9
Walchsing	43	87	44	64,5	220,6	156,1	4	13	9
Alkofen	43	153	110	151,7	154,2	2,5	8	8	0
Otterskirchen	12	98	86	6,9	146,8	139,9	0	7	7
GESAMT	215	466	251	989,0	1238,1	249,1			

Quelle: Eigene Erhebung nach Urkataster und Liegenschaftskataster

Tabelle: 24

EINMÄRKERFLÄCHE NACH GRUPPEN UND AKTIONSREICHWEITEN IN SECHS GEMEINDEN 1975

GRUPPE	Anz.	Fläche (ha)	HERKUNFT	Anz.	Fläche (ha)
Landwirte	138 30,7%	259,1 43,6%	Nachbargemeinden	242 53,9%	351,3 59,0&
Ungelernte Arbeiter	45 10,0%	36,3 6,1%	Restl. Kreise PA und DEG	63 14,0%	63,0 10,6%
Gelernte Arbeiter	71 15,8%	43,3 7,3%			
niedere Angestellte und Beamte	58 12,9%	39,0 6,6%	Restl. Niederbayern	14 3,1%	26,0 4,4%
leitende Angestellte und Beamte	29 6,5%	18,2 3,1%	Restl. Bayern	78 17,4%	66,5 11,2%
Gewerbetreibende Freie Berufe	71 15,8%	171,9 28,9%			
Rentner, Hausfrauen Witwen	37 8,3%	26,9 4,4%	Restl. BRD	52 11,6%	87,9 14,8%
SUMME	449 100,0%	594,7 100,0%	SUMME	449 100,0%	594,7 100,0%

Quelle: Eigene Erhebung nach Liegenschaftskataster

schen Situation ist gegenwärtig der Einmärkerbesitz räumlich wesentlich stärker durch die beteiligten Gruppen differenziert, wobei diese Differenzierung aber keineswegs mit der Struktur der ortsansässigen Grundbesitzer einhergeht.

Um das Gewicht der letztgenannten Gruppen noch einmal deutlich hervorzuheben, wurde in Tab. 24 als Störfaktor die "Sonstigen" (mit über 50 % Flächenanteil, fast ausschließlich in adeligem Besitz) ausgeschaltet, so daß in den Gemeinden Forsthart und Walchsing die nichtbäuerlichen Gruppen auch im Flächenanteil stärker hervortreten.

Nicht zuletzt aufgrund der relativ hohen Zahl und des Flächenumfangs von Einmärkern, die in den letzten Jahren verstärkt in die Gemeinden hereingekommen sind, ist für das UG die Aussage von LEUSMANN (1972, S. 55), daß die geringe Bodenmobilität im Fehlen ausreichender außerlandwirtschaftlicher Erwerbsmöglichkeiten begründet ist, nicht zu bestätigen. Dasselbe gilt für eine "gewisse Dynamisierung der Bodenmobilität im Rahmen verstärkter Abwanderungswerte" ebenso, denn die (endgültige) Abwanderung landbesitzender Personen ist äußerst gering, dafür der Zuzug landerwerbender Gruppen umso höher.

Gehen wir von einer quantitativen Veränderung der Einmärker aus, so ist ganz allgemein eine Zunahme zu verzeichnen. Dies gilt wowohl für den zahlenmäßigen wie den Flächenteil. Nach Gemeinden betrachtet, ergibt sich ein unterschiedliches Bild, das wenigstens in der Tendenz der Dynamik ortsansässiger Grundbesitzer entspricht. So verlief die Zunahme der Einmärker in Buchhofen und Kirchdorf vergleichsweise geringer als in Otterskirchen, das auch in dieser Hinsicht den stärksten Umformungsprozeß innerhalb der betrachteten Gemeinden erlebte.

Für Forsthart, das im vorigen Jahrhundert über einen hohen Einmärkeranteil verfügte, ist eine rückläufige Tendenz unter gleichzeitiger Emanzipation ortsansässiger Gruppen festzustellen. Diese Aussage gilt im Kern für die Gemeinde Alkofen, wo ebenfalls traditionelle Einmärker zurückgedrängt wurden.

Es taucht damit auch die Frage auf, ob allein die quantitative Veränderung für die Beurteilung des Veränderungsprozesses ausreicht. Eine qualitative Betrachtung unter gruppenspezifischem Aspekt leidet unter dem nicht statthaften Vergleich zeitlich verschieden definierter Gruppen. Lediglich eine Gegenüberstellung der Bauern/Landwirte kann m.E. erfolgen. Danach ist innerhalb eines vergleichbaren Raumes (Landgemeinden 1842 - ausgewählte Gemeinden 1975) der Flächenanteil dieser Gruppe von rd. 67 % auf r d. 44 % zurückgegangen. Das bedeutet gleichzeitig, daß der Anteil der Nichtlandwirte entsprechend zugenommen hat und zwar gemessen an den ortsansässigen Grundbesitzern sogar überdurchschnittlich.

Eine weitere Gruppe, die durchaus vergleichbar gewesen wäre, die der Wirte/Brauer/Kaufleute, für den historischen Abschnitt von sehr großer und raumwirksamer Bedeutung, ist gegenwärtig ohne Gewicht. In vollem Umfang erhalten hat sich hingegen die Untergruppe der adeligen Grundbesitzer, die nahezu die gesamte Fläche der "Sonstigen" bes. in Forsthart und Walchsing, beansprucht (vergl. Tab. 22).

Die Einmärkeranalyse muß aber letztlich noch um die räumliche Dimension erweitert werden. Die Zusammenfassung in Tab. 24 ergibt neben einer weitgehenden Übereinstimmung in Zahlen- und Flächenanteil eine überwiegende Herkunft der Einmärker aus der nächsten

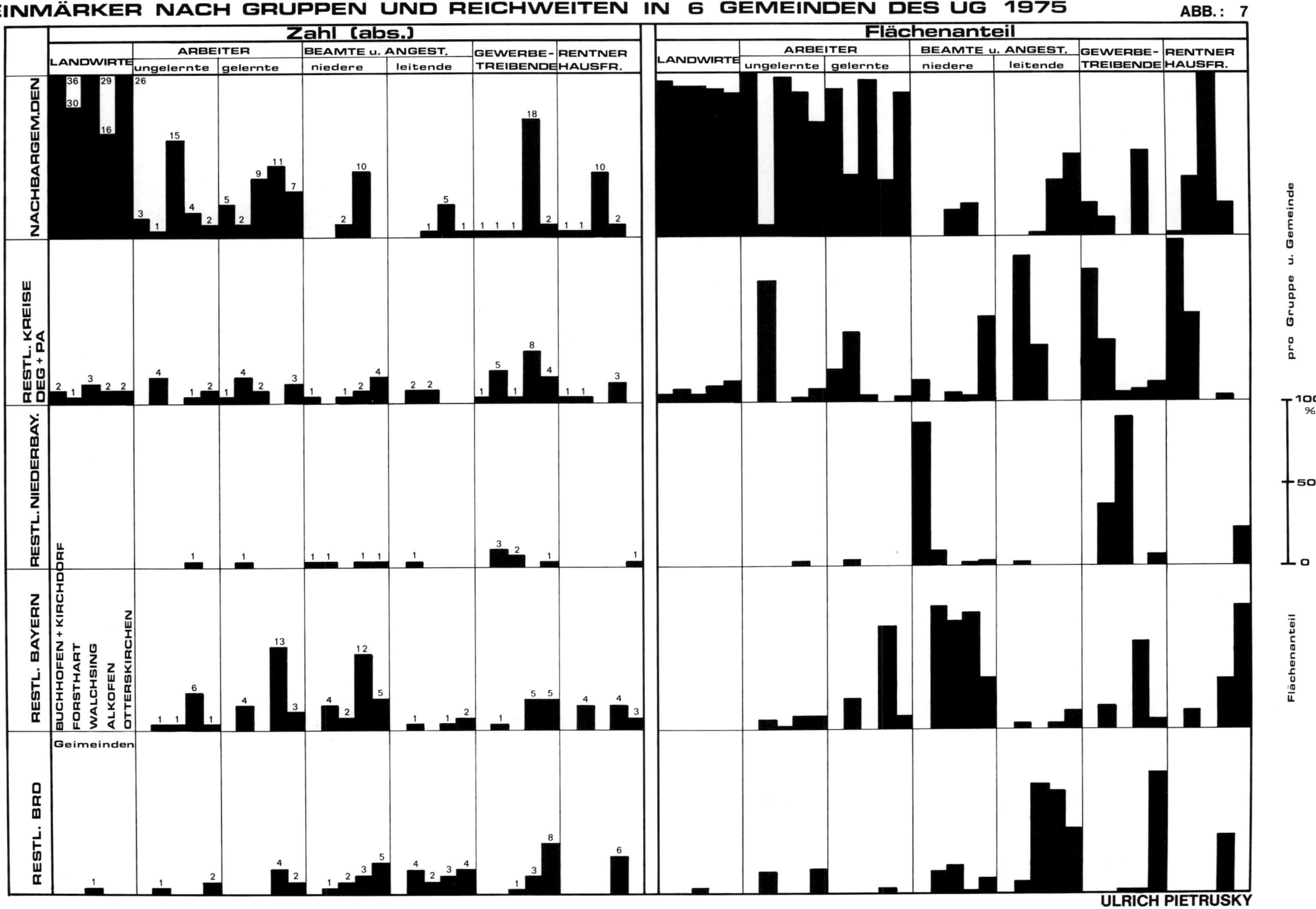
EINMÄRKER NACH GRUPPEN UND REICHWEITEN IN 6 GEMEINDEN DES UG 1975
ABB.: 7
Zahl (abs.)
Flächenanteil
LANDWIRTE
ARBEITER
ungelernte
gelernte
BEAMTE u. ANGEST.
niedere
leitende
GEWERBE-TREIBENDE
RENTNER HAUSFR.
NACHBARGEM.DEN
RESTL. KREISE DEG + PA
RESTL. NIEDERBAY.
RESTL. BAYERN
RESTL. BRD
BUCHHOFEN + KIRCHDORF
FORSTHART
WALCHSING
ALKOFEN
OTTERSKIRCHEN
Geimeinden
pro Gruppe u. Gemeinde
100 %
50
0
Flächenanteil
ULRICH PIETRUSKY

Umgebung, so daß etwa zwei Drittel als autochton bezeichnet werden müssen. Von ihnen wird in starkem Maße eine Umgestaltung im Siedlungsbild hervorgerufen, da die nichtbäuerlichen Gruppen unter ihnen häufig potentielle Bauherrn von Ein- oder Zweifamilienhäusern sind.

Für die restlichen rd. 20 % der Einmärker, die von außerhalb des engeren Lebensraumes stammen, ergibt sich eine eindeutige Bevorzugung bestimmter Gemeinden. Diese richtet sich im besonderen auf die Vorwaldgemeinden und greift über die Donau noch auf den Forsthartrücken und das Vilstal über, spart aber den Dungau weitgehend aus. Auch diese Einmärkerflächen sind in aller Regel mit Hausbesitz verbunden, der aber in den verschiedensten Formen (Bauernhaus, -hof, Ein-, Zweifamilienhaus, Appartment-Ferienhaus) meist ein Zweitwohnsitz oder/und Spekulationsobjekt darstellt. Die Bevorzugung bestimmter Gemeinden ist nicht nur eine Funktion eines höherwertigen naturlandschaftlichen Potentials im Hinblick auf Freizeitverhalten, sondern muß einhergehen mit der Auflösung traditioneller Sozialstrukturen. Angebot und Nachfrage von Grundbesitz müssen sich auf einem höheren Niveau entsprechen. 1975 war die Nachfrage noch wesentlich stärker als das Angebot. Die Anmerkung RUPPERTs (1962, S. 47), daß der Grunderwerb Nichteinheimischer "für den oberbayerischen, vermutlich für den größten Teil des Fremdenverkehrsbereichs typisch" ist, erfährt am Beispiel des UG eine Bestätigung, mit der Ergänzung, daß es sich im UG weitgehend nicht um Fremdenverkehr im traditionellen Sinne, sondern um sehr unterschiedliche Formen des Freizeitverhaltens handelt.

Über die Abb. 7 läßt sich deutlich erkennen, daß mit zunehmender Entfernung des Wohnsitzes der Anteil der "höherwertigen" Gruppen unter den Einmärkern ansteigt. Diesen Gruppen kommt dann besondere Bedeutung zu, wenn sie sich größerer Flächen bemächtigen, die, wie im Falle von Otterskirchen, überwiegend landwirtschaftliche Flächen ehemals größerer Betriebe sind (s. Plan 12). Die Abb. 7 bestätigt hier das Vorhandensein gruppentypischer Aktionsreichweiten. Mit Ausnahme der Gruppe "Rentner, Hausfrauen, Witwen", die hinsichtlich der Entfernung als indifferent angesehen werden muß, nimmt die Reichweite von den Landwirten über Arbeiter, Angestellte und Beamte, Gewerbetreibende und Freie Berufe zu.

Mit den Einmärkerbeziehungen und ihrer aktionsräumlichen Einordnung werden Strukturen und Abläufe beschrieben, nicht aber befriedigend in den Ursachen erklärt. Die sicherlich sehr interessante Frage, ob die Einmärker Strukturveränderungen auslösen oder aber auf Strukturveränderungen nur reagieren, kann nicht allgemein beantwortet werden, da grundsätzlich beide Kräfte zusammenwirken.

4.3. Umfang und Veränderung der Pachtflächen nach strukturbedingten Entwicklungsabläufen

4.3.1. Umfang, Verteilung und Veränderung der Pachtfläche 1960–1970 nach unterschiedlichen Formen

In einer komplexen Betrachtung von Grundbesitzstruktur und Bodenmobilität genügt es nicht, lediglich die Grundbesitzer gruppenmäßig nach ortsansässig und fremd zu ordnen, die wechselnde Bewertung des Bodens einerseits und die Dynamik in der Gruppenstruktur andererseits lassen sich auch über die Veränderung und den Umfang der Pachtfläche analysieren. Während etwa die "Sozialbrache" im Schrifttum einen breiten Platz gefunden hat, wird man meist vergebens selbst in Lexikas und Planungshandbüchern Näheres über Pacht und ihre Funktion suchen. Daher ist es auch zu diesem Problemkreis nicht einfach, die gefundenen Ergebnisse richtig zu werten und einzuordnen, sind doch selbst die wenigen Aussagen zum weiteren Untersuchungsraum nicht immer identisch.

Der Regionalbericht 1975 für die Region 12 (S. 55) geht davon aus, daß in der Region die Verpachtung ganzer Höfe äußerst selten, die Parzellenpacht relativ weit verbreitet ist. Räumlich gesehen bleibt der Pachtumfang im Bayerischen Wald und Vorwald gering und zeigt zudem eine fallende Tendenz, während südlich der Donau Pachtpreise und Umfang sich erheblich erhöht haben (S. 56).

Für die Ermittlung der Pachtfläche gibt es drei verschiedene Ebenen:

1. die Befragung der Betroffenen bzw. von Gewährsleuten am Ort;
2. die Erfassung von

   Verträgen über längerfristige Verpachtung mit staatlicher Prämie

   Verträgen über längerfristige Verpachtung mit Landabgaberente

   sonstigen Pachtverträgen,

   die bei den Ämtern für Landwirtschaft und Tierzucht hinterlegt sind und Teil agrarstruktureller Verbesserungsmaßnahmen darstellen,
3. die Angaben der amtlichen Statistik auf Gemeindebasis, seit etwa 15 Jahren teilweise publiziert zugänglich.

Da für 1) und 2) die Besitzer kenntlich sind, lassen sich die Ergebnisse lokalisieren und gruppenspezifisch differenzieren.

Aus den Unterlagen über die <u>vertraglich fixierte Verpachtung</u> (Tab. 25) ist für das UG bei 257 Verpächtern eine Gesamtfläche von rd. 1200 ha ermittelt worden, was einem Anteil der (vertraglichen) Pachtfläche von 2,8 % an der LF entspricht. Den höchsten Anteil von 7,9 % weist die Stadt Vilshofen auf, während für die Gemeinde Buchhofen als einziger kein Pachtvertrag hinterlegt ist, was bei einer Befragung bezüglich der "inoffiziellen" Verpachtung bestätigt wurde.

Die <u>gesamte Pachtfläche</u> auf der Basis der amtlichen Statistik[1] nahm im UG von 1960 bis 1970 absolut von 3026 auf 5055 ha, relativ um rd. 67 % zu. Gemessen an der jeweiligen LN bzw. LF (die um

---

[1] Bayer. Stat. Landesamt: Landwirtschaftszählung 1960; unveröff. Beiträge zur Statistik Bayerns, H.306a, 1974

Tabelle: 25

UMFANG DER LÄNGERFRISTIGEN VERPACHTUNG IM RAUM OSTERHOFEN-VILSHOFEN 1974 (Gebietsstand 31.12.1974)

Gemeinde	Anzahl der Verpächter	Pachtfläche i.v.H.d. LF	Gemeinde	Anzahl der Verpächter	Pachtfläche i.v.H.d. LF
Aholming	11	2,0	Moos	1	0,2
Aicha a.D.	11	3,1	Oberpöring	4	2,0
Aidenbach M.	6	2,6	Ortenburg M.	4	1,3
Albersdorf	5	1,4	Osterhofen St.	43	3,1
Aldersbach	28	4,2	Otterskirchen	3	0,7
Alkofen	15	3,5	Pleinting M.	6	4,6
Beutelsbach	11	5,6	Rathsmannsdorf	9	3,1
Buchhofen	-	-	Vilshofen St.	27	7,9
Eging M.	6	2,5	Wallerfing	5	0,9
Garham	6	1,2	Windorf M.	4	1,8
Hofkirchen M.	7	1,9	Wolfachau	23	5,2
Künzing	17	2,6	Zeitlarn	1	0,2
Langenisarhofen	3	1,4	GESAMT	257	
				1 192,87 ha	

Quelle: Eig. Erhebung nach Pachtverträgen bei den Ämtern für Landwirtschaft und Tierzucht Passau-Rotthalmünster und Deggendorf, 1974

ABB.: 12

Pachtfläche in v.H. der ges. Besitzfläche nach Gruppen in Walchsing 1975

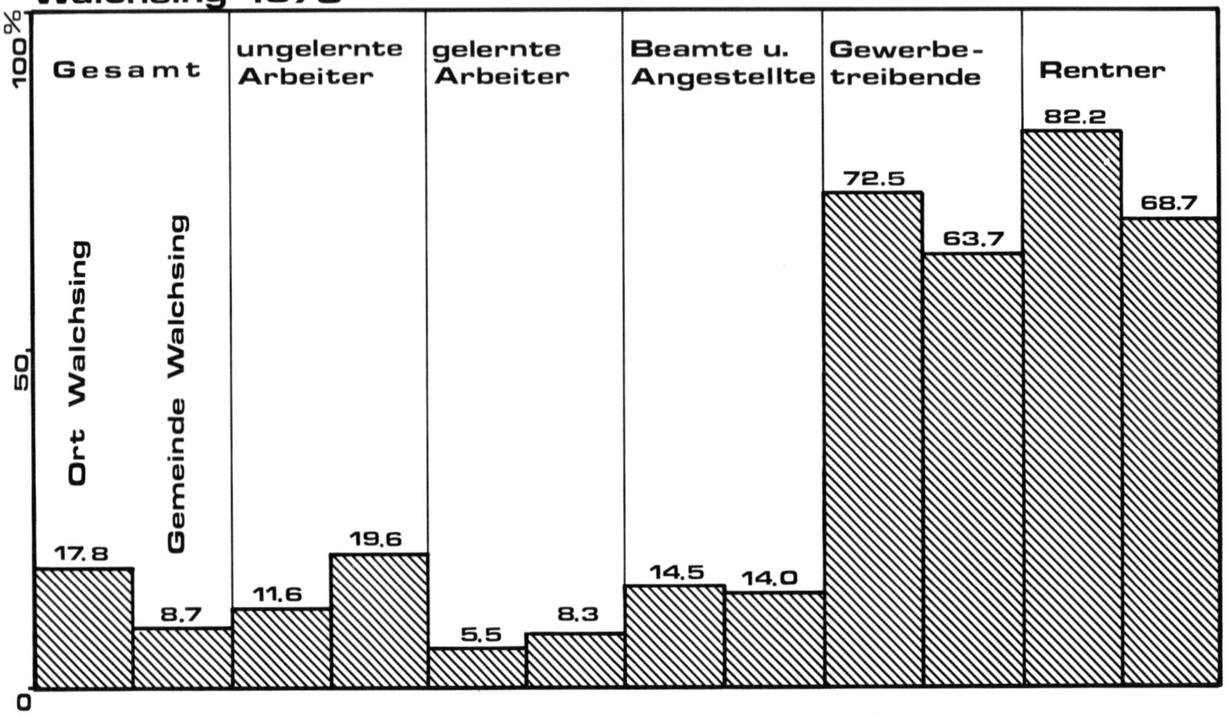

1653 ha oder 3,8 % abnahm), betrug der Pachtlandanteil 1960 etwa 7 % und 1970 etwa 12,5 %.

Der Umfang der Pachtfläche ist erstaunlich, insbesondere auch für 1960, ist diese Form nur wenig in das Bewußtsein eingedrungen. So wurde in zwei Gemeinden des UG (Otterskirchen und Buchhofen) 1974 auf Befragen die Existenz von Pachtflächen verneint, obwohl die Statistik 1970 jeweils mehr als 5 % an der LF aufweist. Im Maximum war 1970 in der Gemarkung der Stadt Vilshofen mehr als die Hälfte der LF verpachtet.

Überblickt man die Pachtlandanteile unter räumlichen Gesichtspunkten, so ist in der Tendenz festzustellen, daß der Umfang der Pachtflächen im Dungau wie auch im Vorwald geringer ist als in den Gemeinden mit überwiegendem Anteil an der Isar-Donauniederung und des Hügellandes (vergl. Abb. 11). Diese Feststellung würde für den Vorwald den Regionalbericht 1975 bestätigen, wenngleich dessen Gründe (hoher Dauergrünlandanteil, kleinbäuerliche Betriebsstruktur, großes Angebot) nicht zu überzeugen vermögen. Der mäßige Pachtanteil im Dungau, von dem auch RUPPERT (1972, S. 181) berichtet, mit seiner durchschnittlichen Entwicklung, steht allerdings im Gegensatz zu den Angaben des Regionalberichts (S. 56). Daß trotz eines hohen Anteils von Zu- und Nebenerwerbslandwirten in vielen Gemeinden des Dungaus im UG der Pachtumfang gering ist, mag u.a. auch daran liegen, daß dort rationelle Arbeitsmethoden wie überbetrieblicher Maschineneinsatz sehr früh Verbreitung gefunden haben, nachdem in Buchhofen 1959 der erste Maschinenring überhaupt ins Leben gerufen wurde.

Zur Beurteilung des tatsächlichen Umfangs und vor allem der Wirkungsmechanismen der Verpachtung reichen die "offiziellen" Angaben nicht aus, da ein wechselnd großer Teil "unter der Hand" und ohne Formalitäten bewirtschaftet wird, teilweise auch ohne finanzielle Gegenleistung.

Für die Gemeinde Walchsing wurde daher über die hinterlegten Pachtverträge hinaus noch der zusätzliche Pachtumfang über Befragung ermittelt und gruppenmäßig differenziert (Abb. 12). Während unter den Verpächtern keine Landwirte auftraten, waren es besonders die Rentner, die am häufigsten Land abgaben. In der Gemeinde Walchsing waren Anfang 1975 rd. 65 % der Besitzfläche der Rentner verpachtet, im Ortsteil Walchsing sogar 82 %! Unter den 11 Fällen längerfristiger Verpachtung befinden sich 9 Rentner, unter den restlichen 14 immerhin noch 6 Rentner. Da bei der längerfristigen Verpachtung meist die gesamte Wirtschaftsfläche (mit Ausnahme der Gebäude) abgegeben wurde, trifft für diese Gemeinde die häufig gemachte Feststellung nicht zu, die Hofpacht wäre in Ostniederbayern bedeutungslos. Als Pächter treten bei der längerfristigen Verpachtung grundsätzlich, bei der sonstigen überwiegend Landwirte auf, die die Chance zur Betriebsaufstockung wahrnehmen. Damit wird zwar ein Beitrag zur Verbesserung der Agrarstruktur geleistet, der aber gering bleibt, weil eine Einbindung in eine übergeordnete Zielplanung auch unter dem Gesichtspunkt der Koordination mit anderen Maßnahmen (z.B. Flurbereinigung) fehlt.

Als Ergebnis ist festzuhalten, daß die Bereitschaft zur (zunächst pachtweisen) Aufgabe von Bodeneigentum durch Nichtlandwirte steigt, ein Vorgang, der über eine neuerliche Steigerung der Bodenmobilität den seit dem beginnenden 19. Jh. signifikanten Prozessen insofern entgegenläuft, weil davon in zunehmendem Maße die Gruppe der Landwirte profitiert. Weiterhin ist die - zunächst nicht quantita-

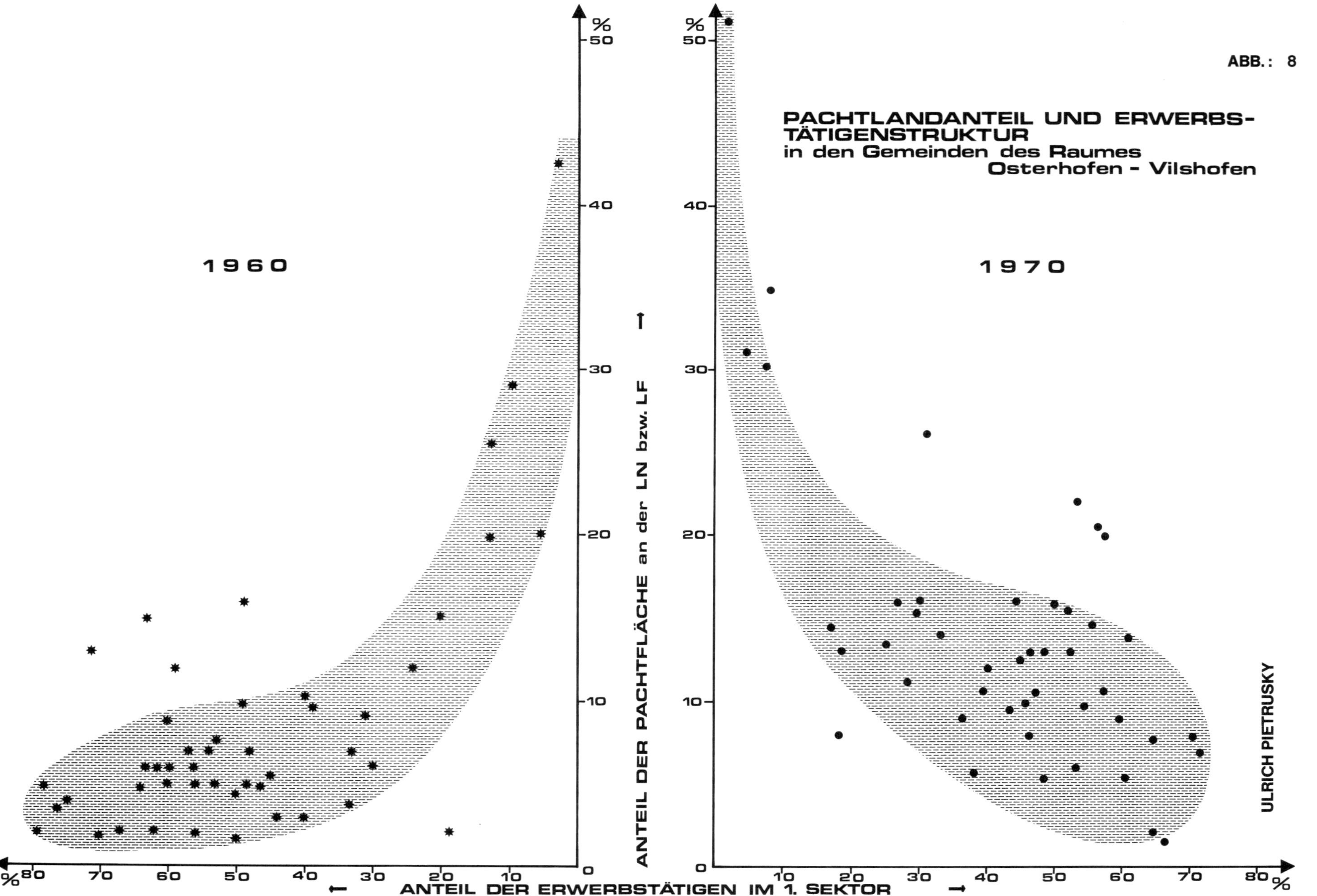

ABB.: 8
PACHTLANDANTEIL UND ERWERBS-
TÄTIGENSTRUKTUR
in den Gemeinden des Raumes
Osterhofen - Vilshofen
1960
1970
ANTEIL DER PACHTFLÄCHE an der LN bzw. LF
ANTEIL DER ERWERBSTÄTIGEN IM 1. SEKTOR
%
50
40
30
20
10
0
10
20
30
40
50
60
70
80
ULRICH PIETRUSKY

tiv belegbare - Tendenz festzustellen, daß in Bereichen mit hoher und stark zunehmender Pacht der Verkauf von Boden auch an allochthone Gruppen wächst, sofern sich kapitalkräftige Nachfrager für den betreffenden Raum interessieren. Insgesamt gesehen findet eine starke Veränderung der Grundbesitzstruktur statt, wobei die Pacht zwar nicht die Ursache, aber ein wichtiger Indikator ist, der umso besser anzeigt, je feiner er betrachtet wird.

4.3.2. Wirkungszusammenhänge zwischen aktuellem Pachtlandanteil, Erwerbstätigenstruktur, historischem Sozialgefüge und natürlichen Standortbedingungen

Mit der aufschlußreichen Zuordnung der Pachtflächen zu Gruppen am Beispiel Walchsing wurde lediglich ein Weg aufgezeigt, die Masse ist jedoch für einen Schluß auf das gesamte UG zu gering. In Ermangelung besserer Merkmale soll im folgenden die Pachtfläche für alle Gemeinden des UG mit der Erwerbstätigenstruktur, m.E. stellvertretend für die Sozialstruktur kombiniert werden, wobei eine Zuordnung zu dem bodenbezogenen Sektor der Landwirtschaft sinnvoll erscheint.

Die Abb. 8 gibt jeweils den Zusammenhang zwischen Erwerbsstruktur und Anteil der Pachtfläche an der LN bzw. LF für 1960 und 1970 wieder. In der Zusammenschau beider Darstellungen läßt sich neben dem Umfang auch das Maß der Veränderung ablesen. Ohne die Position jeder einzelnen Gemeinde erläutern zu wollen, gibt Abb. 8 in der Tendenz eine Abhängigkeit wieder, die vereinfacht lautet:

> je geringer der Anteil der Erwerbstätigen im I. Sektor, umso höher der Pachtlandanteil.

Diese Aussage ist insbesondere für 1960 relativ eindeutig, wird im Zeitablauf aber stärker modifiziert:

> Der Pachtlandanteil nimmt, zunächst ungeachtet der sozialen Struktur zu und befindet sich 1970 gegenüber 1960 auf einem höheren Niveau
>
> Die Bereitschaft zur Pacht nimmt tendenziell auch in jenen Gemeinden zu, die einen hohen Anteil von Erwerbstätigen im I. Sektor aufweisen.

Die bessere Zuordnung der Variablen für den älteren Schnitt von 1960 ließ die Frage eines Zusammenhangs von historisch sozialer Struktur und Pacht auftauchen. Da nun für das UG aus der Mitte des 19. Jh. eine gute Merkmalskombination zur Kennzeichnung der Sozialstruktur vorliegt, wurde diese mit dem aktuellen Pachtlandanteil kombiniert. Analog zur Erwerbstätigenstruktur wurde der Anteil der Bauern an den gesamten Grundbesitzern herangezogen. Die Abb. 9 gibt das Ergebnis wieder, wobei folgender einfacher aber eindeutiger Zusammenhang feststellbar ist:

> Je geringer der Anteil der bäuerlichen Grundbesitzer um die Mitte des 19. Jh., umso höher ist der aktuelle Pachtlandanteil.

Ohne jetzt bereits einen kausalen Wirkungszusammenhang zwischen aktu-

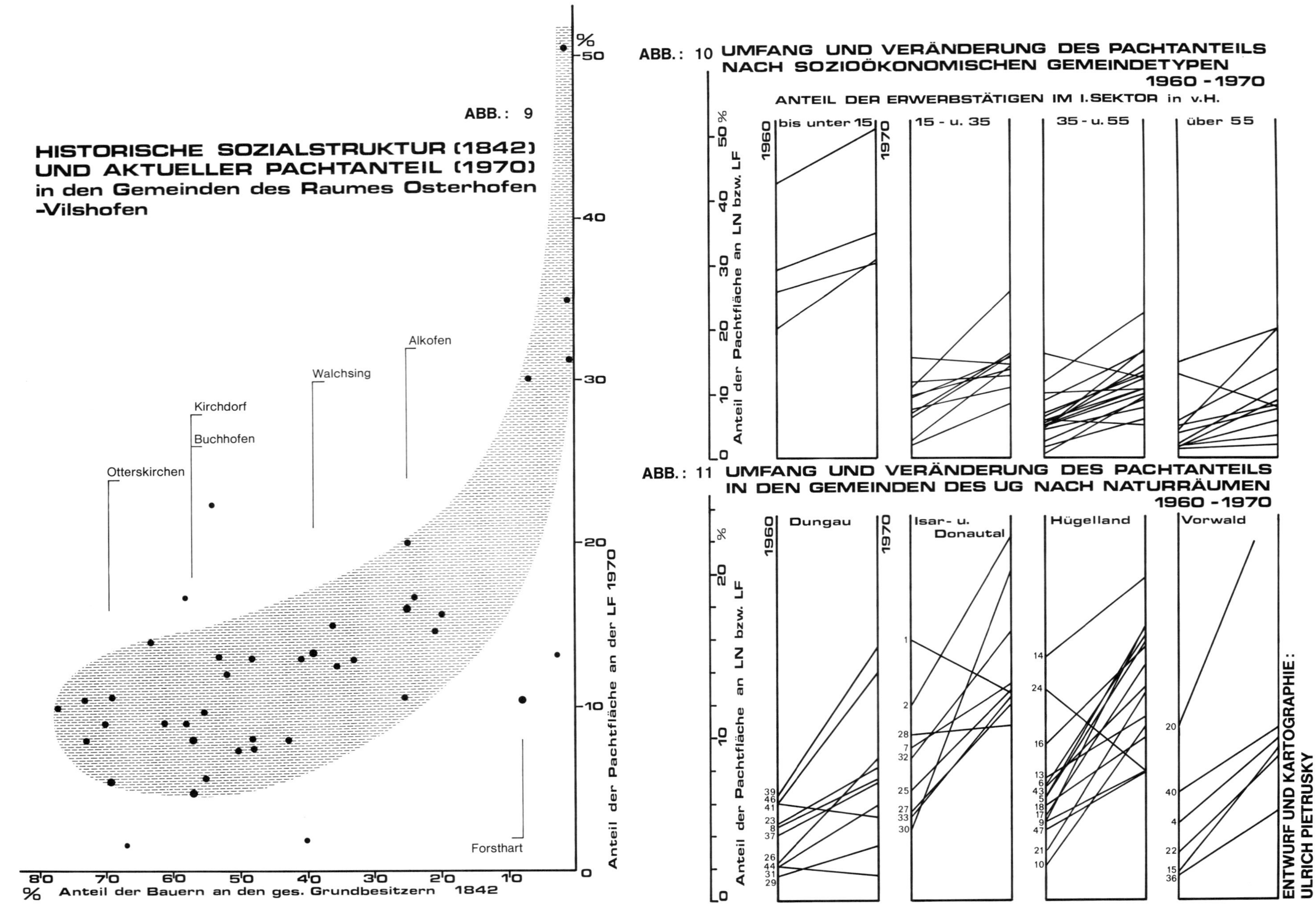
ABB.: 9
HISTORISCHE SOZIALSTRUKTUR (1842) UND AKTUELLER PACHTANTEIL (1970) in den Gemeinden des Raumes Osterhofen -Vilshofen
Alkofen
Walchsing
Kirchdorf
Buchhofen
Otterskirchen
Forsthart
Anteil der Pachtfläche an der LF 1970
% Anteil der Bauern an den ges. Grundbesitzern 1842
ABB.: 10 UMFANG UND VERÄNDERUNG DES PACHTANTEILS NACH SOZIOÖKONOMISCHEN GEMEINDETYPEN 1960 - 1970
ANTEIL DER ERWERBSTÄTIGEN IM I.SEKTOR in v.H.
bis unter 15
15 - u. 35
35 - u. 55
über 55
1960
1970
Anteil der Pachtfläche an LN bzw. LF
ABB.: 11 UMFANG UND VERÄNDERUNG DES PACHTANTEILS IN DEN GEMEINDEN DES UG NACH NATURRÄUMEN 1960 - 1970
Dungau
Isar- u. Donautal
Hügelland
Vorwald
1960
1970
Anteil der Pachtfläche an LN bzw. LF
ENTWURF UND KARTOGRAPHIE:
ULRICH PIETRUSKY

ellem Pachtumfang und -anteil und historischer Sozialstruktur formulieren zu wollen, sei bemerkt, daß die beteiligten Parameter enger aufeinander bezogen sind als etwa Erwerbstätige und Pacht.

Damit wird aber auch gleichzeitig eine Rückkoppelung hergestellt zu den Anfang des 19. Jh. abgelaufenen Prozessen, als deren Folge sich das Sozialgefüge über eine Zunahme des nichtbäuerlichen Anteils stärker differenziert hat.

Um Intensität und Dynamik der Pacht noch einmal gesondert darzustellen, wurden in Abb. 10 die Gemeinden zu sozioökonomischen Typen zusammengefaßt. Daraus ist die aus Abb. 8 bereits bekannte Tendenz deutlich sichtbar, daß der durchschnittliche Anteil der Pacht von den Städten und Märkten gegen die überwiegend landwirtschaftlich strukturierten Gemeinden abnimmt, ohne daß aber Unterschiede in der Dynamik sichtbar wären.

Die in Abb. 11 dargestellte Zuordnung von Pacht und naturräumliche Einheiten läßt ohne nähere Interpretation einen engen Zusammenhang zwischen den beiden Variablen vermuten. Zunächst kann einmal festgehalten werden, daß in den Gemeinden der Isar- und Donauniederung wie im Hügelland von einem vergleichsweise höherem Ausgangsniveau die Zunahme der Pachtfläche stärker war als in Dungau und Vorwald. Bei weitergehender Betrachtung zeigt sich aber, daß nicht der Naturraum an sich, sondern wiederum die historische Sozialstruktur für das unterschiedliche Verteilungsbild verantwortlich zeichnet. Denn die Gemeinden des Isar- und Donautals und des Hügellandes sind nämlich genau jene, in denen die oben geschilderten Differenzierungsprozesse ihre sozialräumlich stärksten Auswirkungen hatten. Und schließlich markieren die Abweichungen im Dungau (39 Ramsdorf, 46 Wisselsing) und im Vorwald (20 Hofkirchen und Hilgartsberg) jene Gemeinden, die eine Reihe kleinerer Siedlungsgründungen aufweisen.

Damit scheint sich auch der aus Abb. 9 abgeleitete enge Wirkungszusammenhang zwischen sozialhistorischer Grundbesitzstruktur und aktuellem Pachtanteil zu bestätigen. Abgesehen davon, daß diese Aussage einer Überprüfung in einem größerem Raum bedarf, muß gefolgert werden, daß für den betrachteten Aspekt die gegenwärtige Struktur in starkem Maße durch die historische vorbestimmt ist. Dies zeigt wiederum die Notwendigkeit auf, auch für rein planungsorientierte Analysen den historisch-genetischen Bezug zu beachten, um das Verständnis in komplexe raumverändernde Prozesse zu vertiefen.

5. DIE VERÄNDERUNG DER SOZIALSTRUKTUR ÜBER BEVÖLKERUNGSGEOGRAPHISCHE UMSCHICHTUNGSPROZESSE IM LÄNDLICHEN RAUM OSTERHOFEN-VILSHOFEN 1955–1970

Wurden bisher wesentliche mittelbare und unmittelbare Einflüsse und Ergebnisse der raumwirksamen Tätigkeit des Menschen analysiert, so steht im folgenden der Mensch selbst im Mittelpunkt. Dabei erfolgt die Betrachtung wiederum unter strukturellem wie prozessualem Aspekt.

Wie eingangs bereits betont, ist es für die vorliegende Untersuchung zunächst unerheblich, ob die "Sozialgeographie den Aufgabenkreis der Bevölkerungsgeographie nahezu völlig übernommen hat" (THOMALE 1972, S. 227)oder nach anderer Meinung die "Bevölkerungsgeographie an der Basis des anthropogeographischen Gesamtbereichs steht" (ZIMPEL, 1975, S. 22). Die Analyse ursprünglich demographischen Materials nach räumlichen Gesichtspunkten zu den Problemkreisen Bevölkerungsweise, -struktur, -entwicklung und Migrationsmuster soll nicht zuletzt Wirkungsmechanismen aufdecken, die zu einer Klärung der über Grundbesitzverhältnisse gefundenen Sozialstruktur und ihrem Differenzierungsprozeß beitragen können. Denn erst das Verständnis des quantitativen und vor allem qualitativen Verteilungsbildes des Menschen nach Ursachen und Entwicklungsabläufen öffnet" den Zugang zu allen Zweigen sowohl der anthropogeographischen Analyse als auch der sozialgeographischen und der kulturräumlichen Synthese" (ZIMPEL 1975, S. 22).

5.1. Zur Struktur der Wohnbevölkerung

Die demographischen Daten der amtlichen Statistik können nur sehr unzureichend für eine fundierte Strukturanalyse herangezogen werden. Die Kategorien wie "Erwerbstätige nach Wirtschaftsbereichen" oder "Stellung im Beruf" umschreiben nicht eindeutig genug jene Parameter, die letztlich für eine sozialgeographische Gruppenbildung und Typisierung von wesentlicher Bedeutung sind.

Den Mangel durch eigene Erhebungen auszugleichen, ist nicht immer möglich. Für einen aktuellen Schnitt liegen zwar Berufsangaben als primäre Merkmale in den Einwohnerkarteien vor, sie sind aber meist unvollständig oder veraltet. Die Angaben für sechs ausgewählte Gemeinden mit zusammen mehr als 7 500 Einwohnern nachzuführen würde die Gemeindeverwaltungen, umso mehr den Verfasser überfordern.

Die in Tab. 26 für die Gemeinde Alkofen wiedergegebene gruppenmäßig gegliederte Struktur der Wohnbevölkerung auf der Basis der Einwohnerkartei ist problematisch. Während die Zusammensetzung der männlichen Wohnbevölkerung durchaus der Realität entsprechen könnte, trifft dies auf den weiblichen Anteil mit Sicherheit nicht zu. Ortskenntnis und insbesondere die Ergebnisse der Wanderungsanalyse weisen darauf hin, daß die weiblichen Erwerbstätigen wesentlich zahlreicher sind, als dies aus der Einwohnerkartei zunächst hervorgeht. Entsprechend verfälscht ist das Gesamtergebnis. Obwohl als

Tabelle: 26

DIE WOHNBEVÖLKERUNG IN DER GEMEINDE ALKOFEN 1972 NACH GRUPPEN

Gruppen	Wohnbevölkerung		
	männlich	weiblich	insgesamt
Landwirte	7,6 %	0,7 %	4,1 %
ungelernte Arbeiter	20,8 %	4,2 %	12,4 %
gelernte Arbeiter	17,1 %	0,7 %	8,8 %
niedere Beamte und Angestellte	4,0 %	1,1 %	2,6 %
leitende Beamte und Angestellte	0,8 %	0,1 %	0,5 %
Gewerbetreibende	3,0 %	0,2 %	1,6 %
Ohne Beruf	46,7 %	93,0 %	70,0 %

Quelle: Eigene Erhebung nach Einwohnerkartei Gemeinde Alkofen, Stand 1972

Tabelle: 27

GEBÜRTIGKEIT DER WOHNBEVÖLKERUNG IN DEN GEMEINDEN ALKOFEN UND FORSTHART 1972

Gebürtigkeit	Alkofen		Forsthart	
	abs.	in v.H.	abs.	in v.H.
Gemeinde	1 534	49,9	496	49,6
Nachbargemeinden	612	19,9	112	11,2
Kreise DEG und PA	333	10,8	204	20,4
restl. Niederbayern	172	5,6	79	7,9
restl. Bayern	123	4,0	43	4,3
restl. BRD (einschl. Berlin)	75	2,4	28	2,8
außerhalb BRD (Flüchtlinge)	227	7,4	38	3,8

Quelle: Eigene Erhebung nach Einwohnerkartei der Gemeinden Alkofen und Forsthart, Stand 1972

Vergleichsbasis zum mobilen Bevölkerungsteil etwa zur Bestimmung von gruppenspezifischer Mobilität von Interesse, kann wegen der Unsicherheit in der Güte der Aussage die gruppenmäßig differenzierte Struktur der W o h n bevölkerung nicht in die Analyse mit einbezogen werden. Die Ergebnisse weiterer Gemeinden sind daher auch nicht wiedergegeben. Im Gegensatz zu Gruppenzugehörigkeit lassen sich Gebürtigkeit und Alter der aktuellen Wohnbevölkerung eindeutig aus der Einwohnerkartei bestimmen. Dies wurde für Alkofen und Forsthart durchgeführt (vergl. Tab. 27). In beiden Gemeinden beträgt der Anteil der in der Gemeinde Geborenen rd. 50 %, während der allochthone Bevölkerungsteil (außerhalb Bayerns geboren) mit unter 10 % gering ist. Atypisch für das UG weisen diese beiden Gemeinden einen unterdurchschnittlichen Flüchtlingsanteil auf.

Da die wichtigsten Daten zur Altersstruktur auf Gemeindebasis publiziert sind und signifikante Abweichungen von den Durchschnittswerten des UG oder der Region nicht vorliegen, wird auf deren Wiedergabe verzichtet.

5.2 Die Einzelelemente der Bevölkerungsbewegung im ländlichen Raum unter Einbeziehung des dynamischen Aspekts

5.2.1. Zu den verwendeten Kennziffern

Da die in der folgenden Analyse verwendeten Kennziffern nach Nomenklatur und Inhalt in der Literatur keineswegs einheitlich gebraucht werden, soll eine systematische Übersicht vorangestellt werden. Insbesondere der wichtige und häufig verwendete Begriff der räumlichen Mobilität bedarf einer klaren Inhaltsangabe. Während SCHWARZ (1969, S. 62 f) in die Berechnung der Mobilität nur die Fortzüge einbezieht, schließen wir uns der (späteren) Meinung von SCHAFFER (1971, S. 41) an, der Weg- u n d Zuzüge zugrunde legt.

Da wegen der relativ geringen Massen aus rechen- und darstellungstechnischen Gründen die Kennziffern sich nicht auf ein Jahr, sondern eine Mehrjahresperiode erstrecken und damit die Basisbevölkerung als Mittelwert der Periode erscheint, wird die jeweilige Ziffer als "mittlere" bezeichnet.

Die in Kap. 5.2. und 5.3. für das gesamte UG errechneten Kennziffern für drei Perioden zwischen 1959 und 1970 basieren auf den unveröffentlichten Daten des Bayerischen Statistischen Landesamtes zur Bevölkerungsforschreibung.[1] Die Fortschreibungselemente enthalten die Zahlen der Geburten, Sterbefälle, Zuzüge und Wegzüge pro Jahr oder Vierteljahr sowie den Bevölkerungsstand jeweils zum 31.12.

---

1 Bayer. Statistisches Landesamt: Fortschreibungselemente und Bevölkerungsstand 1956 ff. Datenbank; Krs. Vilshofen (unveröff.)

Kennziffern zur Bevölkerungsbewegung

NATÜRLICHE BEVÖLKERUNGSBEWEGUNG

Zahl der Geburten

Geburtenziffer

$$= \frac{\text{Zahl der Geburten}}{\text{1000 Einwohner}}$$

Zahl der Sterbefälle

Sterbeziffer

$$= \frac{\text{Zahl der Sterbefälle}}{\text{1000 Einwohner}}$$

Mittl. Bevölkerungsumsatz MBU

$$= \frac{\text{Geburten} + \text{Sterbefälle}}{\text{1000 Einwohner / Periode}}$$

Mittl. Natürlicher Saldo MNS

$$= \frac{\text{Geburten} - \text{Sterbefälle}}{\text{1000 Einwohner / Periode}}$$

WANDERUNGSBEWEGUNG

Zahl der Zuzüge

Zuzugsziffer

$$= \frac{\text{Zahl der Zuzüge}}{\text{1000 Einwohner}}$$

Zahl der Wegzüge

Wegzugsziffer

$$= \frac{\text{Zahl der Wegzüge}}{\text{1000 Einwohner}}$$

Mittl. Mobilität (W.volumen) MM

$$= \frac{\text{Zuzüge} + \text{Wegzüge}}{\text{1000 Einwohner / Periode}}$$

Mittl. Wanderungssaldo MWS

$$= \frac{\text{Zuzüge} - \text{Wegzüge}}{\text{1000 Einwohner/Periode}}$$

Bevölkerungsentwicklung

= Natürliches Saldo + Wanderungssaldo

Mittl. Bevölkerungsentwicklung

$$= \frac{\text{Natürlicher Saldo} + \text{Wanderungssaldo}}{\text{1000 Einwohner / Periode}}$$

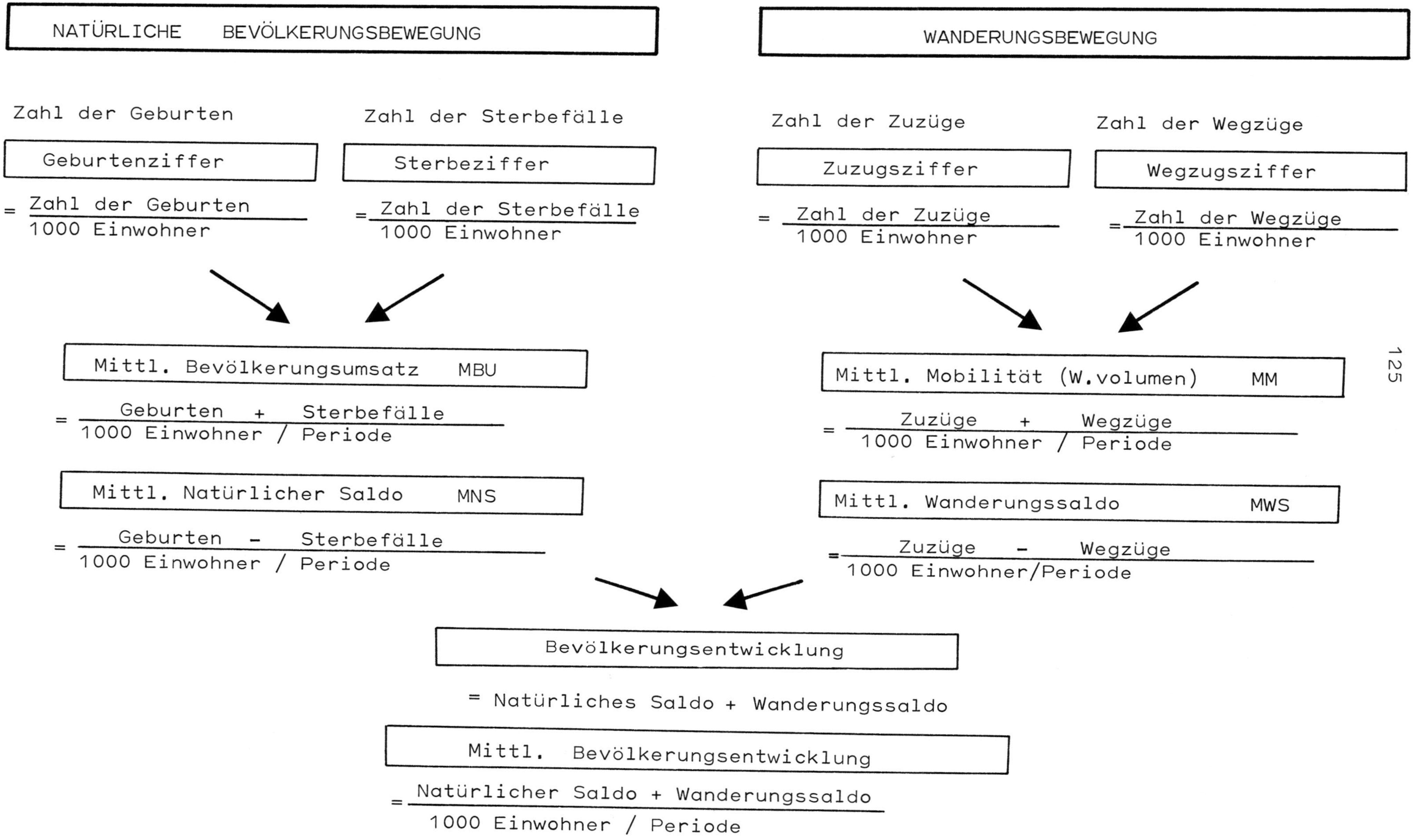

Die in Kap. 5.4. eingegangenen Rohdaten wurden aus den An- und Abmeldescheinen bei den Gemeinden ermittelt.

Um nun die Dynamik der Bevölkerungsentwicklung auch in der Darstellung sichtbar zu machen, wurde der Bearbeitungszeitraum 1955-1970 in vier gleiche Perioden gegliedert, wobei teilweise wegen unzureichender Datenlage auf die Wiedergabe der 1. Periode (1955-1958) verzichtet werden mußte. Die Wahl des Zeitraums und seine Einteilung erfolgte aus methodischen wie inhaltlichen Gründen:

Für die Zeit vor 1955 bzw. vor 1959 sind Daten entweder

nicht vorhanden(Stat. Landesamt: Fortschreibungselemente erst ab 1956)

lückenhaft vorhanden (Meldescheine einiger Gemeinden vor 1959)

oder wenig vergleichbar (demographische Ausnahmesituation durch Flüchtlinge und deren besonders starke Umschichtung im ersten Jahrzehnt nach dem 2. Weltkrieg)

Für die Zeit nach 1970 sind zwar alle Daten faßbar, aber wegen der Ende 1970 im UG einsetzenden und sich in den folgenden Jahren verstärkenden kommunalen Gebietsreform nicht mehr untereinander vergleichbar.

Jahreswerte streuen wegen der häufig geringen Masse zu stark.

Größere als Vierjahresperioden fassen zu unterschiedliche Prozeßabläufe zusammen und überdecken Änderungen im demographisch-sozialen Gefüge.

Unter Berücksichtigung des von außen vorgegebenen Rahmens ist über die Verwendung mehrerer Abschnitte und damit auch mehrerer Mittelwerte eine Darstellung von Prozeßabläufen besser möglich als über einen einzigen Wert für die gesamte Bearbeitungszeit.

5.2.2. Die natürliche Bevölkerungsbewegung

Wanderungsvorgänge und der damit verbundene Begriff der Mobilität als wesentlicher Indikator einer Umformung von Raumsituationen sollen weder geleugnet noch in ihrer Bedeutung geschmälert werden, doch bedürfen sie grundsätzlich einer Ergänzung durch die natürliche Bevölkerungsbewegung. Früher weitgehend als stabil angenommen und somit einer Diskussion nicht wert, erweisen sich bei genauer Analyse die natürlichen Komponenten der Bevölkerungsbewegung im Zeitablauf als variabel. Sie sind für den vorliegenden ländlichen Raum als dynamisches und langfristig demographisch wie sozial strukturverändernd wirksames Element von großer Bedeutung. In keiner der 47 Gemeinden des UG (s. Abb. 13) war in den drei dargestellten Perioden (1959-62, 63-66, 67-70) das Ergebnis des Zusammenwirkens von Geburten und Sterbefällen, also der mittlere natürliche Saldo MNS konstant. Es bewegte sich - wenn auch keineswegs einheitlich - von einem höheren zu einem niedrigerem Wert.

In Abb. 13 ist die periodenweise Veränderung des MNS nach drei Gemeindegrößenklassen getrennt sichtbar. Dadurch kann die allgemeine Aussage eines sich verringernden MNS noch differenziert werden. In

ABB.: 13

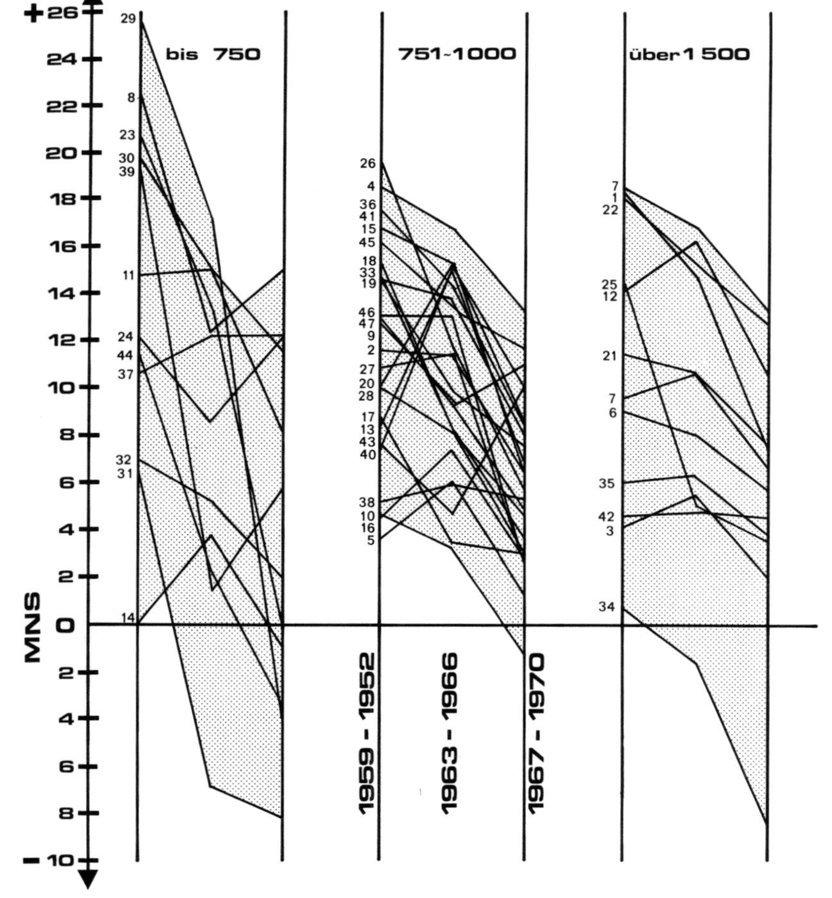

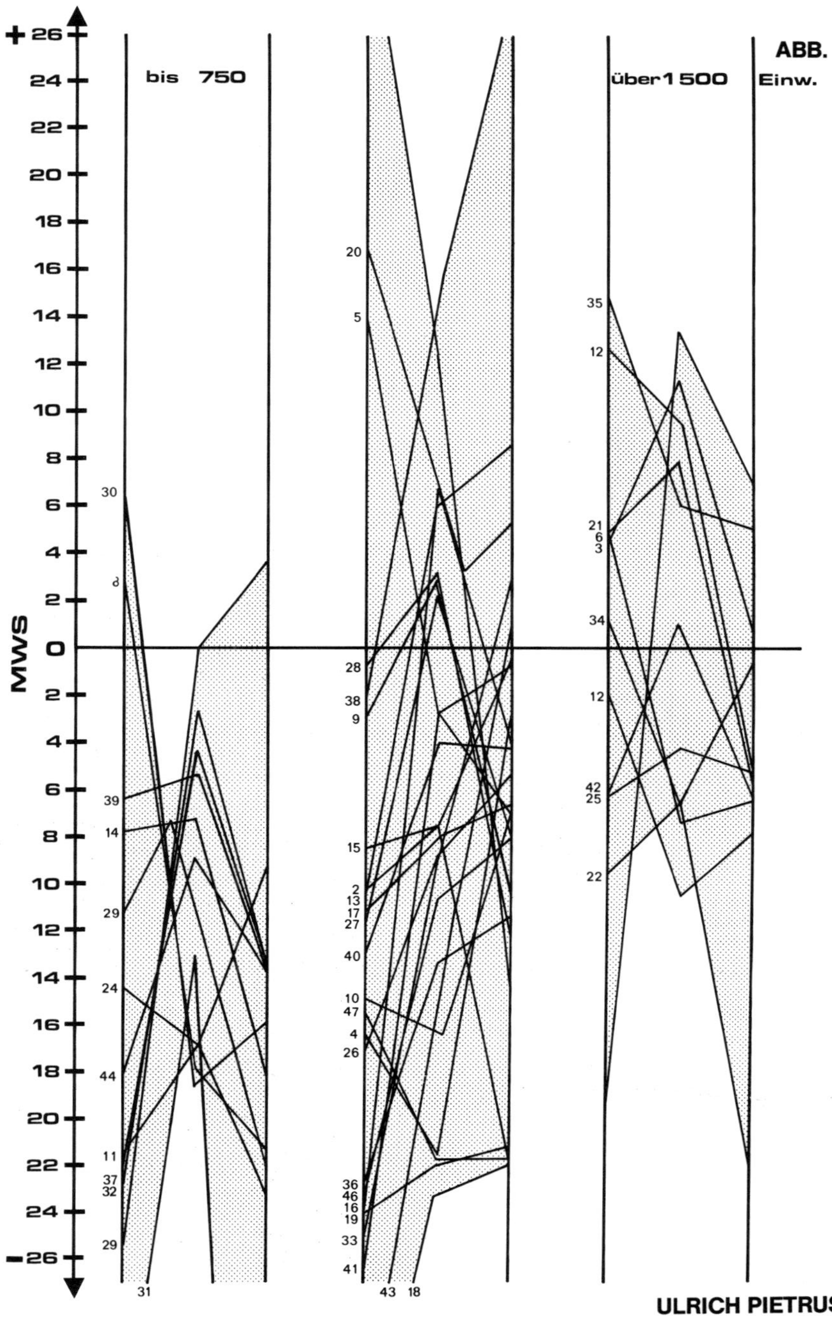

MNS
bis 750
751-1000
über 1 500
1959 - 1952
1963 - 1966
1967 - 1970
+26
-10

MWS
bis 750
über 1 500
Einw.
+26
-26

Die Entwicklung von mittlerem natürlichem Saldo (MNS) und mittlerem Wanderungs - saldo (MWS) nach Gemeindegrößengruppen im ländlichen Raum Osterhofen - Vilshofen

ULRICH PIETRUSKY

kleinen Gemeinden vollzieht sich die Veränderung in einem weitaus stärkeren Maße als in größeren kommunalen Einheiten. Der ursprünglich vorhandene Geburtenüberschuß hat sich gerade dort erheblich verringert und ist nicht selten sehr schnell in ein Defizit übergegangen.

Die Darstellung bietet den Vorteil, über eine bloße Differenz hinaus auch die entscheidenden Niveauunterschiede wiederzugeben. Denn es ist nicht dasselbe, ob zwischen zwei Perioden eine Differenz von 10 in dem Bereich +20/+10 oder 0/-10 zustande kommt. Weiterhin bestätigt sich auch die Annahme, daß innerhalb verschiedener Perioden die Entwicklung nicht einheitlich verläuft.

Um eine gewisse räumliche Einordnung der in den Abb. und Karten ersichtlichen Werte zu ermöglichen, seien einige vergleichbare Durchschnittswerte für den MNS angegeben:

Region mittlerer Bayerischer Wald[2]: 1956-1964 = 10,4

Region Donau Wald[3]: 1960 = 9,4; 1965 = 8,1; 1970 = 3,9;
1972 = 2,2

Ein entsprechend starker Rückgang des natürlichen Saldos ist auch dem Grenzlandbericht 1975[4] zu entnehmen, wonach die niederbayerischen "Gebiete der Gemeinschaftsaufgabe außerhalb des Zonenrandgebietes" 1973 bereits ein Geburtendefizit aufweisen.

5.2.3. Die räumliche Bevölkerungsbewegung

Die Bevorzugung der Wanderungsbewegung in der Betrachtung strukturverändernder Faktoren rührt sicherlich auch von der größeren Variationsbreite des Wanderungssaldos her. Dies geht deutlich aus Abb. 13 hervor. Die nach Gemeindegrößenklassen aufgegliederte Darstellung läßt im Ergebnis eine noch stärkere Unterscheidung im Prozeßablauf nach Stärke und Richtung erkennen, als es beim MNS der Fall ist. Die Gemeinden bis 750 Einw. bewegen sich, mit einer negativen Tendenz, überwiegend im Bereich des Wanderungsdefizits. Letzteres trifft auch auf die Klasse 750 bis unter 1500 Einw. zu, jedoch ist hier neben einem höheren durchschnittlichen Niveau überwiegend eine positive Tendenz erkennbar. Die Gemeinden mit mehr als 1500 Einw. auf dem relativ höchsten Niveau verhalten sich in der Entwicklungsrichtung sehr uneinheitlich.

Die im Raumordnungsplan Mittlerer Bayerischer Wald angedeutete Tendenzwende, mit einem Wanderungssaldo 1957 von -12,4 und 1963 von +0,4[2] wird durch den Grenzlandbericht für den größeren Raum bestätigt, wonach 1972 und 1973 sowohl im Zonenrandgebiet wie auch in den Gebieten der Gemeinschaftsaufgabe außerhalb des Zonenrandge-

---

2 Bayer. Staatsministerium für Wirtschaft und Verkehr, Landesplanungsstelle: Raumordnungsplan Mittlerer Bayerischer Wald; München 1967

3 Bayer. Staatsministerium für Landesentwicklung...: Regionalbericht 1974. Region 12, Donau-Wald; München 1975, S. 28

4 Bayer. Staatsministerium für Wirtschaft und Verkehr: Bericht über die wirtschaftl. Entwicklung der strukturschwachen Gebiete Bayerns. - Grenzlandbericht; München 1975, S. 121 ff.

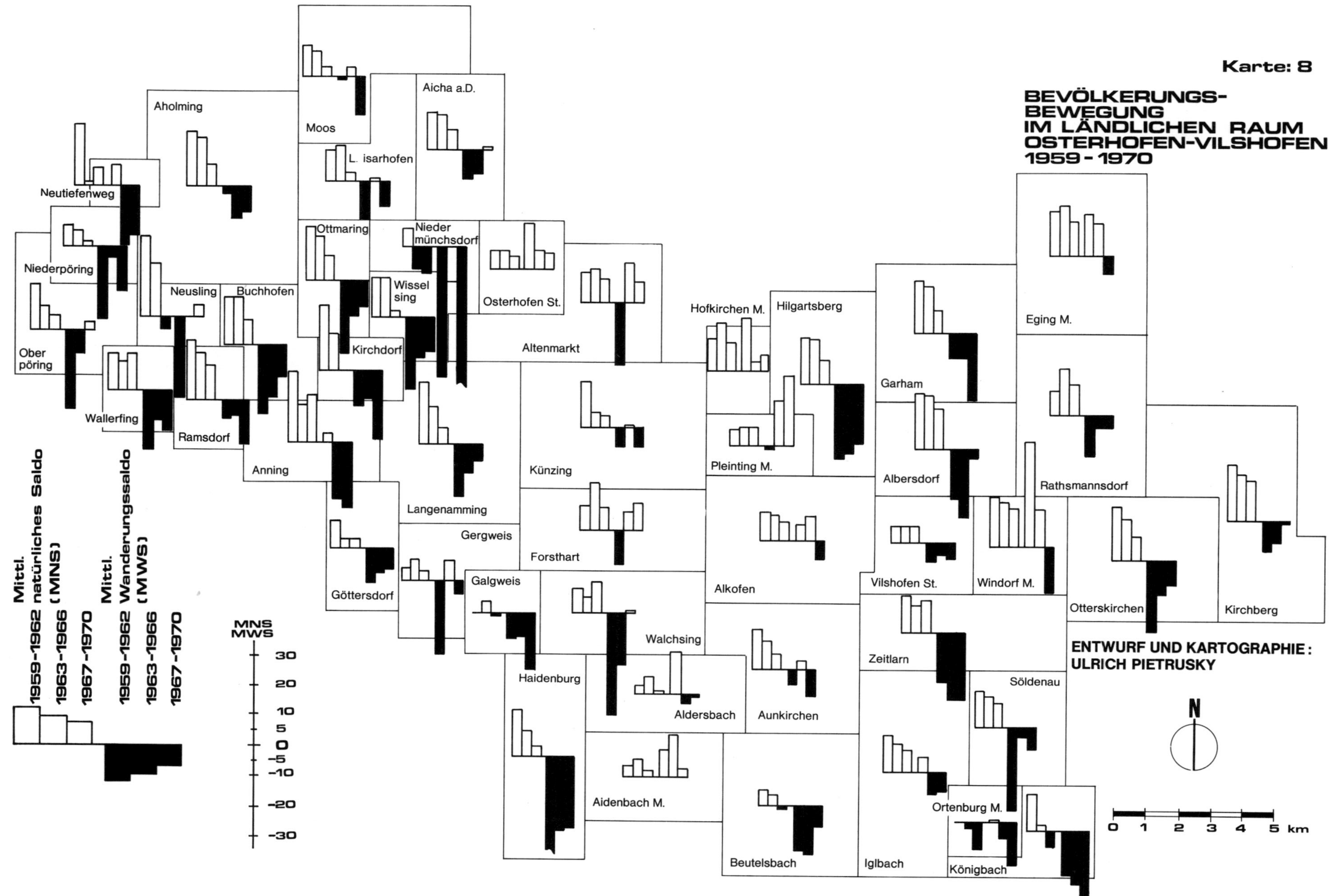
Karte: 8
BEVÖLKERUNGS-
BEWEGUNG
IM LÄNDLICHEN RAUM
OSTERHOFEN-VILSHOFEN
1959 - 1970
Aholming
Moos
Aicha a.D.
L. isarhofen
Neutiefenweg
Niederpöring
Ottmaring
Nieder münchsdorf
Osterhofen St.
Neusling
Buchhofen
Wissel sing
Kirchdorf
Altenmarkt
Ober pöring
Wallerfing
Ramsdorf
Anning
Langenamming
Göttersdorf
Gergweis
Galgweis
Künzing
Forsthart
Walchsing
Haidenburg
Aldersbach
Aidenbach M.
Hofkirchen M.
Hilgartsberg
Pleinting M.
Alkofen
Aunkirchen
Beutelsbach
Garham
Albersdorf
Vilshofen St.
Zeitlarn
Iglbach
Eging M.
Rathsmannsdorf
Windorf M.
Otterskirchen
Kirchberg
Söldenau
Ortenburg M.
Königbach
ENTWURF UND KARTOGRAPHIE:
ULRICH PIETRUSKY
N
0 1 2 3 4 5 km
Mittl.
natürliches Saldo
1959-1962
1963-1966
(MNS)
1967-1970
Mittl.
Wanderungssaldo
1959-1962
1963-1966
(MWS)
1967-1970
MNS
MWS
30
20
10
5
0
-5
-10
-20
-30

bietes in Niederbayern der Wanderungssaldo positiv und im übrigen größer ist als der natürliche Saldo.[4]

Die Einzelelemente der Bevölkerungsbewegung als MNS und MWS sind in Karte 8 in ihrer räumlichen Anordnung im UG dargestellt. Daß der MWS häufig negativ, der MNS überwiegend positiv ist, ist aus Abb. 13 bereits bekannt. Die räumliche Differenzierung ist deutlich, eine eindeutige Gruppenbildung oder Zonierung jedoch nicht erkennbar, wenngleich Maximalwerte im NW Bereich des Dungaus und der Isar- und Donauniederung verstärkt auftreten.

5.2.4. Ein dynamisches Modell zur Typisierung der Bevölkerungsbewegung über ihre Einzelelemente

Beide Komponenten, natürlicher Saldo und Wanderungssaldo müssen letztlich gemeinsam betrachtet werden, weil erst durch die Wechselwirkung zwischen natürlicher und räumlicher Bewegung aktuelle Situation, bisherige wie zukünftige Entwicklung der Bevölkerung hinreichend charakterisiert werden. Die Erfassung der Bevölkerung durch beide Komponenten, hier als MNS und MWS, geschieht in einem zweidimensionalen Koordinatensystem, wie es in ähnlicher Weise der Bildung von demographischen Gemeindetypen etwa im Atlas der Republik Österreich oder im Atlas du Languedoc-Roussillon zugrunde liegt. Bei der Betrachtung nur e i n e s Durchschnittswertes über die gesamte Periode für die jeweilige Gemeinde ergibt sich ein weitgehend statisches Modell. In einem solchen können die Gemeinden einfach aufgrund ihrer Lage in den Sektoren des Koordinatensystems schematisch benannt werden. Danach ergeben sich unter Verwendung der oben dargestellten Kennziffern folgende Gemeindetypen (vergl. auch Abb. 14):

Bevölkerungsbewegung mit		Sektor	Gemeindetypen mit Bevölkerungs-
MNS	MWS		
			ZUNAHME durch +MNS und +MWS
++	+	I	MNS > MWS
+	++	II	MNS < MWS
			ZUNAHME durch +MNS oder +MWS
++	-	III	MNS+ MWS-
-	++	IV	MNS- MWS+
			ABNAHME durch - MNS oder - MWS
+	--	V	MNS+ MWS-
--	+	VI	MNS- MWS+
			ABNAHME durch - MNS und -MWS
--	-	VII	MNS > MWS
	--	VII	MNS < MWS
			GLEICHGEWICHT (STAGNATION)
		VIII	MNS = MWS

Als Erweiterung wurde in Abb. 14 als dritte Dimension der zeitliche Veränderungsprozeß berücksichtigt. Statt nur ein Mittelwert sind für die jeweiligen Perioden drei dargestellt.

Das Ergebnis bestätigt, daß für eine Gemeinde ein einziger Wert für die gesamte Periode weitgehend fiktiv wäre, da die Bevölkerungsbewegung im Zeitablauf einer starken Dynamik unterliegt. Kaum eine Gemeinde ist in allen drei hier abgebildeten Perioden in ein und demselben Sektor zu finden und die Tendenzen der Veränderung sind sowohl von Größe wie auch von der Richtung her stark unterschiedlich.

In einem derartigen dynamischen Modell, das die Entwicklungstendenz wiedergibt, ist eine Typenbildung durch die starke Differenzierung erschwert. Auf der Suche nach Räumen ähnlichen sozialgeographischen Verhaltens wurde nun versucht, zunächst einmal Gemeinden gleicher Struktur und Entwicklungsrichtung herauszufiltern.

Die Gruppe der ländlichen Märkte (3,12,20,34,38,45) verhält sich in ihren demographischen Komponenten nach Lage, Richtung und Dynamik völlig unterschiedlich. Ähnliches gilt, aber hier erwartungsgemäß, auch für die sechs ausgewählten Gemeinden (Alkofen 6, Buchhofen 11, Forsthart 13, Kirchdorf 23, Otterskirchen 36 und Walchsing 43). Für eine dritte Gruppe der überwiegend agrarischen Gemeinden (Erwerbstätige im I. Sektor über 45 %; VZ 1970) ergibt sich jedoch eine gewisse Übereinstimmung nach Lage und Entwicklungstendenz. Sie liegen überwiegend im Bereich der Zunahme durch +MNS und -MWS oder Abnahme durch +MNW und --MWS und entwickeln sich in Richtung Abnahme durch +MNS und --MWS oder -MNS und -MWS oder vielfach auf den Bereich des Gleichgewichtszustandes hin(vergl. Abb. 14). In diesem Fall wird ein positiver MNS durch einen gleich grossen negativen MWS absorbiert.

Unabhängig nun von vorgegebenen Gruppierungen, deren Verhalten getestet werden sollte, lassen sich unter dem primären Aspekt der Entwicklungsrichtung aus Abb. 14 drei Grundtypen unterscheiden:

> Gemeinden mit Entwicklungsrichtung auf einen demographischen Gleichgewichtszustand zwischen natürlichem Saldo und Wanderungssaldo. Diese zunächst numerisch bedingte Stagnation läßt keine Aussage über einen möglichen qualitativen Veränderungsprozeß zu.
>
> Gemeinden mit Entwicklungsrichtung auf eine Bevölkerungsabnahme, dessen Umfang durch die Höhe des MNS noch differenziert wird.
>
> Gemeinden mit einer positiven Entwicklungsrichtung, die aber entweder auf einem schwach negativen oder schwach positiven MWS basiert und somit längerfristig keine Gewähr für die Beibehaltung dieser Tendenz bietet.

Trotz des zunächst verwirrenden ersten Eindrucks wird aus Abb. 14 deutlich, daß in dem dargestellten bevölkerungsgeographischen Aspekt der Differenzierungsprozeß der Gemeinden nicht fortschreitet, sondern signifikante Ansätze zu einer Annäherung vorhanden sind. Diese verläuft allerdings überwiegend in Richtung Stagnation.

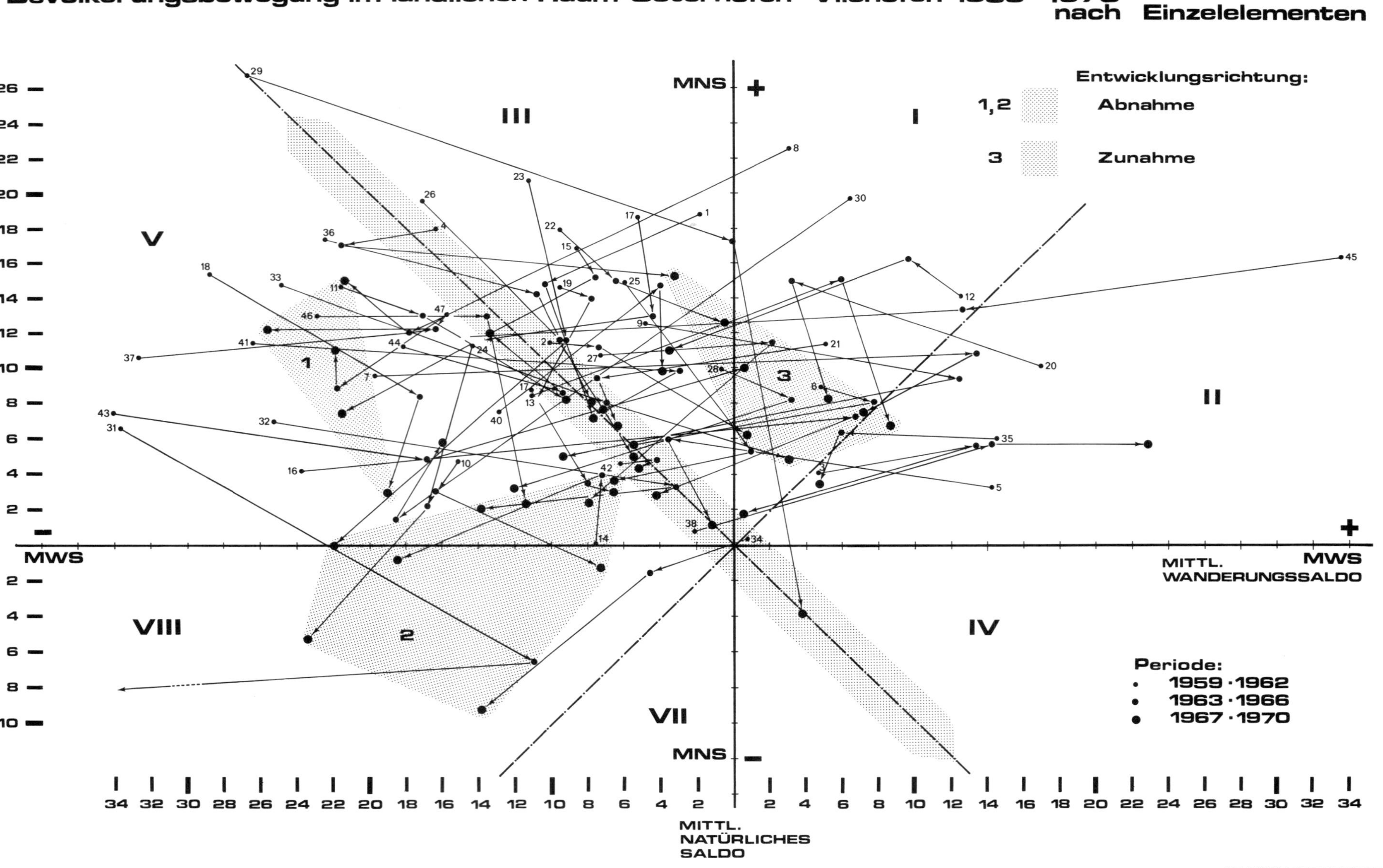
ABB.: 14
Bevölkerungsbewegung im ländlichen Raum Osterhofen - Vilshofen 1959 - 1970 nach Einzelelementen
Entwicklungsrichtung:
1,2 Abnahme
3 Zunahme
Periode:
1959 · 1962
1963 · 1966
1967 · 1970
MNS
MWS
MITTL. WANDERUNGSSALDO
MITTL. NATÜRLICHES SALDO
I
II
III
IV
V
VII
VIII
ULRICH PIETRUSKY

5.3. Die räumliche Mobilität und ihre Eignung zur Erklärung des Wandels von kulturgeographischen Raumstrukturen

5.3.1. Mittlere Mobilität und ihr Zusammenhang mit vorgegebenen statistischen Gemeindetypen

Ein Teilaspekt der Bevölkerungsbewegung, nämlich die Mobilität, genießt bei nahezu allen Sozialwissenschaftlern eine besondere Vorliebe. Zweifellos bietet die Analyse der Mobilität - bezogen auf eine mehrjährige Phase mittlere Mobilität MM genannt - gute Ansatzpunkte zur Erklärung des Wandels von Raumstrukturen, sofern diese Kennziffer auf brauchbarem Primärdatenmaterial beruht und sie in einem umfassenden Erklärungsmodell der Migration durch weitere, insbesondere qualitative Aspekte ergänzt wird.

Als ein großer Mangel bevölkerungsgeographischer Forschung erweist sich die eindeutige Bevorzugung der Verdichtungsräume, der meist dadurch noch eine Verstärkung erfährt, daß deren Ergebnisse als allgemeingültig unterstellt werden. Daß der ländliche Raum in sich weder bezüglich der Migrationsmuster einheitlich reagiert, noch als Ganzes Klischeevorstellungen entspricht, werden die nachfolgenden Teilanalysen zu unterstreichen haben.

Abb. 17 gibt nicht nur die Höhe der MM der Gemeinden des UG wieder, sie läßt über den Vergleich der Perioden 1959-1962 mit 1967-1970 die Veränderung in der Höhe erkennen:

> Die MM hat sich im ländlichen Raum des UG zwischen 1959 und 1970 innerhalb weniger Jahre stark verringert.
>
> Beachtlich ist die Variationsbreite der MM innerhalb der einzelnen Gemeindegrößen.

Würde man die bayerischen Durchschnittswerte nach SCHAFFER (1972, S. 139), die bezogen sind auf "schwach strukturierte Gebiete" unterlegen, so befänden sich die Werte der MM im UG 1959-1962 überwiegend über, 1967-1970 unter den vergleichbaren Daten Bayerns.

Trotz Bedenken gegen zu große zeitliche Abschnitte und weitere Vorbehalte gegenüber der Aussagekraft von Erwerbsstruktur und Gemeindegrößenklassen, wurden diese in der Kombination mit der MM (1959-1970) dargestellt. Abb. 16 läßt keine eindeutige Zuordnung von MM und Gemeindegröße erkennen. Die Eintragung des bayerischen Durchschnittswerts für "schwach strukturierte Gebiete" beweist eigentlich nur seinen fiktiven Charakter, der dem individuellen Raummuster in einer kleinräumlichen Analyse nicht gerecht wird. Allein die Tendenz, daß mit zunehmender Gemeindegröße die MM zunimmt, findet eine Bestätigung. Die Beziehungen zwischen den Variablen MM und Erwerbsstruktur sind in jedem Fall deutlicher strukturiert, wenn auch keineswegs eindeutig. In Abb. 15 ist stellvertretend der Anteil der Erwerbstätigen im I. Sektor dargestellt. Der sehr vereinfachte Reaktionsmechanismus der Form: starke Mobilität = stark wachsende Gemeinde und umgekehrt mag für einen Verdichtungsraum Geltung haben, trifft für den ländlichen Raum des UG nicht zu.

MITTLERE MOBILITÄT IM LÄNDLICHEN RAUM OSTERHOFEN-VILSHOFEN 1959 - 1970

ABB. 15
Mittlere Mobilität und Erwerbsstruktur

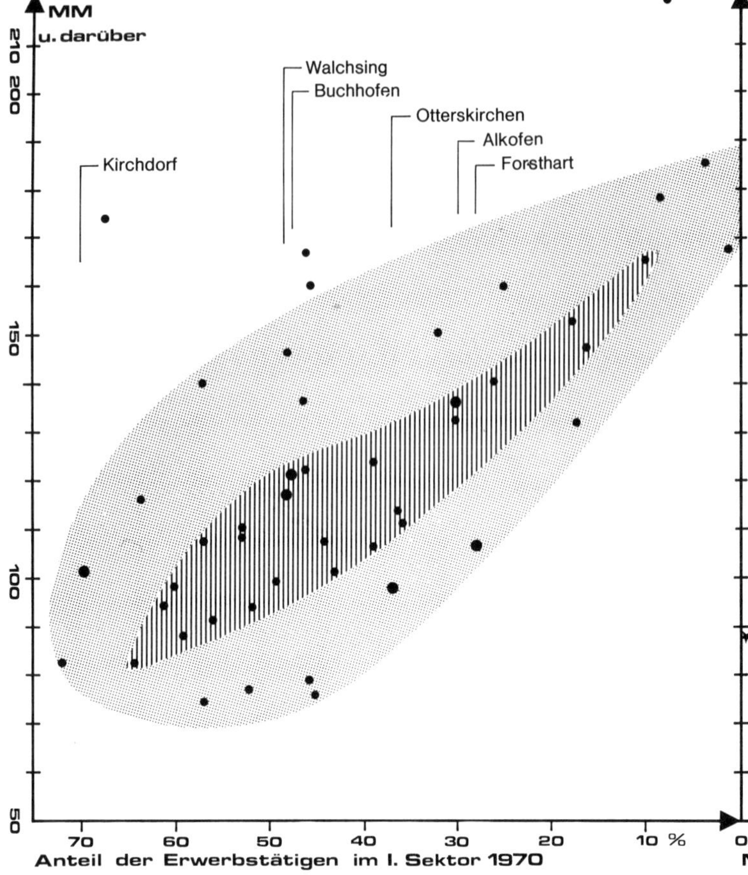

ABB. 16
Mittlere Mobilität u. Gemeindegröße

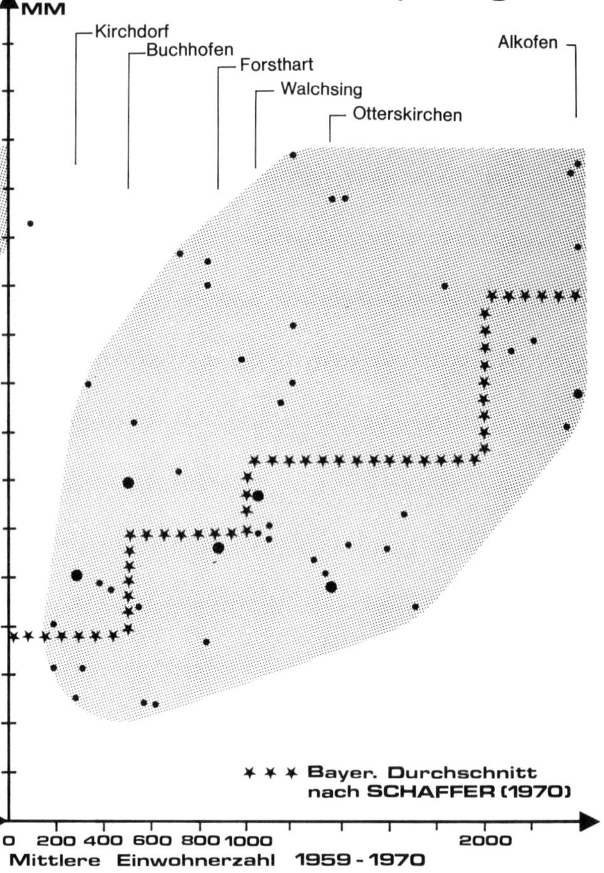

Veränderung der Mittleren Mobilität nach Gemeindegröße

ABB. 17

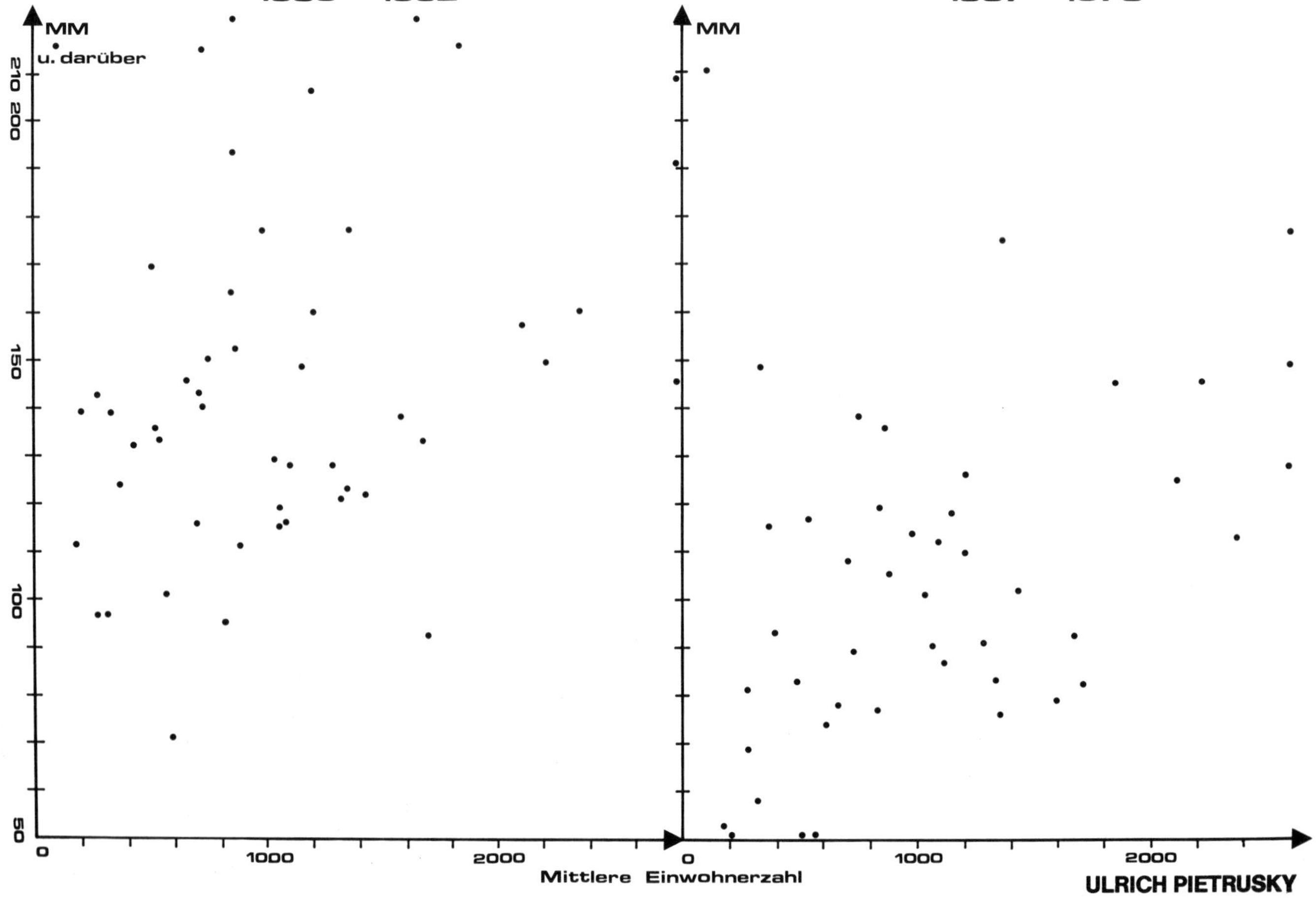

ULRICH PIETRUSKY

Sämtliche vorwiegend agrarische Gemeinden (Erwerbstätige im I. Sektor über 45 %) des UG sind bezüglich der Bevölkerungsveränderung als schrumpfend zu bezeichnen. Aber im Gegensatz zu SCHAFFER (1971,S. 44 f) besitzt eine ganze Reihe von ihnen eine hohe Mobilität (MM>125), die im übrigen gerade durch einen stark negativen Wanderungssaldo hervorgerufen wird. Die hohe MM besonders vor etwa 1960 im ländlichen Raum ist besonders auf drei sich überlagernde Prozesse zurückzuführen:

relativ großer Umfang der Wanderungen der Dienstboten, die zum gegenwärtigen Zeitpunktvöllig unbedeutend sind;

starke, wenn auch im Zeitverlauf abnehmende Umschichtung der Flüchtlinge;

verstärkte Wegzüge der jungen, am Ort geborenen Erwerbstätigen.

Diese Vorgänge verursachten in einigen Landgemeinden Spitzenwerte der MM bei gleichzeitig erheblichen Bevölkerungsverlusten. Insgesamt ist festzuhalten, daß die vorwiegend agrarischen Gemeinden des UG 1959-1970 sämtliche Wanderungsverluste bei sehr unterschiedlich hoher MM (75-125) aufweisen.

Die Karte 9 gibt für das UG das räumliche Verteilungsmuster der MM, und als Synthese mit der Karte 8, die Bevölkerungsentwicklung für die drei betrachteten Perioden wieder. Die Werte der MM sind im Donautal,wegen der Häufung von Städten und Märkten, aber auch im Vorwald und Hügelland deutlich höher als im Dungau. Die Bevölkerungsentwicklung erscheint zunächst wesentlich differenzierter, doch lassen sich auch hier gewisse Ansätze einer Regelhaftigkeit erkennen. So zeigen die Donautalgemeinden wie die des Vorwaldes eine überwiegend positive, die peripheren Bereiche insbesondere des Hügellandes eine negative Tendenz. Entsprechend dieser Anordnung kann das Donautal auch unter dem Aspekt einer positiven Bevölkerungsveränderung zurecht als Entwicklungsachse bezeichnet werden.

5.3.2. Zur Aussageunsicherheit von Migrationskennziffern

Entgegen dem Eindruck reproduzieren die Abb. 15-17 und die Karten 8 und 9 nur sehr unzureichend die wirklichen Strukturen und Prozeßabläufe. Dies trifft im übrigen auch auf die folgende quantitative Analyse der Wanderungen zu. Ein derartiges Eingeständnis ist frustrierend und gefährlich zugleich, muß aber gemacht werden, will man dem Anspruch auf Wissenschaftlichkeit genügen.

Obwohl sie in starkem Maße quantitative Arbeitsmethoden bemühen, haben es sich die Sozialgeographen im Gegensatz etwa zu Statistikern, Soziologen oder Volkswirten nicht zur Regel gemacht, Unsicherheiten oder Fehlerhaftigkeit der Primärdaten wie der Ergebnisse anzuführen. In der Tat ist die Aussageunsicherheit insbesondere über die Wanderungen in der betrachteten Zeit derart groß, daß man sich darüber äußern muß.

Die Rohdaten zur Bevölkerungsentwicklung werden vom Bayer. Statistischen Landesamt in München zur Verfügung gestellt. Die Wohnbevölkerung einer Gemeinde als kleinster Zähleinheit wird auf ver-

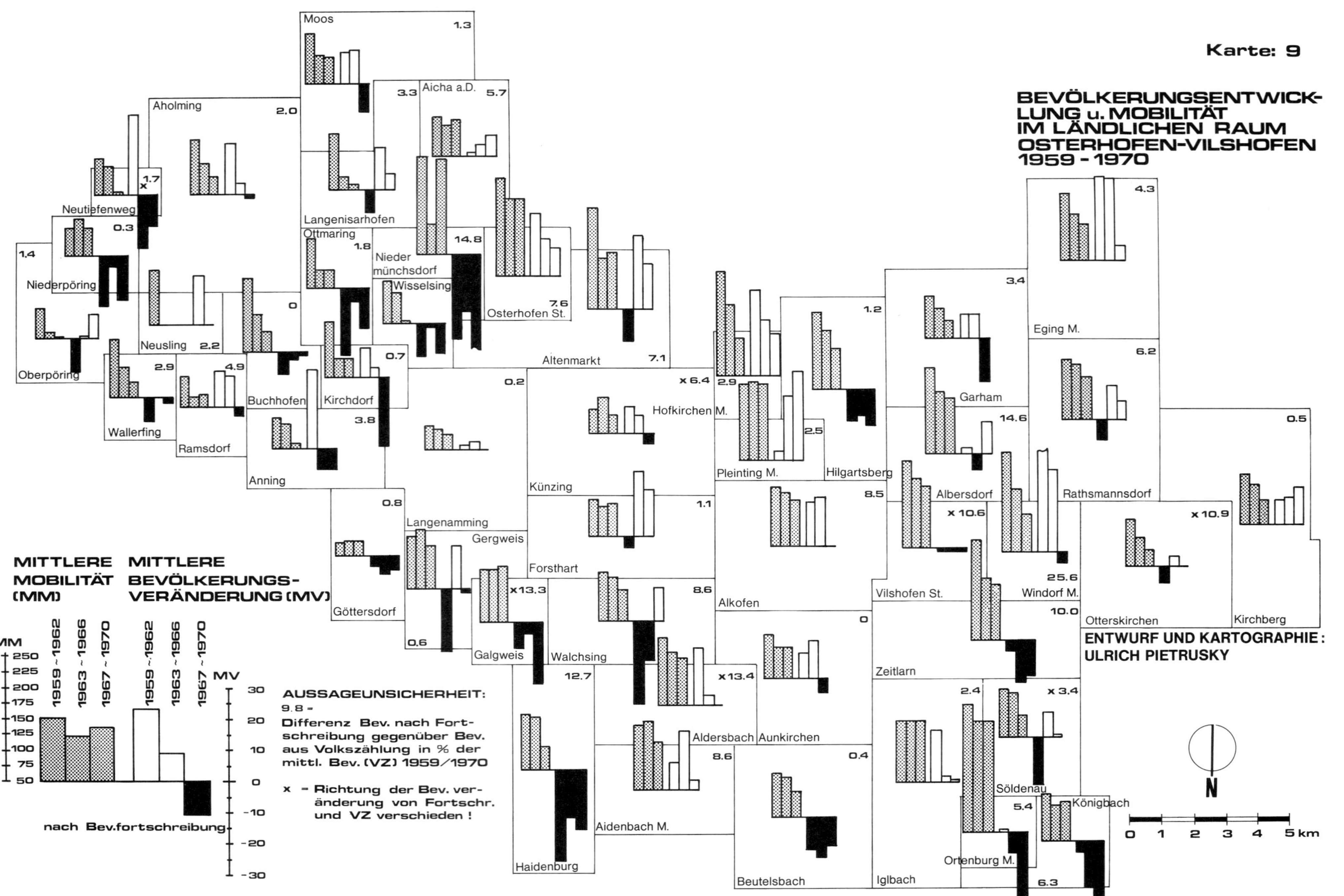
Karte: 9
BEVÖLKERUNGSENTWICKLUNG u. MOBILITÄT IM LÄNDLICHEN RAUM OSTERHOFEN-VILSHOFEN 1959 - 1970
Moos 1.3
Aholming 2.0
Aicha a.D. 5.7
3.3
Neutiefenweg 1.7 x
0.3
1.4
Niederpöring
Oberpöring
Langenisarhofen
Ottmaring 1.8
Nieder münchsdorf 14.8
Wisselsing
Osterhofen St. 7.6
Altenmarkt 7.1
Neusling 2.2
0
Wallerfing 2.9
Ramsdorf 4.9
Buchhofen
Kirchdorf 0.7
3.8
Anning
0.2
Göttersdorf 0.8
Langenamming 0.6
Gergweis
Galgweis x 13.3
Forsthart
Walchsing 8.6
Haidenburg 12.7
Künzing 1.1
Hofkirchen M. x 6.4
2.9
Pleinting M. 2.5
Hilgartsberg 1.2
Alkofen 8.5
0
Aldersbach x 13.4
Aunkirchen
Aidenbach M. 8.6
Beutelsbach 0.4
Garham 3.4
Eging M. 4.3
6.2
Albersdorf 14.6
x 10.6
Rathsmannsdorf
Vilshofen St.
Windorf M. 25.6
10.0
Zeitlarn
Otterskirchen x 10.9
Kirchberg 0.5
Iglbach 2.4
Söldenau x 3.4
Ortenburg M. 5.4
Königbach 6.3
ENTWURF UND KARTOGRAPHIE: ULRICH PIETRUSKY
N
0 1 2 3 4 5 km
MITTLERE MOBILITÄT (MM)
MITTLERE BEVÖLKERUNGS-VERÄNDERUNG (MV)
MM
250
225
200
175
150
125
100
75
50
1959~1962
1963~1966
1967~1970
1959~1962
1963~1966
1967~1970
MV
30
20
10
0
-10
-20
-30
nach Bev.fortschreibung
AUSSAGEUNSICHERHEIT:
9.8 - Differenz Bev. nach Fortschreibung gegenüber Bev. aus Volkszählung in % der mittl. Bev. (VZ) 1959/1970
x - Richtung der Bev. veränderung von Fortschr. und VZ verschieden !

schiedenen Wegen ermittelt, einmal über Volkszählungen (VZ 1961, VZ 1970) und für die dazwischenliegenden Jahre über eine Fortschreibung der Einzelelemente Geburten, Sterbefälle, Zuzüge und Wegzüge.

Bereits während der Erhebung und Bearbeitung der Daten mußte der Verfasser feststellen, daß die Ergebnisse von VZ und Fortschreibung meist voneinander abweichen. Da die VZ grundsätzlich als neue Basis genommen werden, müssen ihre Ergebnisse als die maßgeblichen und "richtigen" angesehen werden.

Die für 1959 bis 1970 ermittelte Differenz zwischen der über Volkszählung berichtigten und fortgeschriebenen Wohnbevölkerung ergab für die 47 Gemeinden im Einzelfall Werte zwischen 0 und maximal 622 Personen (Stadt Vilshofen). Um sie untereinander vergleichbar zu machen, wurde diese Differenz zur durchschnittlichen (VZ-berichtigten) Wohnbevölkerung in Relation gesetzt:

$$\text{Diff.}(\%) = \frac{(\text{Bev.entwicklung nach VZ}) - (\text{Bev.ent. nach Fortschr.})}{\varnothing\ \text{Wohnbev. nach VZ 1959-1970}} \cdot 100$$

Die so ermittelte Abweichung beträgt im Minimum 0 und im Maximum 25,6 % (Windorf) und ist als Maß für die Aussageunsicherheit anzunehmen. Dieser Wert ist in Karte 9 für jede Gemeinde angegeben.

Als besonders schwerwiegend muß der Tatbestand gewertet werden, daß VZ und Fortschreibung des öfteren auch in der Richtung (Vorzeichen) abweichen. So ergibt die Summierung der Fortschreibungselemente für die Stadt Vilshofen einen erheblichen Bevölkerungsverlust, die einfache Differenz aus VZ 1961/1970 einen, wenn auch nur leichten, Bevölkerungsgewinn. Damit sind für diese Fälle (sie sind in der Karte 9 ebenfalls gekennzeichnet) die Ergebnisse nicht verwendbar.

Es soll hier nicht diskutiert werden, wer in der Datenerhebung die Fehler zu vertreten hat. Immerhin sind VZ u n d fortgeschriebener Bevölkerungsstand (zum Jahresende) "amtlich" und werden publiziert. Es kann davon ausgegangen werden, daß Geburten und Sterbefälle genau erfaßt werden und der Fehler weitgehend im Bereich der Wanderungen liegt. Angemerkt sei, daß die Fehlerquote in kleineren Gemeinden in der Regel relativ geringer ist als in größeren.

Es ist auch hier nicht der Platz, die Konsequenzen auf die Gemeindefinanzen (Schlüsselzuweisungen u.ä.) bei einem falschen Bevölkerungsstand zwischen den Volkszählungen zu diskutieren. Aber sozial- und bevölkerungsgeographische Migrationsanalysen werden zumindest fragwürdig, wenn sie auf Daten aufbauen, die teilweise nicht einmal in der Entwicklungsrichtung stimmen. Wenn SCHAFFER (1971) für seine "Prozeßtypen" die Periode 1961-1969 wählt, so wird wegen der erst 1970 erfolgten Korrektur keine Differenz sichtbar, sie ist aber vielfach vorhanden, denn es deutet nichts darauf hin, daß Fehler in der Erfassung ausschließlich in Ostniederbayern gemacht wurden.

Weichen insbesondere die Weg- und Zuzüge der Statistik von der Realität ab, so sind sämtliche davon abgeleitete Werte, Faktoren oder Indikatoren in gleicher Weise mit dem Fehler behaftet. Dies ist kein grundsätzlicher, sondern vermeidbarer Mangel, so daß an der Wirksamkeit der Methode an sich nicht gezweifelt werden braucht. Nicht zuletzt aber um der Raumplanung, der häufig doch weitreichende Entscheidungen folgen, gesichertes Material zur Verfügung zu stellen, muß die Erhebungstechnik der amtlichen Statistik verbessert werden.

5.4. Die qualitative Analyse des Wanderungsverhaltens anhand von sechs ausgewählten Gemeinden

5.4.1. Methodische Vorbemerkungen

Zur näheren Erklärung bevölkerungs- und sozialgeographischer Umschichtungsprozesse reicht es nicht aus, die Vorgänge lediglich unter dem quantitativen Aspekt zu betrachten. Von höherem Aussagewert ist die qualitative Analyse mit möglichst feinen Merkmalen oder Merkmalskombinationen auf kleinräumlicher Basis, für die die amtliche Statistik nur unzureichend Material anbieten kann. Wanderungsströme werden in Bayern zwar seit 1965 auf Kreisebene nach den Untergruppen Deutsche, Ausländer, Erwerbspersonen, Geschlecht und wichtigste Altersstufen dargestellt, sie eignen sich für die vorliegende Untersuchung wenig, da sie

den inhomogenen Gesamtraum des UG unstrukturiert als ganzes wiedergeben,

die sehr wichtigen Wanderungsströme innerhalb des Kreises unberücksichtigt lassen,

die Phasen vor 1965 nicht erfassen und somit signifikante Veränderungsprozesse im Zeitablauf nicht erkennbar werden,

die ausgewiesenen Merkmale für eine Analyse insbesondere des ländlichen Raumes wenig aussagekräftig sind.

Daher ergab sich für den Verfasser die Notwendigkeit, geeignetes Datenmaterial selbst zu erheben. Für sechs ausgewählte Gemeinden (dieselben wie in der Grundbesitzstrukturanalyse) wurden im Zeitraum 1955-1970 zunächst jahrweise aus den An- und Abmeldebögen bei den Gemeindeverwaltungen Zu- und Wegzüge mit verschiedenen Merkmalen erhoben. Die jeweiligen Wanderungsvolumen verteilen sich auf die vier Perioden wie folgt:

Gemeinde	1955-1970	1955-1958	1959-1962	1963-1966	1967-1970
Kirchdorf u. Buchhofen	1 286	489	441	197	159
Forsthart	1 340	509	269	170	292
Walchsing	1 639	722	392	300	225
Alkofen	4 586	1 505	1 093	1 064	924
Otterskirchen	1 908	830	516	273	289
GESAMT	10 759	4 055	2 711	2 104	1 889

Diese rd. 10 750 Wanderungsfälle wurden auf der Basis von Gemeindeteilen nach folgenden Merkmalen erfaßt:

Geburtsjahr, daraus Alter zum Zeitpunkt des Wanderungsfalls

Geschlecht

Herkunftsort

Zielort

Gebürtigkeit

Beruf.

Im Gegensatz zur Einwohnerkartei sind die Angaben des Berufs in den Meldescheinen aktuell und richtig, so daß für eine gruppenspezifische Analyse gut verwendbares Material vorliegt.

Da in einigen Gemeinden teilweise Unterlagen fehlen, mußten für rd. 700 Wanderungsfälle, deren zahlenmäßiger Umfang aus der amtlichen Statistik bekannt war, die Merkmale ergänzt werden. Dies trifft zu auf:

Buchhofen: Zuzüge 1955 und Wegzüge 1955
Kirchdorf: Zuzüge 1955-1959
Forsthart: Wegzüge 1955, 1956

Nicht zuletzt wegen der etwas eingeschränkten Aussagekraft unterblieb teilweise die Darstellung der 1. Periode 1955-1958. Die Merkmale, Merkmalskombinationen und Raumkategorien mußten über mehrere Stufen aggregiert und liegen hier wegen ihres großen Umfangs nur im Ausschnitt bzw. in der Übersicht vor.

Reduktionen in der Erfassung treffen nur auf die Gemeinde Alkofen zu, wo die Zu- und Wegzüge der Schüler des Internats des Gymnasiums Kloster Schweicklberg vernachlässigt wurden.

Die Aufnahme von Zweit- oder weiteren Wohnsitzen blieb generell außer acht, weil es technisch ohnehin nicht sauber durchführbar ist, auf diese Weise eine endgültige Ab- oder Zuwanderung festzustellen. Für die Betrachtung der Umformungsprozesse sind die Rückkehrer vom Zweitwohnsitz durchaus bedeutsam, da sie häufig als Innovationsträger in starker Weise zur gesellschaftlichen Dynamik beitragen.

Im übrigen entspricht die Aussageunsicherheit der Güte der vorhandenen Primärdaten. Die qualitativen Abweichungen von der Realität sind hier aber als wesentlich geringer anzusetzen als die unter Kap. 5.3.2. geschilderten quantitativen.

Die Rechenoperationen konnten nicht über EDV erledigt werden. Die manuelle Auswertung brachte aber wesentliche und wertvolle Hinweise zur Interpretation der im Ergebnis aggregiert vorgelegten Merkmale.

5.4.2. Die Anwendung des sozialgeographischen Gruppenkonzepts in qualitativen Wanderungsanalysen

Während Merkmale wie Alter, Gebürtigkeit, Ziel- und Herkunft eindeutig sind und allenfalls Schwierigkeiten technischer Art bereiten, ist die Bildung von Gruppen entsprechend dem sozialgeographischen Konzept und den bisher vorgelegten Beispielen mit grundsätzlichen Problemen belastet. Mehr unfreiwillig als geplant muß daher wiederum eine kritische Rückkoppelung zum Gruppenkonzept und seiner Operationalisierung im Bereich der Wanderungen erfolgen.

Nach SCHAFFER (1968, S. 37) ist auch in Bezug auf die Wanderungen "die wichtigste unterste sozialräumliche Reaktionseinheit der Haushalt bzw. die Familie als sozial-biologische, sozialwirtschaftliche und sozial-kulturelle Gemeinschaft". In der Konsequenz wird "als unterste Reaktionseinheit, die den sozialräumlichen Positionswechsel vollzieht,... der Familien- bzw. Einpersonenhaushalt in seiner Zugehörigkeit zu den einzelnen Berufskategorien herangezogen" (S. 60). Die Zuordnung bei SCHAFFER in der Form: Beruf des Haushaltsvorstandes»Sozialgruppe läßt sich aber nicht problemfrei operationalisieren.

Die Familie als Reaktions e i n h e i t setzt voraus, daß kein Mitglied einen Beruf ausübt, der eine Einordnung in eine vom Haushaltsvorstand abweichende Gruppe bedingt. Die Erfahrung bei der (manuellen) Erfassung und Auswertung von mehr als 10 000 Wanderungsfällen und die Erkenntnisse von PRIEBE (vergl. oben Kap. 4.1.) haben aber gezeigt, daß besonders im ländlichen Raum innerhalb der mobilen, sehr zahlreichen Mehrgenerationen- und Mehrpersonenhaushalte eine wechselnde Zahl von Familienmitgliedern einen vom Haushaltsvorstand verschiedenen Beruf besitzt. Dieser Tatbestand zöge nach dem üblichen Verfahren (Beruf»Sozialgruppe) häufig - natürlich nicht immer - eine Einordnung in verschiedene Sozialgruppen nach sich.

Das Problem ist für die Anwendung des sozialgeographischen Gruppenkonzepts schwerwiegend. Ordnet man, um dem Gruppenkonzept und der Aussage von der "Familie als der wichtigsten sozialräumlichen Reaktionseinheit" treu zu bleiben, die "abtrünnigen" Familienmitglieder dem Haushaltsvorstand zu, leugnet man deren statistische wie reale individuelle Existenz und in der Konsequenz die Möglichkeit einer vertikalen Mobilität. Der Gruppenzwang (HARTKE, 1959) wird statistisch perfekt ausgeübt.

Da z.B. auch ARPTER (1973) "alle Einzelpersonen und Familien nach dem Beruf des Haushaltsvorstandes zu... Gruppen gleicher sozialer Ranglage" zusammenfaßt (S. 63), ergeben sich neben zahlreichen anderen große Schwierigkeiten beim Vergleich etwa zwischen mobiler und stationärer Bevölkerung (vergl. ARPTER, z.B. Tab. 9, S. 138)

> Es existiert eine Sozialgruppe (Untergruppe) Schüler und Studenten als Wandernde, nicht innerhalb der Ortsansässigen (weil sie hier wohl dem Haushaltsvorstand zugeschlagen werden, bei den Wandernden ist dieser nicht immer ersichtlich).
>
> Es existieren ortsansässige Kinder als Gruppe nicht, wohl aber bei den Wandernden (hier bei nicht auffindbarem zugehörigen Haushaltsvorstand).
>
> Es existieren Hausfrauen als Sozialgruppe sowohl bei den Wandernden als auch bei den Ortsansässigen,
> aber nur fallweise,
> je nachdem ob für sie die Bezugsperson Haushaltsvorstand auffindbar ist oder nicht.

Eine derartige Disparität zwischen Anspruch und Wirklichkeit muß zumindest befremden, wenn die Sozialgruppe wissenschaftstheoretisch begründet, in der konkreten Darstellung aber in zahlreichen Fällen als bloße erhebungstechnische Restgröße präsentiert wird.

Ordnet man aber, wie in der vorliegenden Analyse, Familienmitglieder unterschiedlichen Berufs, falls erforderlich, unterschiedlichen Gruppen zu, zerstört man die Unterstellung von der Einheit der Familie und damit das Konzept der Sozialgruppen, das sehr wesentlich auf dieser Einheit beruht.

Da eine wissenschaftliche Analyse in der Erhebung und Darstellung gleichermaßen konsequent und transparent sein muß, kann ein derartiger Weg mit zahlreichen Einschränkungen, Weglassungen oder Doppelzählungen nicht beschritten werden. Ein Wegfall z.B. der unter 15-Jährigen (vergl. ARPTER) bei den Wanderungen bedeutet einen Verzicht auf ein sehr wichtiges Indiz für die demographische Zusammensetzung nicht nur der mobilen, sondern auch der stationären Bevölkerung und damit auch einen Verzicht auf eine wichtige Möglichkeit lokalplanerischer Prognose und Zielprojektion.

Um schwerwiegenden Mängeln zu entgehen, wurde in der vorliegenden Analyse entsprechend der Realität jede Person als Wanderungsfall erfaßt und dargestellt und entsprechend die Merkmale (Beruf bzw. Gruppenzugehörigkeit) zugeordnet.

Wenngleich etwa Landwirte, ungelernte oder gelernte Arbeiter, Beamte und Angestellte und Gewerbetreibende durchaus als "Sozialgruppe" bezeichnet werden könnten, trifft dies etwa auf Kinder, Hausfrauen nicht zu, so daß insgesamt auf den Begriff verzichtet wird. Die Gruppen verstehen sich hier, wie eingangs erklärt, als operationalisierbare Ordnungs- bzw. Zähleinheiten. Auch ohne das stark strapazierte Prädikat "sozial" lassen sich Aussagen über Prozeßabläufe gewinnen, ein unmittelbarer Vergleich mit der ohnehin sehr spärlichen Literatur ist aber nicht möglich.

5.4.3. Die Wanderungsverflechtungen nach den Merkmalen Gruppenzugehörigkeit, Gebürtigkeit und Aktionsreichweite im zeitlichen Verlauf und in der Übersicht

Das umfangreiche Datenmaterial in der Kombination Untersuchungsgemeinden - Merkmale - Perioden kann natürlich nicht in voller Breite absolut dargestellt werden. Andererseits verdecken Aggregationen und Relativdarstellungen Individualität und erschweren die Interpretation von Eigenentwicklungen. Als erste Übersicht in einer umfangreichen, aber dennoch faßbaren Darstellung der Wanderungsprozesse in den sechs Gemeinden Buchhofen und Kirchdorf, Forsthart, Walchsing, Alkofen und Otterskirchen 1959-1970 werden die Abb. 18 und 19 vorgelegt. In Abb. 18 sind 1050, in Abb. 19 rd. 750 Daten eingegangen, die nur in der Synthese als signifikante Tendenzen erläutert werden. In der Ergänzung durch die relativen Werte in den Tabellen 29-31 ergeben sich folgende allgemeinen Erkenntnisse:

> Wanderungsvolumen und damit auch Mobilität sind in allen Gemeinden zurückgegangen (vergl. auch Übersicht in Kap. 5.4.1.)
>
> Bei der Gegenüberstellung von Zu- und Wegzügen ist zunächst kein deutlich sichtbarer Saldo erkennbar, der etwa für den untersuchten ländlichen Raum einen bislang immer als typisch angesehenen Abwanderungsüberschuß anzeigen würde.

Wanderungen nach Gruppen, Richtung und 3 Perioden für 6 Gemeinden des ländlichen Raumes Osterhofen-Vilshofen

ABB.: 19

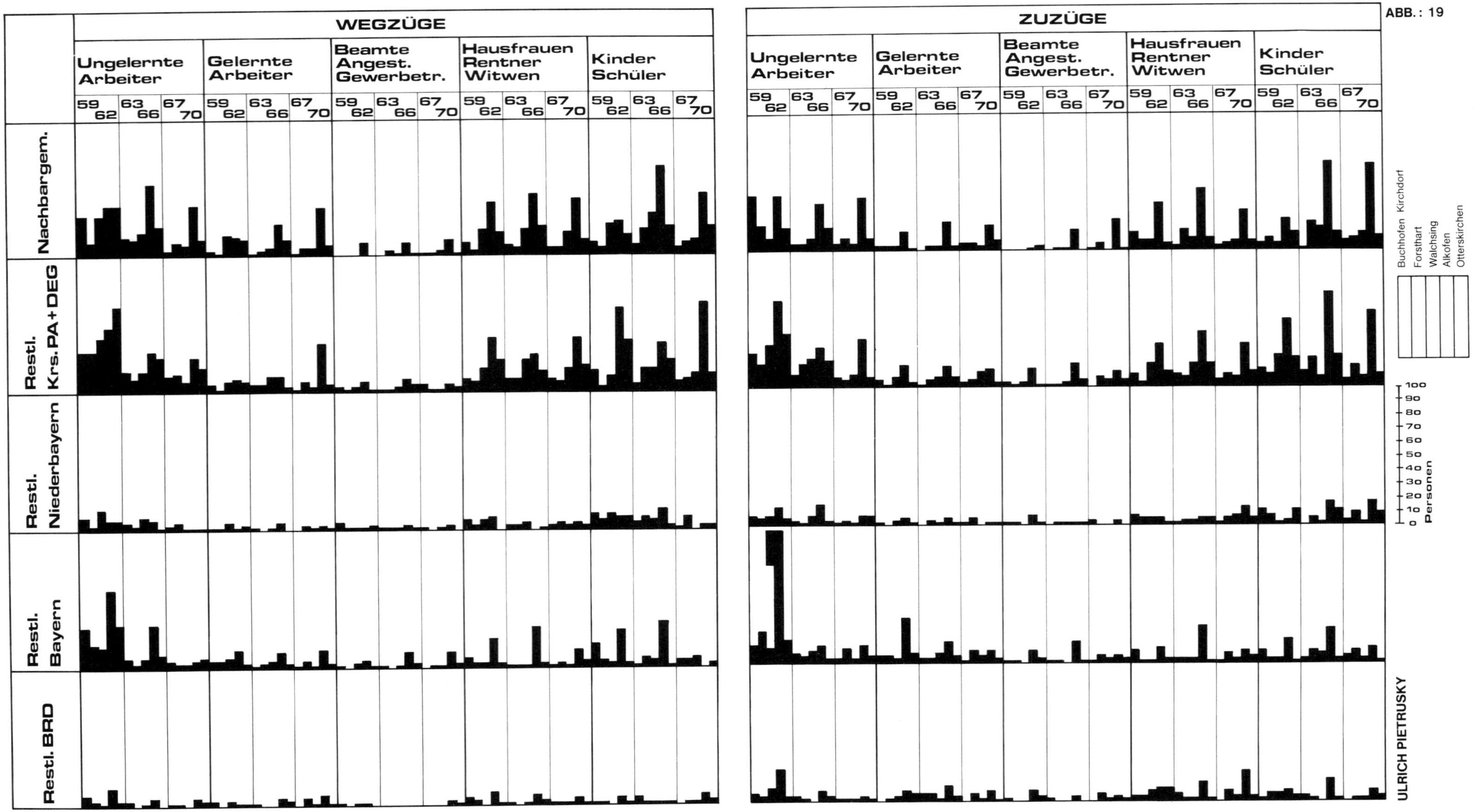

WEGZÜGE

Ungelernte Arbeiter — Gelernte Arbeiter — Beamte Angest. Gewerbetr. — Hausfrauen Rentner Witwen — Kinder Schüler

59 62 | 63 66 | 67 70

Nachbargem.
Restl. Krs. PA+DEG
Restl. Niederbayern
Restl. Bayern
Restl. BRD

ZUZÜGE

Ungelernte Arbeiter — Gelernte Arbeiter — Beamte Angest. Gewerbetr. — Hausfrauen Rentner Witwen — Kinder Schüler

59 62 | 63 66 | 67 70

Buchhofen Kirchdorf
Forsthart
Walchsing
Alkofen
Otterskirchen

100 90 80 70 60 50 40 30 20 10 0 Personen

ULRICH PIETRUSKY

Wanderungen (abs.) nach Gebürtigkeit, Richtung und 3 Perioden für 6 Gemeinden des ländlichen Raumes Osterhofen-Vilshofen

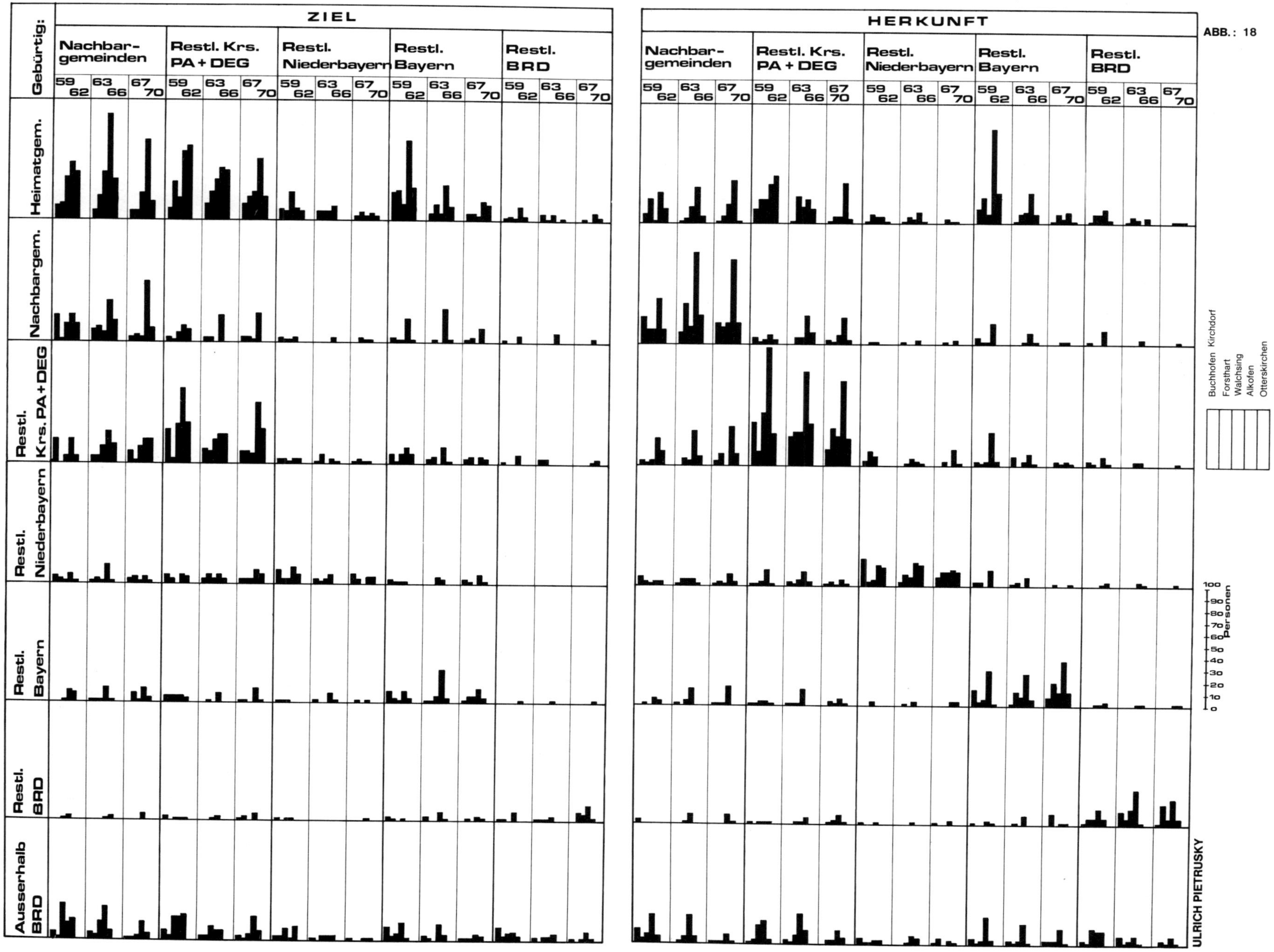

ABB.: 18

ZIEL: Nachbargemeinden (59–62, 63–66, 67–70); Restl. Krs. PA + DEG (59–62, 63–66, 67–70); Restl. Niederbayern (59–62, 63–66, 67–70); Restl. Bayern (59–62, 63–66, 67–70); Restl. BRD (59–62, 63–66, 67–70)

HERKUNFT: Nachbargemeinden (59–62, 63–66, 67–70); Restl. Krs. PA + DEG (59–62, 63–66, 67–70); Restl. Niederbayern (59–62, 63–66, 67–70); Restl. Bayern (59–62, 63–66, 67–70); Restl. BRD (59–62, 63–66, 67–70)

Gebürtig: Heimatgem.; Nachbargem.; Restl. Krs. PA + DEG; Restl. Niederbayern; Restl. Bayern; Restl. BRD; Ausserhalb BRD

Buchhofen Kirchdorf
Forsthart
Walchsing
Alkofen
Otterskirchen

Personen: 0, 10, 20, 30, 40, 50, 60, 70, 80, 90, 100

ULRICH PIETRUSKY

Die Häufung von Werten in der Diagonalen (Abb. 18 rechts und auch Tab. 29) zeigt an, daß es sich meist um einmalige Umzüge, d.h. um eigentlich wenig mobile Bevölkerungsteile handelt.

Wanderungen und Gebürtigkeit

Entgegen dem häufig suggerierten Eindruck, daß die Wegzüge weitgehend von den Flüchtlingen initiiert waren, wurden diese im UG von der autochthonen Bevölkerung, insbesondere von in der Gemeinde Gebürtigen, getragen. Wie anschließend an der Gemeinde Otterskirchen noch im Einzelfall gezeigt wird, sind die Flüchtlinge ("außerhalb der BRD Geborene") als stärkste regionsexterne Gruppe nicht nur an den Weg-, in nahezu gleichem Maße an den Zuzügen beteiligt. Der Anteil dieser Gruppe nimmt im Zeitverlauf ab, gleichzeitig wächst eine weitere allochthone Gruppe die der in der restl. BRD Geborenen z.T. stark an(vergl. Tab. 29).

Über die Gebürtigkeit der Wandernden und der Zunahme der allochthonen Gruppen wird die Tatsache einer demographischen Umschichtung bestätigt.

Wanderungen und Gruppenzugehörigkeit

Zusätzlich zu den in Abb. 19 dargestellten Gruppen sind in Tab. 30 auch die Landwirte aufgenommen, die innerhalb der mobilen Bevölkerung von untergeordneter Bedeutung sind.

Den höchsten Anteil unter den wandernden Erwerbstätigen besitzen trotz verschieden starker Abnahme die ungelernten Arbeiter. Gelernte Arbeiter und insbesondere Beamte, Angestellte und Gewerbetreibende haben ebenso zugenommen wie Hausfrauen, Rentner, Kinder und Schüler (vergl. Tab. 30).

Die Aussage von SCHAFFER (1971, S. 34), daß "Dimensionen und Grenzen sozialgeographischer Räume durch Reichweiten von Gruppen festgelegt werden", kann aus Abb. 19 zunächst nicht bestätigt werden. Im Gegensatz etwa zu den gruppenmäßig fixierten maximalen Reichweiten innerhalb der historischen Ausmärkerbeziehungen oder einer gewissen Strukturierung der aktuellen Herkunft von Einmärkern lassen sich für die Wanderungen keine eindeutig abgrenzbaren gruppenspezifischen Reichweiten festlegen oder auch nur andeuten. Eine über die Abb. 19 und ihren Eindruck hinausgehende exakte quantitative Auswertung ist zwar möglich, jedoch wegen der verhältnismäßig kleinen Massen etwa der Landwirte, Angestellten u. Beamten und Gewerbetreibenden in der Aussage wenig gesichert.

Die Tatsache, daß die Gemeinde Otterskirchen bis 1966 die Wanderungen der Flüchtlinge separat registrierte, bot eine zusätzliche Möglichkeit einer Betrachtung dieser Gruppe. Die Erkenntnisse aus diesem Beispiel werden weitgehend durch die Ergebnisse der restlichen fünf Untersuchungsgemeinden bestätigt.

So wenig es für eine bestimmte Gruppe über alle Gemeinden ein absolut einheitliches Verhaltensmuster gibt, so wenig zeigen dies auch die Flüchtlinge. Aber auch hier gilt für eine objektive Einschätzung des Wanderungsverhaltens, daß eine Betrachtung der Weg- und Zuzüge unerläßlich ist.

Tabelle: 28

Anteil der Flüchtlinge in der Gemeinde Otterskirchen an den

	Wegzügen		Zuzügen	
	1955-1958	1959-1962	1955-1958	1959-1962
männl.	36,4 %	28,2 %	32,1 %	27,9 %
weibl.	30,0 %	23,3 %	20,3 %	15,4 %
Gesamt	32,6 %	25,4 %	25,1 %	10,6 %

Reichweiten der Wanderungen von Flüchtlingen im Vergleich zu den anderen Wanderungsfällen der Gemeinde Otterskirchen

Ziel- bzw. Herkunftsgebiete	Wegzüge Flüchtlinge		Andere	Zuzüge Flüchtlinge		Andere
	55-58	59-66	59-66	55-58	59-66	59-66
Kreise PA u.DEG	41,6%	71,6%	76,4%	54,4%	42,9%	69,0%
Restl.Bayern	19,0%	19,6%	21,3%	22,8%	37,7%	23,3%
Restl.BRD und Ausland	39,4%	8,8%	2,3%	22,8%	19,4%	7,7%
Personen abs.	168	102	385	92	77	300

Aus der ersten Übersicht geht hervor, daß die Flüchtlinge in der ersten Periode zwar mit rd. 1/3 an allen Wegzügen, aber mit 1/4 auch an allen Zuzügen beteiligt waren. Für die 2. Periode verminderten sich die Anteile

Aus der zweiten Übersicht muß gefolgert werden, daß die Flüchtlinge in ihren Wegzügen (aber auch Zuzügen) in stärkerem Maße Gebiete außerhalb Bayerns präferierten als die Nichtflüchtlinge. 1955-1958 waren der Raum Stuttgart und das Ruhrgebiet ganz eindeutige Schwerpunkte der Wanderung, während innerhalb Bayerns für die Flüchtlinge die Region München zu keinem erfaßten Zeitpunkt eine Rolle spielte. Die Wegzüge in Bereiche außerhalb Bayerns nehmen absolut wie relativ im Zeitverlauf rasch ab, eine Tatsache, die nicht nur auf eine verringerte Zahl ihrer Wanderungsfälle, sondern auch auf eine zunehmende Assimilation der Flüchtlinge zurückzuführen ist. In der letzten Periode ist mit "außerhalb Bayerns" sogar ein Wanderungsgewinn zu verzeichnen. Diese Tendenz wird auf breiterer Basis in Tab. 32 voll bestätigt. Es ist für das UG und für die Zeit nach 1955 nicht richtig, daß die Flüchtlinge überwiegend oder gar ausschließlich für die Wanderungsverluste verantwortlich sind, wie es etwa KREZMAR (1960, S. 512) für den Regierungsbezirk Niederbayern darstellt: "erleidet der Regierungsbezirk nach wie vor Wanderungsverluste, deren Umfang sich vom 13.9.50-31.12.58 auf rd. 119 000 belief...Davon waren allein rd. 91 000 Heimatvertriebene".

Durch den Vergleich Zuzüge-Wegzüge ab 1955 ist der Wanderungsverlust des UG, hervorgerufen durch Flüchtlinge weit weniger dramatisch als gemeinhin bislang angenommen. Dabei soll keineswegs verkannt werden, daß der negative Saldo vor 1955 weit größer war.

Wanderungen und Aktionsreichweite

Bezüglich der Aktionsreichweite der Wanderungen sind folgende wesentliche Ergebnisse festzuhalten (vergl. auch Tab. 31):

- Der weitaus größte Anteil entfällt auf innerregionale Wanderungen.
- Die Aktionsreichweiten unterliegen einer Änderung, die weniger bezüglich der Gruppenzugehörigkeit als der Gebürtigkeit eine Signifikanz aufweisen: Abnahme der Reichweiten der allochthonen, Zunahme bei der autochthonen mobilen Bevölkerung.

Der Wanderungsumfang ist in starkem Maße regional auf die Nachbargemeinden und den Raum der (neuen) Landkreise Passau und Deggendorf beschränkt. Er nimmt nach außen hin mit zunehmender Entfernung jedoch nicht kontinuierlich ab, das "restl. Bayern", weitgehend repräsentiert durch den Verdichtungsraum München, bildet ein Nebenmaximum. Innerhalb Bayerns ist, übereinstimmend mit den Fernpendlern (BREYER 1970, Tab. S. 213/214) vom UG aus der Raum München eindeutig bevorzugt, während etwa mit Regensburg oder Nürnberg keine nennenswerten Verflechtungen existierten. Auch BRAUCH (1973, S. 78 u. 125) kommt für die von den Kreisen Niederbayerns ausgehenden Wanderungsströme zu dem Ergebnis, daß der Verdichtungsraum München Standortqualitäten aufweist, für die das restliche Niederbayern keine Alternativen bietet und daher dort keine spürbare Absorption von Wandernden stattfindet.

Diese Aussage gilt allerdings nur für die Zeit etwa ab 1960. Davor bezogen sich die Wanderungsverflechtungen primär auf die traditionellen Fremdenverkehrsgebiete Oberbayerns mit einer ausgesprochenen Saisonwanderung und auf die Industrieräume an Neckar und Ruhr.

Bezüglich der externen ökonomischen Einflüsse auf das Wanderungsverhalten kann der weitverbreiteten Meinung etwa bei MÜNKE (1969, S. 65) nicht zugestimmt werden, daß" ... zu Zeiten der Vollbeschäftigung mehr Menschen als zur Zeit der Arbeitslosigkeit vom Lande in die Stadt ziehen; ... Menschen die noch Kontakte zur Heimatbevölkerung haben, werden bei lang dauernder Arbeitslosigkeit ebenfalls in die Heimat zurückkehren".

Für das UG kann am Beispiel der Rezession 66/67 ein genau entgegengesetztes Verhalten nachgewiesen werden. Für diese Jahre ist eine deutliche Zunahme der Wegzüge nach München festzustellen, für die folgenden Jahre eine verstärkte Rückwanderung in das UG. Der Vorgang wurde auch von BRAUCH (1973, S. 154) für die Kreise Niederbayerns ermittelt: "Das starke Ansteigen der Wanderungen nach München im Jahr 1967 kann damit erklärt werden, daß der Ballungsraum München vergleichsweise weniger stark von der Rezession betroffen wurde". Durch eine relativ geringere Abnahme der industriellen Arbeitsplätze bei gleichzeitig stark verminderter Ausländerbeschäftigung ergaben sich für die Niederbayern in München günstigere Möglichkeiten als im eigenen Regierungsbezirk. Daß die pull-Faktoren dabei jedoch keineswegs so groß waren, eine (endgültige) Abwanderung zu induzieren, zeigen die zahlreichen Rückkehrer, so daß der Saldo des UG mit München insgesamt für die Periode 1966-1970 ausgeglichen bis positiv ist.

Tabelle: 29

WANDERUNGEN NACH GEBÜRTIGKEIT IN SECHS GEMEINDEN DES RAUMES OSTERHOFEN-VILSHOFEN 1959-1970

Gemeinde	Periode	Geboren in						
		Heimat-gemeinde	Nachbar-gemeinden	Restl. Krs. PA DEG	Restl. Niederbayern	Restl. Bayern	Restl. BRD	Außerhalb BRD
		Anteile in v.T. des jew. Wanderungsv.						
Buchhofen Kirchdorf	2	205	144	228	114	71	50	159
	3	200	115	290	100	65	85	145
	4	208	188	270	145	75	25	89
Forsthart	2	541	78	134	82	60	35	74
	3	383	184	177	108	65	32	51
	4	243	104	222	101	128	135	67
Walchsing	2	313	95	217	37	48	23	267
	3	350	87	246	98	55	16	148
	4	335	140	209	72	81	60	103
Alkofen	2	319	126	243	74	65	32	141
	3	248	188	176	75	108	59	146
	4	248	199	212	64	94	72	111
Otterskirchen	2	423	76	186	80	50	18	167
	3	328	149	238	74	38	30	143
	4	228	111	300	115	97	45	104
SUMME	2	341	110	215	81	60	31	162
	3	288	159	207	85	80	47	134
	4	250	163	232	85	97	73	100

2 = 1959-1962 3 = 1963-1966 4 = 1967-1970
Quelle: Eigene Erhebung nach An- und Abmeldescheinen

Tabelle: 30

ANTEILE DER GRUPPEN AN DEN WANDERUNGEN IN SECHS GEMEINDEN DES RAUMES OSTERHOFEN-VILSHOFEN 1959-1970

Gemeinde	Periode	Gruppen					
		Landwirte	Ungelernte Arbeiter	Gelernte Arbeiter	Beamte Angestellte Gewerbetreib.	Hausfrauen Rentner	Kinder Schüler
		Anteile in v.T. des Wanderungsvol.					
Buchhofen + Kirchdorf	2	16	448	78	41	194	223
	3	10	380	100	35	230	245
	4	44	253	113	100	220	270
Forsthart	2	53	478	78	18	166	207
	3	32	213	123	47	202	383
	4	3	246	202	91	199	259
Walchsing	2	18	394	131	35	212	210
	3	36	283	126	44	249	262
	4	47	184	154	72	308	235
Alkofen	2	10	387	117	62	204	220
	3	9	224	120	89	234	324
	4	7	191	155	91	235	321
Otterskirchen	2	24	439	94	40	168	235
	3	25	292	116	58	218	291
	4	24	263	114	84	249	266
SUMME	2	19	416	106	46	193	220
	3	19	257	119	68	230	307
	4	17	215	153	88	239	288

2 = 1959-1962 3 = 1963-1966 4 = 1967-1970

Quelle: Eigene Erhebung nach An- und Abmeldescheinen

Tabelle: 31

ANTEILE DER HERKUNFTS- UND ZIELGEBIETE AN DEN WANDERUNGEN IN SECHS GEMEINDEN DES RAUMES OSTERHOFEN-VILSH. 1959-1970

Gemeinde	Periode	Herkunfts-/Zielgebiet					
		Nachbar-gemeinden	Restl. Krs. PA DEG	Restl. Niederbayern	Restl. Bayern	Restl. BRD	Außerhalb BRD
		Anteile in v.T. des Wanderungsvol.					
Buchhofen + Kirchdorf	2	242	280	157	237	68	16
	3	225	365	100	160	150	-
	4	303	358	151	169	19	-
Forsthart	2	223	301	145	245	78	8
	3	339	365	102	144	43	7
	4	226	283	148	229	101	13
Walchsing	2	265	382	131	120	83	18
	3	342	372	104	142	30	10
	4	346	372	77	124	64	17
Alkofen	2	219	310	62	292	84	33
	3	359	266	79	209	67	20
	4	371	346	65	120	81	17
Otterskirchen	2	242	423	104	156	70	5
	3	350	405	90	105	50	-
	4	322	349	97	156	73	3
SUMME	2	234	336	104	227	79	20
	3	338	326	89	169	65	13
	4	332	341	91	147	76	13

2 = 1959-1962 3 = 1963-1966 4 = 1967-1970

Quelle: Eigene Erhebung nach An- und Abmeldescheinen

5.4.4. Die alters- und gruppenspezifischen Wanderungsmuster im Zeitablauf und ihre Darstellung im Migrationsbaum

"Der selektive Charakter von Wanderungsabläufen" (SCHAFFER 1972, S. 147) verändert nicht nur die demographische Situation von Verdichtungsräumen sehr rasch, sondern in starkem Maße auch die des ländlichen Bereichs. Da sich die Wanderung nach "demographischen Gesetzmäßigkeiten bzw. soziologisch wirksamen Beziehungen" (ANDREA 1960, S. 42) vollzieht, sind sie durch Analysen bis zu einem gewissen Grad erfaßbar und typisierbar.

Ein wichtiges Hilfsmittel zum Erkennen der Gesetzmäßigkeiten sind die Merkmale Alter, Geschlecht, Gruppenzugehörigkeit und Reichweite, wobei die ersteren beiden im Migrationsbaum in der Verbindung mit jeweils anderen Merkmalen dargestellt werden können. In der vorliegenden Analyse wurden sowohl die Zuzüge als auch die Wegzüge (Abb. 20-22) und die Salden (Abb. 23;24) einbezogen. Zuzüge bzw. positive Wanderungssalden je Altersgruppe sind auf den Abszissen nach rechts, Wegzüge bzw. negative Salden nach links abgetragen. Analog zum bekannten Alterspolygon der Wohnbevölkerung wurden die Bruttowerte oder die Salden für 17 Altersgruppen (5-Jahresgruppen) aufsteigend übereinander angeordnet.

Auf der Basis der sechs Einzelgemeinden (Buchhofen u. Kirchdorf, Forsthart, Walchsing, Alkofen, Otterskirchen) bzw. deren Summe lassen sich für die verschiedenen Aspekte Umschichtungsprozesse in Altersaufbau und Sozialstruktur nachweisen. Dabei halten wir die Differenzierung nach verschiedenen Perioden, d.h. eine vereinfachte, kurze Zeitreihenanalyse, für ebenso wichtig wie die Untersuchung nach demographisch-sozialen Merkmalen. Denn nicht ein Mittelwert (mit dem sich in aller Regel keine Gemeinde oder das UG zu keinem Zeitpunkt identifizieren kann), sondern die Aneinanderreihung mehrerer Werte rechtfertigt erst die Bezeichnung Prozeß oder Veränderung. Die zeitlich-inhaltliche Differenzierung hat natürlich immer eine Grenze in der Rechenbarkeit statistischer Massen, auf die man gerade im ländlichen Raum schnell stößt.

In Abb. 20, 21, 22 sind die Migrationsbäume als Summe der sechs Gemeinden dargestellt. Falls (rechnerisch) sinnvoll, wurden die Gruppen nach Geschlecht und den vier Perioden getrennt. Die für lokalplanerische Zwecke notwendigen und wertvollen Aussagen liegen zwar sämtliche auf Gemeindebasis vor, können aber wegen des großen Umfangs nur aggregiert vorgestellt werden.

Daß mit steigendem Alter die Mobilität sinkt, ist weithin bekannt und gilt über das UG hinaus allgemein(vergl. ZIMMERMANN 1972, S. 388). Allerdings gibt es hinsichtlich der Beteiligung verschiedener Altersstufen sowohl im Zeitablauf als auch zwischen den einzelnen Gruppen abweichende Verhaltensweisen. Zudem sind innerhalb einer Gruppe meist die Geschlechter in unterschiedlicher Ausprägung an den Wanderungen beteiligt.

Während bei den Landwirten und Gewerbetreibenden die jüngeren Jahrgänge weitgehend fehlen, werden die Wanderungen etwa bei den ungelernten Arbeitern sehr wesentlich von ihnen getragen. Da die ungelernten Arbeiter die wichtigste Gruppe innerhalb der Erwerbstätigen stellen, müssen noch einige Hinweise über die innere Zusammensetzung und ihre Veränderung im Zeitablauf gegeben werden.

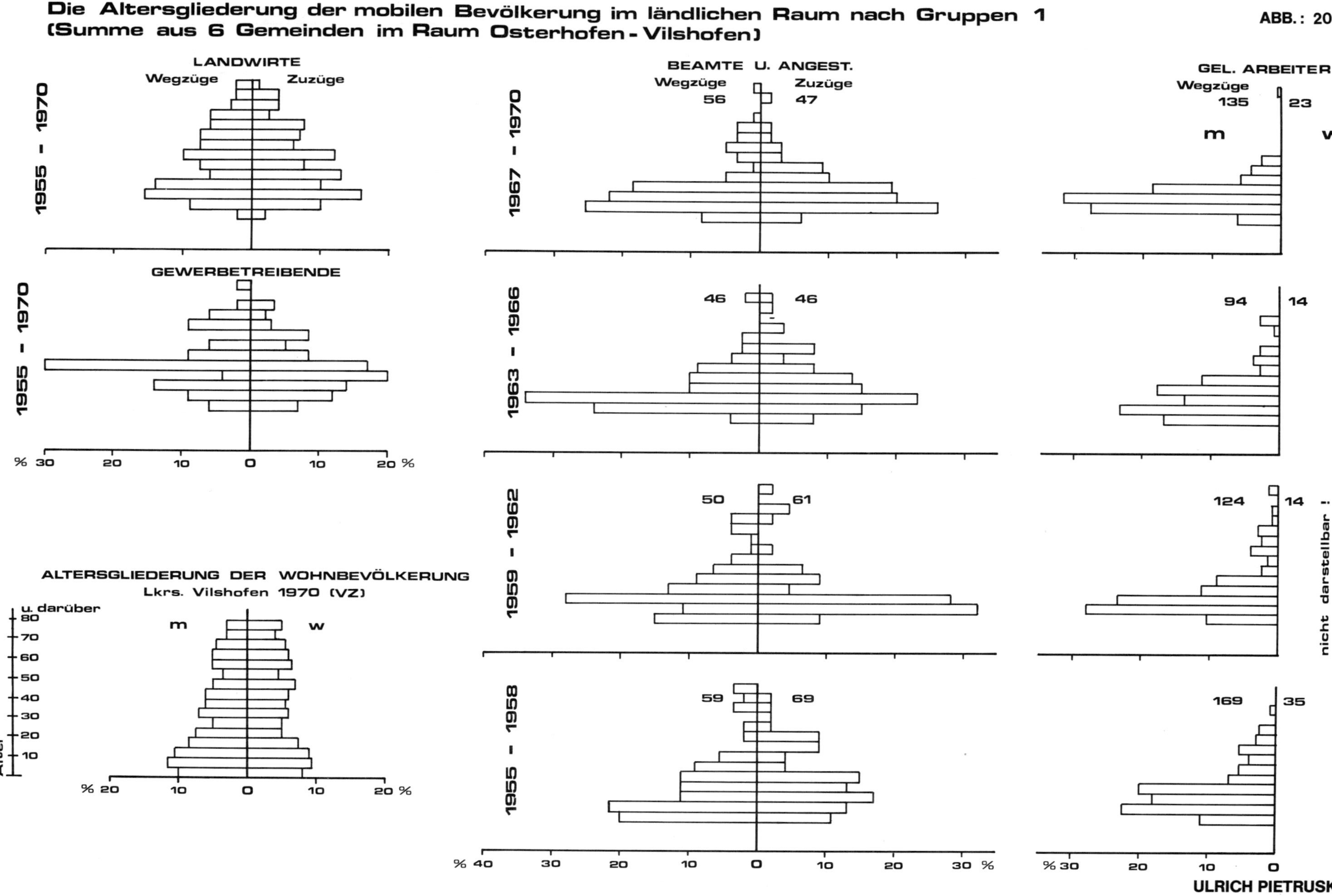
Die Altersgliederung der mobilen Bevölkerung im ländlichen Raum nach Gruppen 1
(Summe aus 6 Gemeinden im Raum Osterhofen - Vilshofen)
ABB.: 20
LANDWIRTE
Wegzüge
Zuzüge
1955 - 1970
GEWERBETREIBENDE
1955 - 1970
% 30
20
10
0
10
20 %
BEAMTE U. ANGEST.
Wegzüge
56
Zuzüge
47
1967 - 1970
46
46
1963 - 1966
50
61
1959 - 1962
59
69
1955 - 1958
% 40
30
20
10
0
10
20
30 %
GEL. ARBEITER
Wegzüge
135
23
m
w
94
14
124
14
nicht darstellbar !
169
35
% 30
20
10
0
ALTERSGLIEDERUNG DER WOHNBEVÖLKERUNG
Lkrs. Vilshofen 1970 (VZ)
m
w
Alter
u. darüber
80
70
60
50
40
30
20
10
% 20
10
0
10
20 %
ULRICH PIETRUSKY

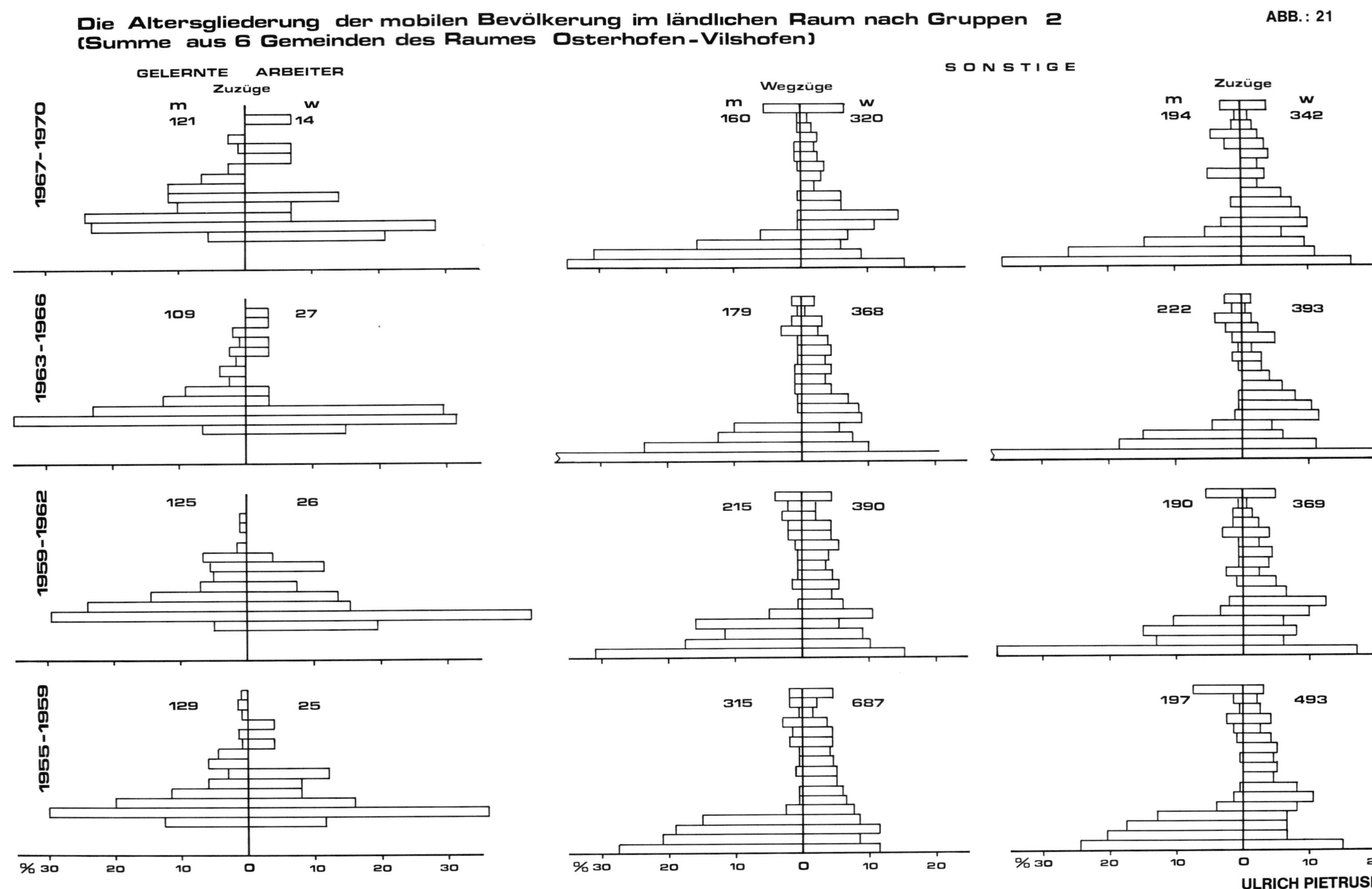
ABB.: 21
Die Altersgliederung der mobilen Bevölkerung im ländlichen Raum nach Gruppen 2
(Summe aus 6 Gemeinden des Raumes Osterhofen-Vilshofen)
GELERNTE ARBEITER
SONSTIGE
Zuzüge
Wegzüge
Zuzüge
m
w
121
14
160
320
194
342
1967-1970
109
27
179
368
222
393
1963-1966
125
26
215
390
190
369
1959-1962
129
25
315
687
197
493
1955-1959
% 30 20 10 0 10 20 30
% 30 20 10 0 10 20
% 30 20 10 0 10 20
ULRICH PIETRUSKY

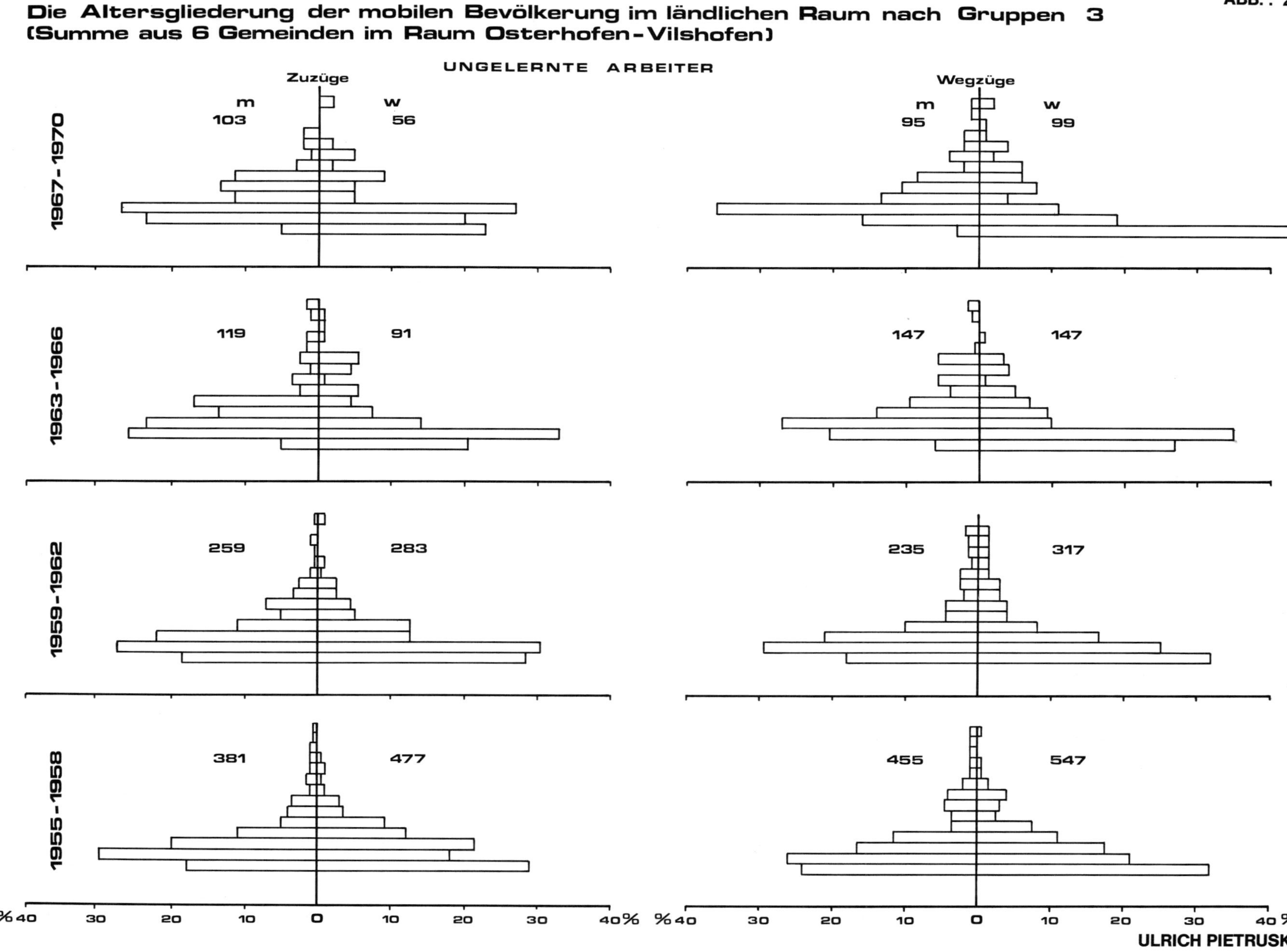
ABB. : 22
Die Altersgliederung der mobilen Bevölkerung im ländlichen Raum nach Gruppen 3
(Summe aus 6 Gemeinden im Raum Osterhofen-Vilshofen)
UNGELERNTE ARBEITER
Zuzüge
Wegzüge
m
w
1967-1970
103
56
95
99
1963-1966
119
91
147
147
1959-1962
259
283
235
317
1955-1958
381
477
455
547
%40 30 20 10 0 10 20 30 40%
%40 30 20 10 0 10 20 30 40%
ULRICH PIETRUSKY

Besonders im 1. Abschnitt von 1955 bis 1958 waren an den Wanderungen der ungelernten Arbeiter in starkem Maße landwirtschaftliche Arbeiter (einschl. Lehrlinge) beteiligt, die am Beispiel der Gemeinden Buchhofen und Kirchdorf einen Anteil von ca. 40 % an den gesamten Fällen ausmachten. Ab 1962 etwa sind keine mobilen landwirtschaftlichen Arbeiter mehr registriert. Eine zweite Untergruppe, die anfangs in starkem Maße Wanderungsumfang und Reichweite beeinflußten, waren weibliche Saisonarbeitskräfte im Fremdenverkehr und die Hausgehilfinnen. Auch diese Gruppe wurde später durch die Alternative Fabrikarbeit bedeutungslos bzw. assimiliert. Der Wechsel vollzog sich in den nichtagraren Gemeinden eher (Alkofen z.B. bereits 1955-1958) als in den überwiegend landwirtschaftlich orientierten, peripheren Gemeinden. Diese qualitative und räumliche Umorientierung durch den geänderten Arbeitsmarkt hatte insbesondere auch eine verstärkte Abnahme des weiblichen Anteils der ungelernten Arbeiter an den Wanderungen zur Folge (vergl. auch abs. Zahlen in Abb. 22!)

Mehr noch als die Bruttowerte sind die jeweiligen Salden geeignet, signifikante Umformungsprozesse anzuzeigen. Betrachtet man die nach Gemeinden aufgeführten Migrationsbäume der Abb. 23, so ist zunächst kein einheitlicher Typ auszumachen. Trotz der Individualität der Landgemeinden läßt sich in der Zeitreihe aber eine Grundtendenz erkennen:

> Sämtliche Gemeinden zeigen nach einer sehr unausgeglichenen, fast ausnahmslos negativen Bilanz in der 1. Periode 1955-1958 über Zwischenstufen gegen 1970 zumindest einen ausgeglichenen, z.T. leicht positiven Saldo.

Der Ausgleich erfolgte entweder bereits in der 2. Phase (Otterskirchen) oder erst sehr spät (Buchhofen und Kirchdorf) oder über richtiggehende Pendelbewegungen wie in der Gemeinde Alkofen. Dadurch wird für Alkofen die Annahme einer periodischen Wanderungsbewegung mit Rückkehr bestätigt. Eine große Anzahl der 1955-1958 Weggezogenen ist - mit fortgeschrittenerem Alter - in der Periode 1959-1962 in die Gemeinde zurückgekehrt.

Die gruppen- und geschlechterspezifischen Migrationsbäume (Abb. 24) lassen eine weitergehende Interpretation zu. Der Gruppe der ungelernten Arbeiter kommt dabei wegen ihres großen Wanderungsvolumens und der damit verbundenen Prägekraft wiederum besondere Bedeutung zu. Während die männlichen ungelernten Arbeiter vom Typ "Abnahme bei fast sämtlichen Altersgruppen" sich zu einem ausgeglichenen Typ entwickelt haben, blieb die z.T. sehr starke Abnahme bei den Frauen in der Tendenz erhalten. Ähnliches gilt für die gelernten Arbeiterinnen. Die Frage nach den Gründen für den negativen weiblichen Wanderungssaldo bei den maßgeblichen Gruppen unter den Erwerbstätigen ist nicht eindeutig zu beantworten. Vor 1960 bestand ein erhebliches Defizit an Arbeitsplätzen in Niederbayern, das auszugleichen, die Männer durch Fernpendeln eher in der Lage waren. Andererseits standen gerade im UG nach 1960 verhältnismäßig zahlreich Frauenarbeitsplätze insbesondere in der Textilbranche zur Verfügung. Während bei den Männern ganz offensichtlich die weit verbreitete Bindung an den Grundbesitz einen größeren negativen Saldo verhindert, ist ein derart wegzugshemmender Faktor bei den Frauen nicht vorhanden.

Die Wanderungen der Beamten und Angestellten sind relativ stabil

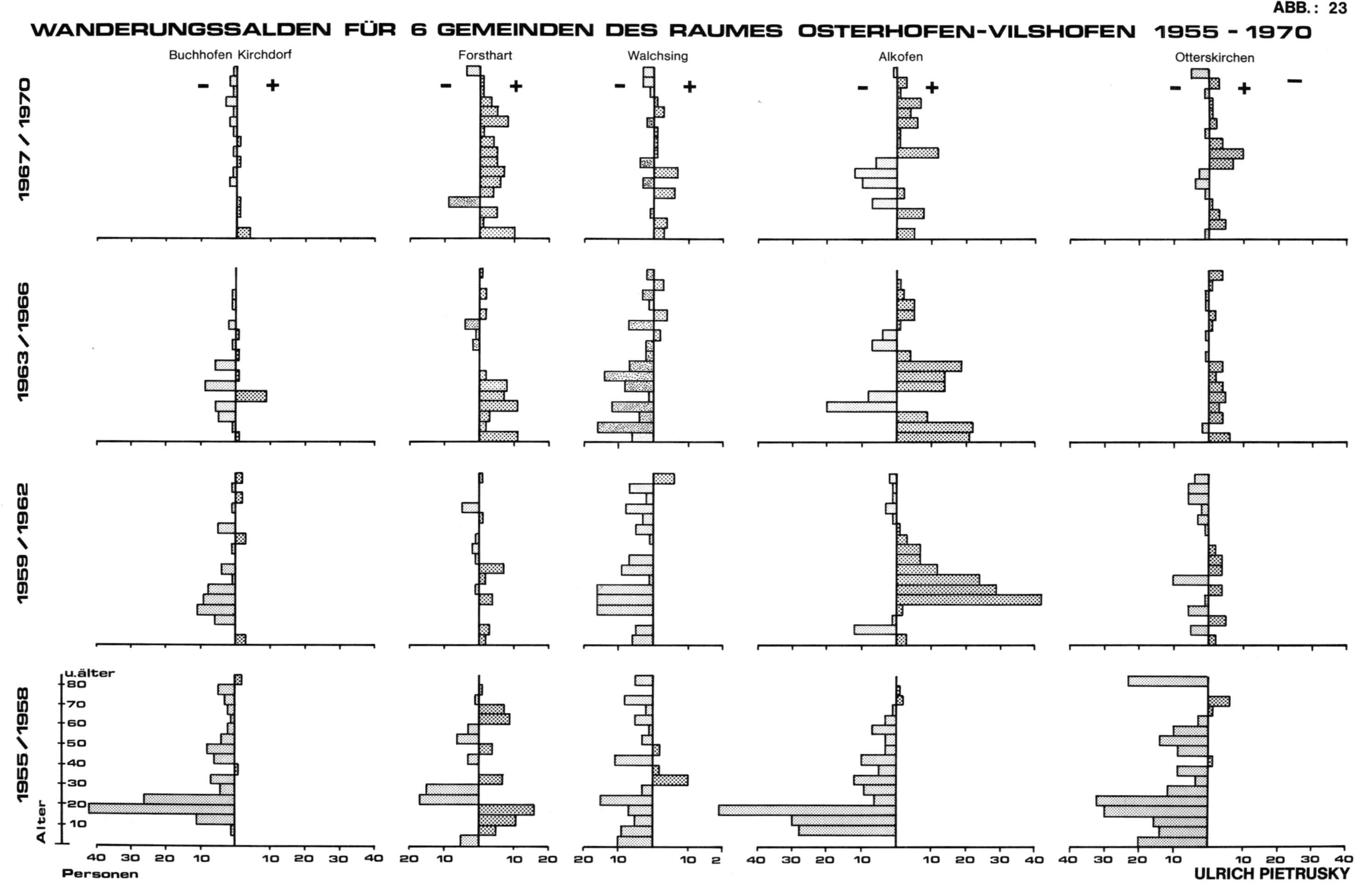
ABB.: 23
WANDERUNGSSALDEN FÜR 6 GEMEINDEN DES RAUMES OSTERHOFEN-VILSHOFEN 1955 - 1970
Buchhofen Kirchdorf
Forsthart
Walchsing
Alkofen
Otterskirchen
1967 / 1970
1963 / 1966
1959 / 1962
1955 / 1958
u.älter
Alter
Personen
ULRICH PIETRUSKY

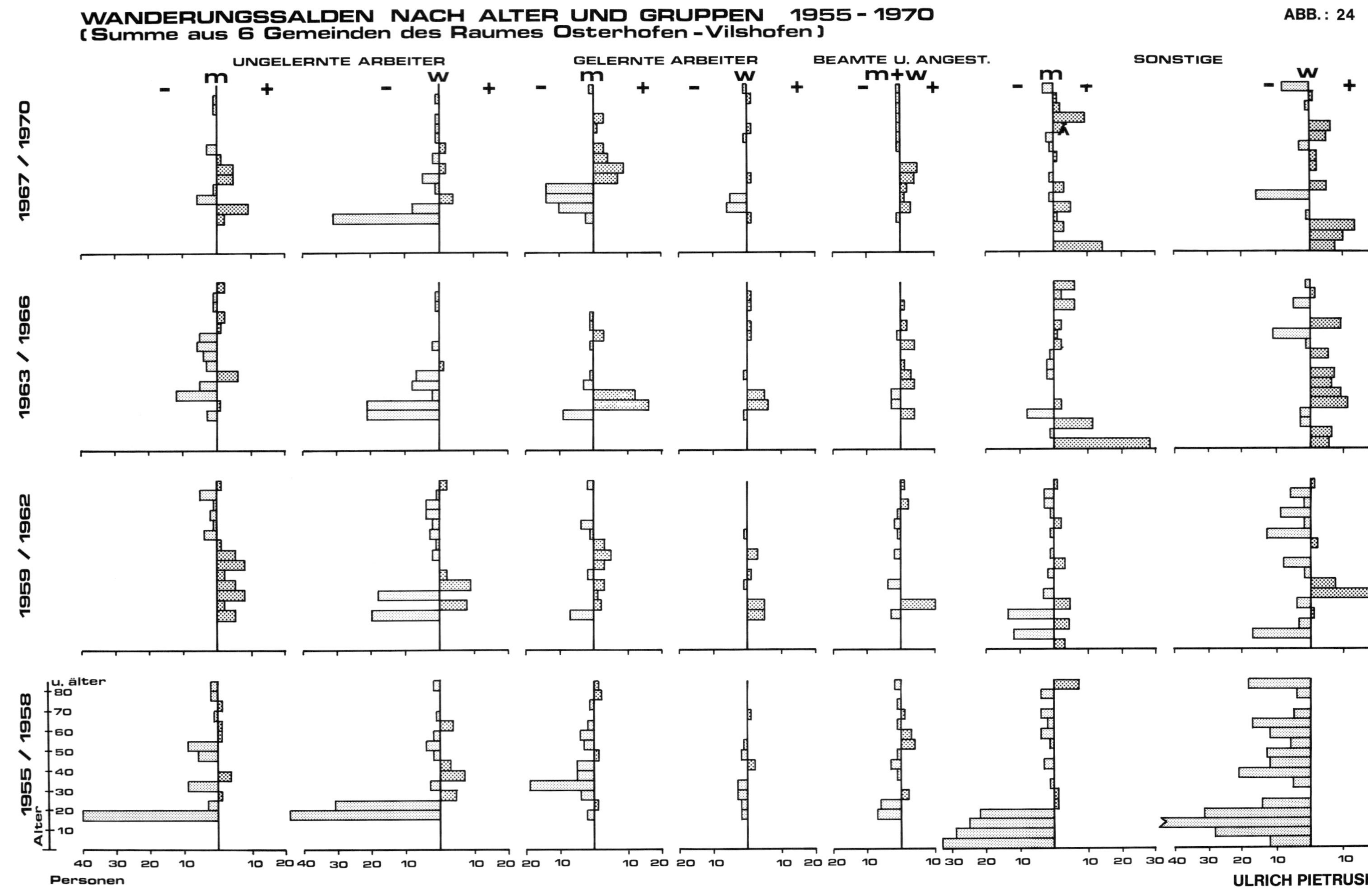
WANDERUNGSSALDEN NACH ALTER UND GRUPPEN 1955 - 1970
(Summe aus 6 Gemeinden des Raumes Osterhofen - Vilshofen)
ABB.: 24
UNGELERNTE ARBEITER
GELERNTE ARBEITER
BEAMTE U. ANGEST.
SONSTIGE
m
w
m+w
-
+
1967 / 1970
1963 / 1966
1959 / 1962
1955 / 1958
Alter
u. älter
80
70
60
50
40
30
20
10
40 30 20 10 10 20
Personen
ULRICH PIETRUSKY

und tragen nur in einem geringen Maße zu einer sozialen Umformung bei.

Innerhalb der heterogenen Gruppe der "Sonstigen" verdient der Basisbereich besondere Aufmerksamkeit. Während in der ersten Periode 1955-1959 eine starke Abnahmetendenz auch der Kinder erkennbar ist - und dies bei Andauern und gleichzeitig abnehmender Geburtenziffer rasch zu einer Überalterung geführt hätte, brachten die letzten Perioden gerade für den jüngsten Personenkreis eine positive Entwicklung. Diese über wenigstens acht Jahre verfolgbare positive Tendenz hat im Einzelfall für die Gemeinde ganz entscheidende Bedeutung, da zusammen mit dem Geburtensaldo die zukünftige demographische Struktur der Bevölkerung einigermaßen sicher vorausschaubar wird.

Insgesamt lassen sich neben den unterschiedlichen Gruppen- und geschlechterspezifischen Verhaltenstrends folgende Ergebnisse aufzeigen:

> Innerhalb der wandernden Erwerbstätigen zeigen die Frauen über alle Perioden einen negativen Saldo, während dieser bei den Männern in den späteren Perioden ausgeglichen werden konnte.
>
> Bei den jüngsten Altersgruppen ergibt sich 1963-1970 (für die Summe aller Gemeinden) eine positive Tendenz, während die Perioden davor z.T. durch starke Wanderungsverluste der Kinder gekennzeichnet waren.

Abgesehen von unterschiedlichen Gruppenbildungen leidet ein Vergleich der vorgelegten Untersuchung mit anderen auch an unterschiedlichen Raumeinheiten. Bei gleicher kleinräumlicher Analyse für einen ländlichen Raum NE Bayerns kommt ARPTER (1973, S. 137) zu dem abweichenden Ergebnis, daß "die Zusammensetzung des Sozialgruppengefüges durch Mobilitätsvorgänge insgesamt nur wenig Veränderungen erfahren hat". SCHWARZ (1969, S. 99) vertritt in der Analyse der räumlichen Bevölkerungsbewegung in der BRD die Auffassung, daß die Mobilität der Angehörigen land- und forstwirtschaftlicher Berufe ferner der Bauberufe gering ist."Im Gegensatz zur niedrigen Mobilität der Angehörigen von 'Massenberufen' steht die hohe Mobilität der Angehörigen einer Reihe seltener Berufe" (S. 99). Dieses, der vorliegenden Teilanalyse völlig entgegengesetzte Ergebnis ist möglicherweise auf erhebungstechnische Unterschiede und unterschiedliche Aggregationsniveaus zurückzuführen.

5.4.5. Die Ergebnisse der Wanderungsprozesse in der Übersicht

Die Tab. 32 faßt in der Übersicht die Ergebnisse der nach Gebürtigkeit, Herkunfts- und Zielräumen unterschiedenen Wanderungen für die sechs betrachteten Gemeinden zusammen:

> Die Wanderungsverluste gestalten sich weitgehend als Bevölkerungsabgabe an die Region. Die Wanderungsgewinne stammen überwiegend von außerhalb der Region.
>
> Die Wanderungsbilanz (bei rd. 6 700 Wanderungsfällen) ist insgesamt für die Summe der sechs Gemeinden ausgeglichen.

Tabelle: 32

WANDERUNGSSALDO FÜR SECHS GEMEINDEN DES RAUMES OSTERHOFEN-VILSHOFEN NACH GEBÜRTIGKEIT UND REICHWEITE 1959-1970 (Absolut nach Personen)

Herkunft bzw. Ziel / Gebürtigkeit	Nachbargemeinden	Restl. Kreise PA + DEG	Restl. Niederbayern	Restl. Bayern	Restl. BRD	Außerhalb BRD	GESAMT
Heimatgemeinde	-264	-223	-67	-40	-3	8	-589
Nachbargemeinden	156	6	-8	-27	5	1	133
Restl. Kreise PA + DEG	-29	209	17	-12	-10	-3	172
Restl. Niederbayern	-5	16	71	7	11		100
Restl. Bayern	-14	-11	1	96	6	6	84
Restl. BRD	7	6	3	6	84	4	110
Außerhalb BRD	-50	-29	-2	14	33	15	-19
GESAMT	-199	-26	15	44	126	31	-9

Quelle: Eigene Erhebung nach An- und Abmeldescheinen der Gemeinden Buchhofen, Kirchdorf, Forsthart, Walchsing, Alkofen und Otterskirchen 1959-1970

Bei Einbeziehung der Gebürtigkeit läßt sich das Bild noch verfeinern:

> Die negativen Teilsalden sind fast ausschließlich auf die in der Gemeinde Gebürtigen und nur in sehr geringem Maße auf Flüchtlinge zurückzuführen.
>
> Der positive Teilsaldo kommt im wesentlichen durch Wandernde zustande, die außerhalb des unmittelbaren Wirkungs- und Lebensbereichs der Gemeinde (Nachbargemeinde) stammen.

Insgesamt gesehen hat das UG am Beispiel der dargestellten sechs Landgemeinden im Zeitraum 1959-1970 alles andere als eine "Landflucht" erlebt. Daher wurde auch bewußt der Begriff "Abwanderung" vermieden und der neutrale Begriff "Wegzüge" verwendet. Nicht zuletzt aufgrund des weit verbreiteten Grundbesitzes (vergl. Kap. 4.1.) ist die Bindung an den Raum so stark, daß häufig auch nach mehrjähriger Abwesenheit eine Rückkehr in das UG bzw. die Heimatgemeinde stattfindet. Auch ZIMMERMANN (1972, S. 399) kommt für die gesamte BRD zu einem ähnlichen Ergebnis, wenn er feststellt: "Eigentümer zeigen eine geringere Wegzugswahrscheinlichkeit, wobei dieser Zusammenhang als hochsignifikant bezeichnet werden kann". Für den ländlichen Raum des UG muß diese Aussage dahingehend modifiziert werden, daß zwar Wegzüge von tatsächlichen oder potentiellen Grundeigentümern in starkem Maße vorkommen, wegen der Rückwanderung aber ein endgültiges Fernbleiben selten ist. Unter diesem Aspekt muß man auch den Problemkreis Einmärker sehen. Unter ihnen sind eine ganze Reihe von Personen, die aus der betreffenden Gemeinde stammen, für zunächst unbekannte Zeit einen Zweitwohnsitz außerhalb nehmen um später wieder zurückzukehren.

Auch BREYER (1970, S. 167) stellt für die Wochenendpendler des Bayerischen und östlichen Oberpfälzer Waldes fest, daß Abwanderungstendenzen als mögliche Folge des Fernpendelns nicht zu beobachten sind. Maßgeblich für dieses Verhalten ist neben der starken ideellen Bindung an die Heimat eine starke materielle. Rund 3/4 aller Wochenendpendler verfügen über Grundbesitz. ZIMMERMANN (1972, S. 390) kann für die gesamte BRD die sog. Vorstufenhypothese ebenfalls nicht bestätigen.

Die Annahme von SCHAFFER (1972, S. 131) einer Etappenwanderung Kleingemeinde-Kleinstadt-Verdichtungsraum läßt sich aus der Sicht der Landgemeinden mit den vorliegenden Ergebnissen nicht beurteilen, scheint aber für das UG nicht zuzutreffen. Ein derart einfaches Reaktionsschema, wie etwa von MÜNKE (1967, S. 44) für die BRD dargestellt, liegt (und lag) mit Sicherheit nicht vor: "...der zweite Bauernsohn, für den der landwirtschaftliche Besitz keine Existenzgrundlage bot, nahm in der nächsten Kleinstadt eine Lehre auf. Erst in späteren Jahren zog er in die größeren Städte".

Ohne daß Fakten über "geistige Veranlagung und über die arbeitsmäßigen Qualitäten der vom Lande Abwandernden" vorlägen, werden Gemeinplätze wiedergegeben: "Oft trifft man auf die Ansicht, daß die 'Landflucht' dem Lande die besten Kräfte entziehe und auf dem Lande nur Menschen mit unterdurchschnittlicher Begabung oder geringer Initiative zurückbleiben" (MÜNKE 1967, S. 66). Derart subjektive und verallgemeinernde Darstellungen, die den Eindruck der "Auszehrung des flachen Landes" verstärken, werden leider auch pauschal von Geographen vermittelt: "Auch heute noch ist die Land-Stadt-Wanderung ein wichtiger Prozeß, der vor unseren Augen abläuft, da die Nachteile eines ländlichen Gebietes von den meisten Sozialschichten noch als gravierend angesehen werden...können die Vorteile des ländlichen Raumes ... die Nachteile in der Bewertung nicht ausgleichen. Die als 'peripher ', 'wirtschaftsschwach' und 'unattraktiv' apostrophierten Räume weisen als Folge der einseitigen Abwanderung eine Überalterung der Bevölkerungsstruktur auf, was wiederum Konsequenzen für die Geburtenhäufigkeit beinhaltet" RUPPERT, H. 1975, S. 60). Wenngleich auch der ländliche Raum des UG mit diesen und anderen wenig treffenden Prädikaten belegt wird, sind die angeführten Wirkungszusammenhänge nicht erkennbar. So weisen die gruppenspezifischen Salden für die Summe der sechs ausgewählten Gemeinden 1959-1970 gerade für jene Gruppen (leicht) positive Tendenzen auf, die lt. obigen Aussagen den Raum längst verlassen hätten: gelernte Arbeiter, niedere und bes. leitende Beamte und Angestellte, Gewerbetreibende und Freie Berufe. Eine ähnlich positive Tendenz für diese Gruppen konnte auch für den Grunderwerb quantitativ belegt werden.

Die Feststellung von BÖHM (1972, S. 145), daß "neben den höheren Verdienstmöglichkeiten psychologische Faktoren den Drang in die Stadt verstärken, sie das Lebensgefühl unserer Zeit prägt und nur wenige auf dem "flachen Land" wohnen wollen, entspringt eher einer subjektiven Selbsteinschätzung eines Städters als der realen Situation in allen Raumkategorien. Die Attraktivität von Städten und insbesondere ihr "Freizeitwert" ist für den Bewohner des ländlichen Raumes am Beispiel des UG sicherlich von untergeordneter Bedeutung. Besonders aus Tab. 32 geht hervor, daß die sechs Gemeinden des UG etwa an den Verdichtungsraum München (der weitgehend mit "restl. Bayern" identisch ist) k e i n e Bevölkerung abgegeben haben, im Gegenteil in der dargestellten Zeit einen Wanderungsüberschuß aufweisen. Der bis 1975 sich fortsetzende Wanderungsgewinn nahezu aller ausgewählten Gemeinden gegenüber den Verdichtungsräumen der BRD weist auf die sehr einseitige und im übrigen sehr kurzlebige sozialgeographische Diskussion von "Attraktivität" und "Image" hin. Der tatsächlich vorhandene relativ hohe Bevölkerungsaustausch des UG wie des gesamten ostniederbayerischen Raumes mit der Region München ist eine Reaktion auf dessen großen Arbeitsmarkt, für den es in Niederbayern keine Alternative gibt. Der von München ausgehende pullfactor war aber keineswegs so groß, daß er eine weitgehende Abwanderung in Form einer Landflucht induzieren konnte.

Zusammenfassend läßt sich für das UG

> eine starke Bevölkerungsdurchmischung mit qualitativer Veränderung über Wanderungsprozesse bei insgesamt stabilem Wanderungssaldo nahe Null feststellen.

Die Umformung der Bevölkerungsstruktur geschieht über unterschiedliche Wanderungsverhalten nach Gruppen, Alter, Geschlecht und insbesondere Gebürtigkeit in ihrer räumlich-zeitlichen Differenzierung. Diese Prozesse ergeben nur einige, keineswegs erschöpfende Hinweise zur Veränderung der Sozialstruktur auch der Grundbesitzer, da die Ursachen letztlich außerhalb des eigentlichen geographischen Betrachtungsrahmens liegen.

5.5. Zur Erfassung und Darstellung mobilitätsbezogener Verhaltenstrends von Gemeinden

In einer Synthese soll nun versucht werden, über die Merkmale Gebürtigkeit und Gruppenzugehörigkeit bezüglich der Wanderungen in Abhängigkeit von der Reichweite für sechs Gemeinden Verhaltenstrends zu erfassen und diese dann mit den Entwicklungen der Sozialstruktur der Grundbesitzer zu vergleichen.

Es wurde in Abb. 25 für jede Gemeinde (Buchhofen und Kirchdorf zusammen) jeweils der merkmalsspezifische Wanderungssaldo in seiner Entwicklung nach Richtung (positiv-negativ-Null) und relativer Größe (gemessen an der jeweiligen durchschnittlichen Wohnbevölkerung) dargestellt.

Die Übersicht bestätigt noch einmal die wichtigsten bisherigen Ergebnisse und macht deutlich, daß neben einer Reihe von individuellen Mustern eine ganze Reihe von Kombinationen über alle Gemeinden einen einheitlichen Trend zumindest nach der Richtung zeigen. Die Häufung in der Diagonalen des oberen Teils der Abb. 25 verdeutlicht noch einmal die große Zahl der Erstwanderungen.

Da die Gemeinden in Abb. 25 vergleichbar sind, soll die Übereinstimmung im Verhalten auf einfache Weise auch quantitativ ermittelt werden. Für jede Kombination von Gemeinden werden allen möglichen die tatsächlich gleichartigen Salden gegenübergestellt (Null wird jeweils mitgerechnet) und daraus der Quotient gebildet.

Korrelation nach Gebürtigkeit		Korrelation nach Gruppenzugehörigkeit	
Forsthart-Alkofen	0,82	Forsthart-Alkofen	0,77
Buchh.-Kirchd.-Ottersk.	0,74	Buchh.-Kirchd.-Ottersk.	0,59
Walchsing-Otterskirchen	0,74	Walchsing-Otterskirchen	0,58
Forsthart-Buchh.-Kirchd.	0,70	Walchsing-Alkofen	0,56
Buchh.-Kirchd.-Walchsing	0,69	Otterskirchen-Alkofen	0,55
Alkofen-Buchh.-Kirchd.	0,69	Forsthart-Walchsing	0,50
Forsthart-Walchsing	0,67	Alkofen-Buchh.-Kirchd.	0,49
Walchsing-Alkofen	0,59	Buchh.-Kirchd.-Walchsing	0,45
Otterskirchen-Alkofen	0,56	Forsthart-Otterskirchen	0,45
Forsthart-Otterskirchen	0,54	Forsthart-Buchh.-Kirchd.	0,36

Die Ergebnisse dürfen nicht überinterpretiert, sondern nur in ihren Relationen gesehen werden. Immerhin ist das ähnliche Verhalten der Gemeinden Alkofen und Forsthart einerseits und der Gemeinden Walchsing, Otterskirchen, Buchhofen/Kirchdorf andererseits für jeweils beide primäre Merkmale signifikant. Auch die Tatsache, daß etwa Alkofen und Forsthart in stärkerem Maße übereinstimmen als die anderen Gemeinden untereinander entspricht den Aussagen der Analyse der Grundbesitzverhältnisse (in Kap. 4.).

Dieser Versuch zeigt, daß

> ein enger Zusammenhang der Art besteht, daß Gemeinden ähnlicher Sozialstruktur (hier ermittelt über die gruppenmäßig differenzierte Grundbesitzstruktur) auch ähnliche raum- wie gruppenbezogene Migrationsmuster aufweisen. Dieser Zusammenhang kann für die untersuchten Gemeinden des ländlichen Raums quantitativ nachgewiesen werden und ist eindeutiger als die bloße Zuordnung von Mobilitäts-

ABB.: 25

GEBÜRTIGKEIT, GRUPPENZUGEHÖRIGKEIT UND WANDERUNGSVERHALTEN (ÜBERSICHT) 1959-1970

Geburtsort bzw. Gruppe / Herkunfts- Zielgebiet	Nachbar- gemeinden	Restl. Krs. PA + DEG	Restl. Nieder- bayern	Restl. Bayern	Restl. BRD	Außerhalb BRD	Summe
Gemeinde	○○○ / ○○	○○○ / ○○	○○○ / ○○	○○○ / ●○	○○● / ○●	✻●● / ●○	○○○ / ○○
Nachbargemeinden	●●● / ●●	○●● / ○●	○○○ / ●*	✻○● / ○○	✻●* / ●*	*** / ●*	●●● / ●●
Restl. Krs. PA+DEG	○○○ / ●○	●●● / ●○	○●○ / ●○	○✻○ / ●○	○○○ / ✻○	○*✻ / ✻○	○○○ / ●○
Restl. Niederbayern	✻○● / ○●	○○● / ○○	●●● / ●●	●●○ / ●○	*** / ●●	*** / ✻*	●●● / ●●
Restl. Bayern	●○○ / ●○	○○● / ○○	○✻● / ✻●	●●● / ●●	**● / ●●	*●* / ●●	●●● / ●●
Restl. BRD	●*● / ●○	○○● / ✻●	●*○ / ●*	○○* / ✻●	●●● / ●●	●●* / ●*	●●● / ●●
Ausserhalb BRD	✻●○ / ○○	○✻○ / ●○	●●○ / ●○	○●● / ●○	○●● / ●●	✻●● / ●○	○●○ / ●○
Summe	○●○ / ○○	○●● / ●○	○●○ / ●●	○●● / ●○	✻●● / ●●	○●● / ●○	○●○ / ●○

Gruppe	Nachbar- gemeinden	Restl. Krs. PA + DEG	Restl. Nieder- bayern	Restl. Bayern	Restl. BRD	Außerhalb BRD	Summe
Landwirte	○●● / ○○	●○● / ●○	●●○ / ●●	○✻● / ○*	**○ / ○●	*** / ○*	●●● / ○✻
Ungel. Arbeiter	○●○ / ○○	○○● / ○○	○✻● / ●●	○●○ / ●○	○○● / ●●	✻●* / ●○	○●○ / ●○
Gelernte Arbeiter	●●○ / ○○	○✻● / ○○	●●○ / ●○	●●● / ●●	●●● / ●●	●*✻ / ●○	●●○ / ●○
Niedere Beamte u. Angest.	●✻○ / ●○	○●● / ●●	○●○ / ✻○	●●○ / ○●	●●✻ / ●●	*** / ●*	○●✻ / ●●
Leitende Beamte u. Angest.	✻** / ●●	○●● / ●○	○*● / ●*	○*✻ / ○○	*●● / ●●	*** / ●*	○●● / ●○
Gewerbetreibende	*○* / ●●	*●* / ●○	●○○ / ●*	○●* / ●*	*✻* / ○●	*** / **	✻✻○ / ●●
Rentner, Witwen, Hausfrauen	○●○ / ○○	○○○ / ○○	○●● / ●●	○●● / ○○	✻●● / ●●	○●● / ●*	○●○ / ●○
Kinder, Schüler, Berufslose	○●○ / ●○	●●○ / ●○	○●○ / ●●	●○● / ○○	○●● / ●●	○*● / ●*	○●○ / ●○
Summe	○●○ / ○○	○●○ / ●○	○●○ / ●●	○●● / ●○	○●● / ●●	○●● / ●○	○●○ / ●○

WANDERUNGSSALDO DER JEW. GEMEINDE, IN RELATION ZUR WOHNBEVÖLKERUNG

	gering	mittel	stark
positiv	●	●	●
negativ	○	○	○

Null ✻ kein Wert *

Walchsing
Forsthart
Buchhofen
Kirchdorf
Alkofen
Otterskirchen

ULRICH PIETRUSKY

ziffern und Erwerbsstruktur.

Der hier vorgestellte Versuch ist ein Ansatz, über feine Merkmale und deren Kombination zur synthetischen Darstellung bevölkerungs- und sozialgeographischer Räume zu gelangen. Dabei ist eine Verbesserung der Rechenprozesse etwa über eine Faktorenanalyse problemlos, die Gewinnung aussagekräftiger Variabler bleibt aber weiterhin einer umfangreichen Basisarbeit vorbehalten.

6. ZUSAMMENFASSUNG

Abschließend seien nochmals die Zielvorstellungen genannt, die der vorstehenden Arbeit zugrunde liegen:

1. Die Erweiterung des regionalen Erfahrungsbereiches im ländlichen Raum Ostniederbayerns unter kulturgeographischem Aspekt;
2. die Erfassung und Darstellung raumwirksamer Strukturen und Prozesse, die von Individuen, Gruppen und Organisationen ausgehen, von ihnen aufgenommen oder getragen werden;
3. die Anwendung quantitativer Arbeitsmethoden, um in einer möglichst objektiven Raumanalyse für Strukturmuster und Veränderungsprozesse historischer wie aktueller Art praktikable Erklärungsmodelle anbieten zu können;
4. Wirkungszusammenhänge innerhalb des kulturgeographischen Betrachtungsrahmens ebenso aufzudecken wie Beziehungen zwischen kultur- und physiogeographischen, historischen wie aktuellen Erscheinungen;
5. einen kleinen methodischen Beitrag zur Diskussion insbesondere des sozialgeographischen Konzepts zu leisten.

Für den untersuchten Raum Ostniederbayerns kann zusammenfassend folgendes festgestellt werden:

1. Eine auf das Bodenverfügungsrecht gegründete Gliederung der Bevölkerung erweist sich als eine aufschlußreiche Darstellungsmöglichkeit der ländlichen Sozialstruktur.
2. Bodenbesitzbezogene Prozesse als wichtige Indikatoren einer flächengebundenen Agrargesellschaft des 19.Jh. trugen sehr wesentlich zur räumlich und sozialen Emanzipation bislang nicht vollwertiger Gruppen bei.
3. Diese Prozesse führten zu einer erheblichen Differenzierung der vordem relativ homogenen, dominant-bäuerlichen Kerngesellschaft mit feudalem Überbau.
4. Die Emanzipation und Ausbreitung nichtbäuerlicher Gruppen, durch regionsexterne Impulse induziert, erfolgte über umfangreichen Bodengewinn und zahlreiche Siedlungsgründungen; letztere dokumentieren auch physiognomisch sehr nachhaltig die abgelaufenen kulturlandschaftlichen Differenzierungsprozesse der 1. Hälfte des 19. Jh.
5. Als Ergebnis der beschriebenen Vorgänge sind heute Bodenbesitz und Landbewirtschaftung im vorgestellten ländlichen Raum in weitem Umfang mit nichtbäuerlichen Trägern verbunden.
6. Innerhalb aktueller bodenbezogener Prozesse vollzieht sich ein räumlich unterschiedliches Eindringen allochthoner Gruppen, das zusammen mit alters- und gruppenspezifischen Wanderungsvorgängen und einer damit verbundenen Bevölkerungsdurchmischung nach dem 2. Weltkrieg wiederum eine verstärkte Veränderung der Bevölkerungs- und Sozialstruktur bewirkt.
7. Insgesamt gesehen unterlag der ländliche Raum Ostniederbayerns in stärkerem Maße einer Dynamik und wurde weit geringer von rein bäuerlichen Verhaltensmustern geprägt als gemeinhin angenommen.

7. QUELLENVERZEICHNIS

Abel, Wilhelm: Geschichte der deutschen Landwirtschaft; Stuttgart 1962

Akademie für Raumforschung und Landesplanung (Hrsg.): Handwörterbuch für Raumforschung und Raumordnung; 2. Auflage, Hannover 1970

Andrea, Dietmar u. Geyer, Gottfried: Analyse und Prognose der Migration - ihre Bedeutung für die Bevölkerungsprognose in der Territorialplanung; in: Geographische Berichte, 1969, S. 40-45

Arbter, Klaus: Sozialgeographische Studien im nordostbayerischen Grenzgebiet. Bärnau als Beispiel einer mono-industriell geprägten Kleinstadt = WGI-Berichte zur Regionalforschung, H. 10, 1973

Atlas der Republik Österreich; Wien ab 1961

Atlas du Languedoc-Roussillon; Paris 1969

Bader, Karl S.: Dorf und Dorfgemeinschaft in der Sicht des Rechtshistorikers; in: Zeitschrift für Agrargeschichte und Agrarsoziologie, Bd. 12, 1964, S. 10-20

Bavaria: Landes- und Volkskunde des Königreichs Bayern. 1. Bd. Ober- und Niederbayern; München 1860

Bayerische Staatsregierung: 2. Raumordnungsbericht; München 1973

Bayerisches Staatsministerium für Landesentwicklung und Umweltfragen und Planungsverband Region Donau-Wald: Regionalbericht 1974; München 1975

Bayerisches Staatsministerium für Wirtschaft und Verkehr, Landesplanungsstelle: Raumordnungsplan Mittlerer Bayerischer Wald; München 1967

Bayerisches Staatsministerium für Wirtschaft und Verkehr: Bericht über die wirtschaftliche Entwicklung der strukturschwachen Gebiete Bayerns, Grenzlandbericht; München 1975

Beck, Karl: Tal der hundert Seelen; Straubing 1953

Bleibrunner, Hans: Der Einfluß der Kirche auf die niederbayerische Kulturlandschaft; in: Mitteilungen der Geographischen Gesellschaft in München, Bd. 36, 1951, S. 9-196

Blendinger, Fritz: Die Auswanderung nach Nordamerika aus dem Regierungsbezirk Oberbayern in den Jahren 1846-1852; in: Zeitschrift für Bayerische Landesgeschichte, Bd. 27, 1964, S. 431-487

Boesler, Klaus-Achim: Kulturlandschaftswandel durch raumwirksame Staatstätigkeit; = Abhandlungen des 1. Geogr. Instituts der FU Berlin, Bd. 12, 1969

Böhm, Dieter: Psychologische und soziologische Faktoren und ihre Auswirkungen auf Physiognomie und Struktur des Raumes; in: Würzburger Geographische

Arbeiten, H. 37, 1972, S. 139-151

Born, Martin: Zur Erfassung der ländlichen Siedlungen; in: Geographische Rundschau, 9/1970, S. 369-374

Born, Martin Frühneuzeitlicher und absolutistisch gelenkter Landesausbau in der ländlichen Kulturlandschaft Nordhessens; in: Geographische Rundschau, 5/1973, S. 202-212

Brauch, Peter u.a.: Die Struktur der Wanderungsverflechtung. Eine empirische Untersuchung am Beispiel der von den Kreisen des Regierungsbezirks Niederbayern ausgehenden Wanderungsströme; München 1973

Breyer, Friedrich: Die Wochenendpendler des Bayerischen und östlichen Oberpfälzer Waldes; = WGI-Berichte zur Regionalforschung, H. 4, 1970

Czajka, Willi und Klink, Hans-Jürgen: Die naturräumlichen Einheiten auf Blatt 174 Straubing. Geographische Landesaufnahme 1 : 200 000; = Naturräumliche Gliederung Deutschlands, Bad Godesberg 1964

Decker, Rudolf: Das Wandergewerbe in Bayern im Jahre 1908; in: Zeitschrift des Königl. Bayerischen Statistischen Landesamtes, 2/1910, S. 165-196

Drescher, Günther: Geographische Fluruntersuchungen im Niederbayerischen Gäu; = Münchner Geographische Hefte, H. 13, 1957

Dürr, Heiner: Boden- und Sozialgeographie der Gemeinden um Jesteburg/Nördliche Lüneburger Heide. Ein Beitrag zur Methodik einer planungsorientierten Landesaufnahme in topologischer Dimension; = Hamburger Geographische Studien, H. 26, 1971

Dürr, Heiner: Empirische Untersuchungen zum Problem der sozialgeographischen Gruppe: Der aktionsräumliche Aspekt; in: Münchner Studien zur Sozial- und Wirtschaftsgeographie, Bd. 8, 1972, S. 71-81

Fehn, Hans: Das Siedlungsbild des niederbayerischen Tertiärhügellandes zwischen Isar und Inn; in: Mitteilungen der Geographischen Gesellschaft in München, Bd. 28, 1935a, S. 1-97

Fehn, Hans: Planmäßige Gründung von Kleinbauernsiedlungen im niederbayerischen Tertiärhügelland im 18. Jahrhundert; in: Geographischer Anzeiger, Jg. 36, 1935b, S. 183-184

Fehn, Hans: Niederbayerisches Bauernland; in: Das Bayerland, 46, Jg. 1935c, S. 577-593

Fehn, Hans: Die Siedlungen der Further Senke; in: Geographische Zeitschrift, Jg. 42, 1936, S. 441-452

Fehn, Hans: Waldhufendörfer im hinteren Bayerischen Wald; in: Mitteilungen und Jahresberichte der Geogr. Gesellschaft Nürnberg, Bd. 6, 1937, S. 5-61

Fehn, Hans: Planmäßige Siedlungsgründung im hinteren Bayerischen Wald im 18. Jahrhundert; in: Heimat und Volkstum, 16. Jg., H. 4, 1938, S. 49-57

Fehn, Hans: Niederbayerisches Bauernland; in: Zeitschrift für Erdkunde, Jg. 7, 1939, S. 93-104

Fried, Pankraz: Historisch-statistische Beiträge zur Geschichte des Kleinbauerntums (Söldnertums) im westlichen Oberbayern; in: Mitteilungen der Geographischen Gesellschaft in München, Bd. 51, 1966, S. 5-39

Fürstenberg, Friedrich: Randgruppen in der modernen Gesellschaft; in: Soziale Welt, 1/1965, S. 236-245

Götz, Wilhelm: Geographisch-historisches Handbuch von Bayern; I. Band, München 1895

Grees, Hermann: Das Söldnertum im östlichen Schwaben und sein Einfluß auf die Entwicklung der ländlichen Siedlungen; in: Berichte zur deutschen Landeskunde, Bd. 31, 1/1963, S. 104-150

Hafner, Max: Dorf und Schloß Walchsing; in: Der Bayerwald, 1, 2/1920

Hartke, Wolfgang: Gedanken über die Bestimmung von Räumen gleichen sozialgeographischen Verhaltens; in: Erdkunde, 1959, S. 426-436

Hartke, Wolfgang: Die geographischen Funktionen der Sozialgruppe der Hausierer am Beispiel der Hausierergemeinden Süddeutschlands; in: Berichte zur deutschen Landeskunde, Bd. 31, 1963, S. 209-232

Hazzi, Joseph, von: Statistische Aufschlüsse über das Herzogtum Bayern; Bd. III/3, Nürnberg 1804

Heinritz, Günter: Die "Baiersdorfer" Krenhausierer; = Erlanger Geographische Arbeiten, H. 29, 1971

Heller, Hartmut: Die Peuplierungspolitik der Reichsritterschaft als sozialgeographischer Faktor im Steigerwald; = Erlanger Geographische Arbeiten, H. 30, 1971

Helwig, Otto: Landau an der Isar; = Historischer Atlas von Bayern, Teil Altbayern, H. 30, München 1972

Henning, Friedrich-Wilhelm: Die Betriebsgrößenstruktur der mitteleuropäischen Landwirtschaft im 18. Jahrhundert und ihr Einfluß auf die ländlichen Einkommensverhältnisse; in: Zeitschrift für Agrargeschichte und Agrarsoziologie, 2/1969, S. 171-193

Huttenlocher, Friedrich: Funktionale Siedlungstypen; in: Berichte zur deutschen Landeskunde, Bd. 7, 1949 S. 76-86

Iben, Gerd: Randgruppen der Gesellschaft; München 1972

Ilešič, Svetozar: Für eine komplexe Geographie des ländlichen Raumes und der ländlichen Landschaft als Nachfolgerin der reinen Agrargeographie; in: Münchner Studien zur Sozial- und Wirtschaftsgeographie, Bd. 4, 1968, S. 67-74

Jäger, Helmut: Die Allmendteilungen in Nordwestdeutschland in ihrer Bedeutung für die Genese der gegenwärtigen Landschaften; in: Geografiska Annaler, Bd. 18, 1961, S. 138-148

Jäkl, Herbert: Ackerbürger und Ausmärker in Alsfeld/Hessen; = Rhein-Mainische Forschungen, H. 40, 1953

Jordan, Joseph: Geschichte des Schiffbaus in Niederbayern, bes. in Windorf; in: Niederbayerische Monatsschrift, Jg. 60, 1917, S. 107-110

Jungmann-Stadler, Franziska: Vilshofen; = Historischer Atlas von Bayern, Teil Altbayern, H. 29, München 1972

Klämpfl, Josef: Der ehemalige Schweinach- und Quinzingau; Passau 1855

Klämpfl, Josef: Beschreibung der Pfarrei Kirchdorf bei Osterhofen; in: Verhandlungen des historischen Vereins für Niederbayern, Bd. 6, Landshut 1858, S. 216-234

Koch, Theodor: Ortenburg und seine Grafen; in: Bayerland, 8. Jg., 1897

Kötter, Herbert: Der Einfluß der sozialen und wirtschaftlichen Differenzierung der Landbevölkerung auf die Landbewirtschaftung; in: Berichte über Landwirtschaft, NF, 162. Sh., 1955, S. 23-42

Kötter, Herbert: Ländliche Soziologie in der Industriegesellschaft; in: Silbermann, A.: Militanter Humanismus. Von den Aufgaben der Soziologie; Frankfurt/M, 1966, S. 118-139

Krämer, Georg: Amtliches Geschäfts- und Adreßbuch für den Unterdonaukreis des Königreichs Bayern; Passau 1837

Krezmar, Hans von: Die Industrialisierung von Niederbayern; in: Informationen, 1960, S. 507-521

Leng, Gunter: Zur "Münchner" Konzeption der Sozialgeographie; in: Geographische Zeitschrift, 1973, S. 121-134

Leusmann, Christopf: Der Bayerische Wald. Wandel in der Wirtschaftsstruktur? in: Zeitschrift für Wirtschaftsgeographie, 2/1972, S. 54-57

Liebrich, Heinz: Das ländliche Handwerk in Altbayern vom 16.-18. Jahrhundert; in: Mitteilungen für die Archivpflege in Oberbayern, Nr. 27, 1947, S. 721-740

Lienau, Cay u.a.: Terminologischer Rahmen für die Geographie der Siedlungen des ländlichen Raumes; = Materialien zur Terminologie der Agrarlandschaft, Vol, II, 1/2 Gießen 1972

Mackenroth, Gerhard: Bevölkerungslehre; Berlin 1953

Mayer, Else: Die Pfälzereinwanderung nach Altbayern zu Beginn des 19. Jahrhunderts; München 1945

Mauerer, Roman: Entwicklung und Funktionswandel der Märkte in Altbayern seit 1800; = Miscellanea Bavarica Monascensia, H. 30, 1971

Moewes, Winfried: Sozial- und wirtschaftsgeographische Untersuchungen der nördlichen Vogelsbergabdachung. Methode zur Erfassung eines Schwächeraumes; = Gießener Geographische Schriften, H. 14, 1968

Münke, Stephanie: Die mobile Gesellschaft. Eine Einführung in die Sozialstruktur der BRD; Stuttgart 1967

Niggemann, Josef: Zur Definition landwirtschaftlicher und ländlicher Problemgebiete; in: Ländliche Problemgebiete. Beiträge zur Agrarwirtschaft in Europa; = Bochumer Geographische Arbeiten, H. 13, 1972

Otremba, Erich: Die Gestaltungskraft der Gruppe und der Persönlichkeit in der Kulturlandschaft; in: Storkebaum, W.: Sozialgeographie; Darmstadt 1969, S. 104-120

Pflaumer-Rosenberger: Die Anerbensitte in Altbayern; München 1939

Priebe, Hermann: Der ländliche Raum - eine Zukunftsaufgabe. Die Region "Unterer Bayerischer Wald" als Beispiel; Stuttgart 1973

Richter, Lothar: Betriebsgröße und Betriebsgrößenentwicklung in der Landwirtschaft; in: Berichte über Landwirtschaft, NF. Bd. 48, H. 3, 1970, S. 450-468

Rose, Klaus: Deggendorf; = Historischer Atlas von Bayern, Teil Altbayern, H. 27, München 1971

Rudhart, Ignatz von: Die Industrie im Unterdonaukreise des Königreichs Bayern; Passau 1835

Ruppert, Helmut: Bevölkerungsentwicklung und Mobilität; = Westermann Colleg: Raum und Gesellschaft, H. 2, 1975

Ruppert, Karl: Der Wandel der sozialgeographischen Struktur im Bilde der Landschaft; in: Die Erde, Jg. 7, 1955, S. 53-62

Ruppert, Karl: Spalt. Ein methodischer Beitrag zum Studium der Agrarlandschaft mit Hilfe der kleinräumlichen Nutzflächen- und Sozialkartierung und zur Geographie des Hopfenanbaus; = Münchner Geographische Hefte, H. 14, 1959

Ruppert, Karl: Über einen Index zur Erfassung von Zentralitätsschwankungen in ländlichen Kleinstädten; in: Berichte zur deutschen Landeskunde, Bd. 24, 1959, S. 80-85

Ruppert, Karl: Die Bedeutung des Weinbaus und seiner Nachfolgekulturen für die sozialgeographische Differenzierung der Agrarlandschaft in Bayern; = Münchner Geographische Hefte, H. 19, 1960

Ruppert, Karl: Das Tegernseer Tal. Sozialgeographische Studien im oberbayerischen Fremdenverkehrsgebiet; = Münchner Geographische Hefte, H. 23, 1962

Ruppert, Karl: Niederbayern zwischen Donau und Inn. Eine agrar-geographische Skizze; in: Geographische Rundschau, 1966, S. 180-186

Ruppert, Karl: Gruppentypische Reaktionsweite - Gedanken zu einer sozialgeographischen Arbeitshypothese; in: Münchner Studien zur Sozial- und Wirtschaftsgeographie, Bd. 4, 1968, S. 171-176

Ruppert, Karl u. Schaffer, Franz: Zur Konzeption der Sozialgeographie; in: Geographische Rundschau, 6/1969, S. 205-214

Schaffer, Franz: Untersuchungen zur sozialgeographischen Situation und regionalen Mobilität in neuen Großwohngebieten am Beispiel Ulm-Eselsberg; = Münchner Geographische Hefte, H. 32, 1968

Schaffer, Franz: Prozeßtypen als sozialgeographisches Gliederungsprinzip; in: Mitteilungen der Geographischen Gesellschaft in München, Bd. 56, 1971, S. 33-52

Schaffer, Franz: Tendenzen städtischer Wanderungen; in: Mitteilungen der Geographischen Gesellschaft in München, Bd. 57, 1972, S. 127-157

Scharrer, Franz Seraph: Heimat-Chronik vom Donautal und dessen Umgebung des Bezirkes Vilshofen: Vilshofen 1927

Schlittmeier, Andreas: Die wirtschaftlichen Auswirkungen der Säkularisation in Niederbayern, untersucht am Beispiel der Abtei Niederaltaich und seiner Probsteien Rinchnach und St. Oswald; München 1962

Schnorbus, Axel: Die ländlichen Unterschichten in der bayerischen Gesellschaft am Anfang des 19. Jahrhunderts; in: Zeitschrift für bayerische Landesgeschichte, Bd. 30, 1967, S. 824-852

Schulz, Hans: Morphologie und randliche Bedeckung des Bayerwaldes in ihren Beziehungen zum Vorland; in: Neues Jahrbuch für Mineralogie, Geologie und Paläontologie, 54. Beilage Bd., Abt. B, Stuttgart 1926, S. 293-346

Schwarz, Karl: Analyse der räumlichen Bevölkerungsbewegung; = Veröffentlichungen der Akademie für Raumforschung und Landesplanung, Bd. 58, 1969

Seifert, Volker: Sozial- und wirtschaftsgeographische Struktur- und Funktionsuntersuchungen im Landkreis Gießen unter besonderer Berücksichtigung regionalplanerischer Gesichtspunkte; = Gießener Geographische Schriften, H. 15, 1968

Siebert, Horst: Regionales Wirtschaftswachstum und interregionale Mobilität; Tübingen 1970

Spirkner, Bartholomäus: Besiedlung des Amtsgerichtsbezirkes Eggenfelden; Eggenfelden 1907

Thomale, Eckhard: Sozialgeographie. Eine disziplingeschichtliche Untersuchung zur Entwicklung der Anthropogeographie; = Marburger Geographische Schriften, H. 53, 1972

Wagner, Horst-Günter: Der Kontaktbereich Sozialgeographie-Historische Geographie als Erkenntnisfeld für eine theoretische Kulturgeographie; in: Würzburger Geographische Arbeiten, H. 37, 1972, S. 29-52

Warmuth, Oswald: Geschichte der Moorkultur in Bayern unter Kurfürst Karl Theodor; München 1908

Wilhelm, Rudolf: Rechtspflege und Dorfverfassung; in: Verhandlungen des historischen Vereins für Niederbayern, Bd. 80, 1954

Wirth, Eugen: Zum Problem der allgemeinen Kulturgeographie; in: Die Erde, 1969, S. 155-193

Wismüller, Franz-Xaver: Geschichte der Teilung der Gemeindeländereien in Bayern; Stuttgart 1904

Wismüller, Franz-Xaver: Geschichte der Moorkultur in Bayern; München 1909

Zimmermann, Horst u.a.: Regionale Präferenzen. Zur Wohnortorientierung und Mobilitätsbereitschaft der Arbeitnehmer in der BRD; in: Informationen, 15/1972, S. 379-398

Zimpel, Heinz-Gerhard: Vom Religionseinfluß in den Kulturlandschaften zwischen Taurus und Sinai; in: Mitteilungen der Geographischen Gesellschaft in München, Bd. 48, 1963, S. 123-171

Zimpel, Heinz-Gerhard: Bevölkerungsgeographie; Manuskript 1975 (= Westermann Geographisches Seminar)

Verzeichnis der benutzten Archivalien, Pläne und Karten

1) Hauptstaatsarchiv München (HStAM)

   Plansammlung Nr. 3881, Nr. 5604

2) Staatsarchiv Landshut (StAL)

   Rep. 163b, Verz. 20, Fasz. 13, Nr. 150
   Rep. 164, Verz. 20, Fasz. 151, Nr. 2124
   Rep. 168, Verz. 1, Fasz. 155, Nr. 462
   Rep. 168, Verz. 1, Fasz. 1505, Nr. 37, Nr. 34, Nr. 27
   Rep. 168, Verz. 1, Fasz. 1587, Nr. 613, Nr. 1
   Rep. 168, Verz. 1, Fasz. 1754, Nr. 81

   Urkataster 20/1 - 20/47, 126 Bände

   Gewerbekataster 20/0, 4 Bände

3) Universitätsbibliothek München

   Churpfalzbaierisches Regierungsblatt, Jg. 1805
   Churfürstliches Regierungsblatt, Jg. 1807
   Kgl. Baierisches Regierungsblatt, Jg. 1808

4) Archiv des Landesvermessungsamtes München

   Uraufnahmen der Flurpläne 1 : 5000 (um 1825) als käufliche Photo-Reproduktionen

   35 Blätter Nr.:

   XXVI 43, 44
   XXVII 42, 43, 44 (Gemeinden Buchhofen und Kirchdorf)
   XXVIII 42, 43

   XXIII 46, 47, 48, 49
   XXIV 46, 47, 48, 49, 50, 51 (Gemeinden Forsthart, Walchsing und Alkofen)
   XXV 46, 47, 48, 49, 50, 51
   XXVI 50

   XXIII 56
   XXIV 54, 55, 56 (Gemeinde Otterskirchen)
   XXV 54, 55, 56

5) Pläne und Karten

   Flurpläne 1 : 5000, Hrsg. Vermessungsamt Vilshofen, ca. 1960-1972,
   31 Blätter Nr.:

   XXVI 43, 44
   XXVII 42, 43, 44 (Gemeinden Buchhofen und Kirchdorf)
   XXVIII 42, 43

   XXIII 46, 47, 48, 49, 50
   XXIV 46, 47, 48,49, 50, 51 (Gemeinden Forsthart, Walchsing und Alkofen
   XXV 46, 47, 48, 49,50, 51
   XXVI 50

   XXIII 56
   XXIV 54, 55, 56 (Gemeinde Otterskirchen)
   XXV 54, 55, 56

Flächennutzungsplan der Gemeinde Alkofen 1 : 5 000, 1968

Div. Bebauungspläne 1 : 1 000

Amtsbezirksübersichtskarte von Bayern 1 : 100 000 (1951), Blätter 20, 21, 26, 27

Bodengütekarte von Bayern 1 : 100 000 (1951), Blätter 20, 21, 26, 27

Sämtliche aktuellen topographischen Karten und Übersichtskarten Ostniederbayerns

Verzeichnis der Quellen zu den Abbildungen

Abb. 2-4	nach Urkataster um 1842, Staatsarchiv Landshut 20/1-20/47, 126 Bde.
Abb. 5	nach StAL, Rep. 168, Verz. 1, Fasz. 1587, Nr. 1
Abb. 7	nach Liegenschaftskataster, Vermessungsamt Vilshofen
Abb. 8	Beiträge zur Statistik Bayerns, H. 231a , 1963 (Erwerbstätige) Landwirtschaftszählung 1960; Stat. Landesamt München, unveröffentl. Gemeindelisten (Pacht) Beiträge zur Statistik Bayerns, H. 304a, 1972 (Erwerbstätige) Beiträge zur Statistik Bayerns, H. 306a, 1974 (Pacht)
Abb. 9	Beiträge zur Statistik Bayerns, H. 306a, 1974 (Pacht) Eig. Erhebung nach Urkataster 1842 (Sozialstruktur)
Abb. 10, 11	wie Abb. 8
Abb. 12	Eigene Befragung 1975 Pachtverträge beim Amt für Landwirtschaft und Tierzucht Passau-Rotthalmünster, Stand 1974
Abb. 13, 14	Unveröffentl. Fortschreibungselemente und Bevölkerungsstand 1956 ff; Datenbank. Landkreis Vilshofen; Bayer. Statistisches Landesamt
Abb. 15, 16, 17	Eigene Erhebung nach: Statistisches Landesamt, Fortschreibungselemente (Mobilität) Beiträge zur Statistik Bayerns, H. 304a, 1972 (Erwerbstätige)
Abb. 18-25	Eigene Erhebung nach An- und Abmeldescheinen der Gemeinden Alkofen, Buchhofen, Forsthart, Kirchdorf, Otterskirchen, Walchsing 1955 ff.

Übersicht über die Gemeinden des UG mit Stand 1. Jan. 1970

(Die Ziffern dienen der Auffindung der Gemeinden in den Abb. 10, 11, 13, 14)

1 Aholming
2 Aicha a.D.
3 Aidenbach M.
4 Albersdorf
5 Aldersbach
6 Alkofen
7 Altenmarkt
8 Anning
9 Aunkirchen
10 Beutelsbach
11 Buchofen
12 Eging M.
13 Forsthart
14 Galgweis
15 Garham
16 Gergweis
17 Göttersdorf
18 Haidenburg
19 Hilgartsberg
20 Hofkirchen M.
21 Iglbach
22 Kirchberg
23 Kirchdorf
24 Königbach
25 Künzig
26 Langenamming
27 Langenisarhofen
28 Moos
29 Neusling
30 Neutiefenweg
31 Niedermünchsdorf
32 Niederpöring
33 Oberpöring
34 Ortenburg M.
35 Osterhofen St.
36 Otterskirchen
37 Ottmaring
38 Pleinting M.
39 Ramsdorf
40 Rathsmannsdorf
41 Söldenau
42 Vilshofen St.
43 Walchsing
44 Wallerfing
45 Windorf M.
46 Wisselsing
47 Zeitlarn